누적 판매량 66만 부 돌파*
상식 베스트셀러 1위 1,076회 달성*

수많은 취준생이 선택한
에듀윌 상식 교재 막강 라인업!

[월간] 취업에 강한 에듀윌 시사상식

多통하는 일반상식 통합대비서

공기업기출 일반상식

기출 금융경제 상식

언론사 기출 최신 일반상식

eduwill

하루아침에 완성되지 않는 상식, 에듀윌 시사상식 정기구독이 답!

정기구독 신청 시 10% 할인

매월 자동 결제
정가 ~~10,000원~~   9,000원

6개월 한 번에 결제
정가 ~~60,000원~~   54,000원

12개월 한 번에 결제
정가 ~~120,000원~~   108,000원

도서정가 및 정기구독료 변경 안내
2023년 5월 25일부터 <에듀윌 시사상식> 정가 및 정기구독료가 아래와 같이 변경됩니다.

정가 변경(2023년 6월호부터) 정가 ~~10,000원~~ ▶ 12,000원
6개월 정기구독   정가 ~~60,000원~~ ▶ 72,000원
12개월 정기구독   정가 ~~120,000원~~ ▶ 144,000원

※ 정기구독 시 위 정가의 10% 할인 혜택은 유지됩니다.

더 나은 상식 콘텐츠로 보답하겠습니다.

정기구독 신청 방법

인터넷
에듀윌 도서몰(book.eduwill.net) 접속 ▶
시사상식 정기구독 신청 ▶
매월 자동 결제 or 6개월/12개월 한 번에 결제

전화
02-397-0178
(평일 09:30~18:00 / 토·일·공휴일 휴무)

입금계좌
국민은행 873201-04-208883 (예금주 : 에듀윌)

정기구독 신청·혜택
바로가기

· 정기구독 시 매달 배송비가 무료입니다.
· 구독 중 정가가 올라도 추가 부담 없이 이용하실 수 있습니다.
· '매월 자동 결제'는 매달 20일 카카오페이로 자동 결제되며, 6개월/12개월/무기한 기간 설정이 가능합니다.

취업에 강한

에듀윌
시사상식

MAR. 2023

03

eduwill

CONTENTS

2023. 03. 통권 제141호

발행일 | 2023년 2월 25일(매월 발행)
편저 | 에듀윌 상식연구소
내용문의 | 02) 2650-3912
구독문의 | 02) 397-0178
팩스 | 02) 855-0008

※ 「학습자료」 및 「정오표」도 에듀윌 도서몰
(book.eduwill.net) 도서자료실에서 함께
확인하실 수 있습니다.

※ 이 책의 무단 인용·전재·복제를 금합니다.

Daum 백과 콘텐츠 제공 중 🔍

PART 01

Cover Story 01

Cover Story 02

PART 02

분야별 최신상식

PART 03
취업상식 실전TEST

PART 04
상식을 넘은 상식

PART

01

Cover
Story

이 달 의 가 장 중 요 한 이 슈

1.

튀르키예 · 시리아 지진

금세기 5번째 지진 대참사...
한국 긴급구호대 급파

금세기 최악의 참사 중 하나로 기록될 지진이
튀르키예와 시리아를 덮쳤다.
지진 발생 일주일째를 맞은 2월 13일 미국 CNN 방송에 따르면
사망자 수는 3만6217명에 달했다. 윤석열 대통령은
"튀르키예는 6·25전쟁에서 피로 맺어진 형제의 나라"라면서
"우리는 가능한 모든 수단을 동원해 도울 것"이라고 강조했다.
단일 규모 역대 최대의 긴급구호대가 튀르키예로 파견됐다.
시민 사회에서 물품 전달과 기부 행렬도 이어졌다.

사망자 3만6000명 넘어...
금세기 5번째 지진 대참사

금세기 최악의 참사 중 하나로 기록될 지진이 튀르키예와 시리아를 덮쳤다. 미국 지질조사국(USGS)에 따르면 2월 6일(이하 현지시간) 오전 1시 17분경 튀르키예 남부 도시 가지안테프에서 약 33km 떨어진 내륙에서 ■**모멘트 규모** 7.8의 지진이 발생했다. 이는 1939년 에르진잔 지진 이후 튀르키예에서 일어난 최대 규모의 지진이다.

첫 지진 이후 다수의 강력한 여진이 발생했고, 첫 지진 발생 9시간 후인 10시 24분경 모멘트 규모 7.5의 두 번째 지진이 발생했다. 이 지진으로 튀르키예와 시리아 북부 지역의 땅이 갈라지고 건물은 초토화되며 수많은 사람이 죽고 다쳤다. 80여 차례 여진이 추가로 발생하고 거센 추위까지 덮쳐 피해 규모는 눈덩이처럼 불어났다.

지진 발생 일주일째를 맞은 2월 13일 미국 CNN 방송에 따르면 사망자 수는 3만6217명에 달했다. 튀르키예에서 3만1643명, 시리아에서 4574명의 사망자가 확인됐다.

하루가 다르게 희생자 수가 늘면서 사망자가 10만 명을 넘길 가능성도 일각에서 제기됐다. 2월 13일까지 공식 집계된 사망자 수만 따져도

이번 지진 피해는 2000년 이후 전 세계에서 발생한 자연재해 가운데 5번째로 크다.

2004년 12월 인도네시아에서 발생한 대지진과 이에 따른 **쓰나미**(tsunami : 지진이나 해저 화산 폭발, 단층 운동 등 급격한 지각 변동으로 해수면에 급작스럽게 발생하는 큰 파도) 피해로 인도네시아에서만 17만 명, 스리랑카에서 3만5000명이 사망했다. 2005년 파키스탄(7만3000명 사망)과 2008년 중국 쓰촨성(8만7000명 사망), 2010년 아이티(20~30만 명 사망 추정)에서 각각 일어난 대지진도 인류 역사에 남을 참사였다.

한편 미국 지질조사국(USGS)은 이번 지진에 따른 튀르키예의 경제적 손실 추정규모도 국내총생산(GDP)의 무려 6%에 달할 것이라고 관측했다. 지진 발생 후 튀르키예 주식시장은 24년 만에 처음으로 거래가 중단됐다. 투자자들이 패닉 세일에 나서면서 튀르키예 벤치마크 주가지수인 '보르사 이스탄불(BIST) 전국 100' 지수 편입 종목들의 시가총액이 350억달러(약 44조1000억원) 증발했다.

■ **모멘트 규모 (moment magnitude scale)**
모멘트 규모는 지진 모멘트(지진학에서 지진의 크기를 측정하는 데 쓰이는 지표)를 이용해 지진의 절대적인 에너지 크기인 지진 규모를 측정하는 척도이다. 1979년 토마스 C. 행크스와 가나모리 히로오가 처음으로 개발했다. 리히터 규모와 비슷하게 로그 척도를 사용한 단위이다. 리히터 규모는 큰 규모의 지진에서 정확도가 떨어지기 때문에 모멘트 규모가 4~5를 넘어가는 지진부터는 모멘트 규모를 사용하는 경우가 많다.
한편, 지진의 세기를 나타내는 단위로는 규모와 진도가 있는데 규모는 지진의 절대적 강도를, 진도는 사람의 느낌이나 구조물이 흔들리는 정도를 의미한다. 진도 단위로는 미국 캘리포니아 건물을 기준으로 개발된 12단계의 수정 메르칼리 진도를 많이 사용한다.

왜 피해 컸나...지진에 취약한 지각·불법 건축물로 피해 증폭

▲ 튀르키예 남부 카라만마라슈에서 지진 피해로 산산이 무너져 내린 건물

이번 튀르키예·시리아를 강타한 지진 피해 규모는 정확히 추산하기가 불가능할 정도로 거대했다. 일각에서는 이번 지진이 히로시마 원자폭탄 3만 개를 한꺼번에 터뜨린 것과 같은 파괴력을 가졌다고 분석했다.

미국 일간지 워싱턴포스트(WP)와 영국 BBC 방송 등에 따르면 이번 지진 피해의 원인은 복합적이었다. 먼저 지진에 취약한 지각 구조를 들 수 있다. 튀르키예 동남부 지역은 아나톨리아■판과 아라비아판이 교차하는 곳에 위치한다.

아나톨리아판은 동쪽에 붙은 아라비아판에 밀려 매년 서쪽으로 약 1cm씩 이동하고 있었지만 두 판이 맞붙은 힘이 비슷해 강진이 발생하지 않았다. 그러다 이번에 아라비아판이 아나톨리아판을 세게 밀어내면서 아나톨리아판 동쪽을 따라 약 100km에 걸쳐 지각이 움직였다.

스티븐 힉스 런던칼리지대 지진학박사는 WP와의 인터뷰에서 "1900년대 이후 이 지역에서 규모 7 이상의 지진은 없었다"고 말했다. 100년 넘게 판끼리 마찰하며 응축된 압력이 지표로 고스란히 전달된 것이다.

진원(震源 : 지진파가 최초로 발생한 지점)이 얕았던 탓도 있다. 이번 첫 지진의 깊이는 18km였고 이후 진원도 10~20km 깊이에서 감지됐다. 진원 깊이가 얕으면 충격이 흩어지지 않고 지표에 직접 전해지므로 같은 강도라도 진원이 얕으면 지면 위 물체가 더 심하게 흔들린다.

진앙에 가까웠던 튀르키예 남부 카라만마라슈의 지반이 무른 충적토(沖積土 : 하천이나 바람의 영향으로 운반돼 쌓인 토양)로 이뤄진 점도 피해를 키운 원인으로 거론됐다. 충적토 위에 위치한 건물은 단단한 지반 위에 있는 것보다 지진에 더 심하게 흔들린다.

사회공학적 원인도 피해를 증폭시켰다. 지진 발생 지점에 주거 공간이 밀집해 있었고 새벽 4시에 지진이 엄습하여 주민들이 대피하기 어려웠다. 무분별한 도시 난개발로 내진 설계가 적용되지 않은 불법 건축물도 많았다.

보통 지진으로 건물이 무너질 때는 지면과 가까운 저층이 붕괴되고 건물의 형태는 유지되는 편이다. 그러나 튀르키예에서는 건물의 모든 층이 산산이 무너져 주저앉는 이른바 '팬케이크 붕괴'가 나타났다. 건물 잔해 사이에 공간이 거의 만들어지지 않아 구조 작업에 어려움을 겪고 인명피해도 커졌다.

20년째 장기 집권 중인 레제프 타이이프 에르도안 정부는 주거 안정을 이유로 불법 건축물에 부과된 벌금 1000만 건 중 180만 건을 유예해주는 등 관리·감독에 소홀했다. 미국 정치전문매체 포린폴리시(FP)는 5월 튀르키예 대선을 불과 3개월 앞둔 시점에서 부실 건축을 용인한 에르도안 대통령에 대한 책임 문제가 선거 변수로 떠올랐다고 2월 13일 지적했다.

■ 판 (板, plate)
판(플레이트)은 지구 표면을 덮고 있는 두께 100km 정도의 암반을 가리킨다. 분류법에 따라 판의 종류는 14~15개에서 40개 정도로 구분된다. 대표적으로 우리나라가 속해 있는 ▲유라시아판 ▲남극판 ▲남아메리카판 ▲북아메리카판 ▲인도-오스트레일리아판 ▲태평양판이 있다. 지구상에서 일어나는 대부분의 큰 지진은 판의 경계부에서 발생한다.

윤 대통령 "튀르키예는 형제의 나라... 모든 방법으로 도울 것"

▲ 튀르키예에 파견된 대한민국 긴급구호대가 지진 생존자 어린이를 구출하고 있다.

윤석열 대통령이 튀르키예 지진 피해 복구를 위해 우리 군 수송기를 이용한 구조 인력 급파 및 긴급 의약품 지원을 신속히 추진하도록 지시했다고 2월 7일 대통령실이 전했다. 윤 대통령은 외교부를 중심으로 관계 부처가 협력해 튀르키예 측이 추가 지원을 필요로 할 경우 지원 방안을 적극적으로 강구하라고 지시했다.

윤석열 대통령은 이날 트위터에서 "어려움에 처한 튀르키예·시리아인들에 대해 안타깝게 생각합니다. 한국은 사랑하는 사람들을 잃은 분들에게 깊은 애도를 보냅니다"라고 했다. 이어서 "튀르키예는 6·25전쟁에서 피로 맺어진 형제의 나라"라며 "우리는 가능한 모든 수단을 동원해 도울 것"이라고 강조했다.

정부는 튀르키예에 110여 명 규모의 **대한민국 긴급구호대**(KDRT, Korea Disaster Relief Team)**를 파견**했다. 지금까지 우리나라가 해외 재난지역에 보낸 긴급구호대 중 단일 파견으로는 가장 큰 규모다. 튀르키예가 **한국 전쟁 당시 네 번째로 많은 병력을 보낸 우방국이며 우리와 전략적 동반자 관계**라는 점이 고려됐다.

KDRT는 튀르키예에 도착한 뒤 곧바로 수색과 구조 활동에 투입됐다. 2월 13일 외교부에 따르면 안타키아 지역에서 활동하는 KDRT는 이날까지 생존자 8명을 구조했다. 여기엔 10대 어린이와 70대 노인 등이 포함됐다. 수습한 시신은 18구에 이른다.

➕ 앙숙 그리스까지...국제사회 하나로 뭉쳐 지원
국제사회는 앞다퉈 튀르키예와 시리아에 지원 의사를 밝히고 구호 물품을 전달했다. 미국, 유럽연합(EU), 중국, 일본 등 65개국에서 구조대를 급파했고 긴급 원조와 경제 지원에 나섰다. 튀르키예와 역사적 앙숙인 그리스도 구조인력 20여 명을 파견했고 튀르키예의 반대로 북대서양조약기구(NATO·나토) 가입이 지연되고 있는 스웨덴과 핀란드 역시 지원에 동참하기로 했다. 전쟁과 이념 갈등으로 갈라진 세계가 오랜만에 한뜻이 돼 뭉쳤다.

물품 전달·기부 행렬...
"이렇게 보내주세요"

시민사회를 중심으로 성금과 구호 물품 등 기부 행렬도 이어졌다. 주한 튀르키예 대사관 관계자는 "현재 지진으로 집을 잃은 사람이 많아 옷보다는 텐트, 이불, 전기 히터, 침낭 등이 필요한 상황"이라며 "위생 문제도 있어 손 소독제, 마스크, 물티슈, 생리대, 기저귀 등의 위생용품도 보내주시면 감사할 것 같다"라고 전했다.

대사관 측은 보내준 물건을 폐기하는 일은 없지만 중고 물품을 보내는 일은 피해달라는 입장도 전했다. 중고 물품도 세척과 소독 이후 현장에서 배분할 수 있지만 현지는 시간과 싸움을 하는 중이라 새 물건을 보내는 게 당장 도움이 되기 때문이다.

음식의 경우 오래 보관이 가능한 캔에 든 음식을 보내는 게 좋다. **국민 대다수가 무슬림인 튀르키예** 특성상 **▪할랄** 식품 수요가 많고 돼지고기를 먹지 않기 때문에 라면이나 햄 등의 통조림은 보내지 말아야 한다.

▪ 할랄 (halal)
할랄은 아랍어로 '허용된 것'이란 뜻으로서 할랄 식품(halal food)은 무슬림(이슬람교도)이 먹고 쓸 수 있는 제품을 총칭한다. 반대로 허용되지 않는 것은 하람(haram)이라고 부른다. 무슬림은 철저히 이슬람 율법에 의해 생산된 할랄 식품만을 먹는다. 할랄 식품의 세계시장 규모는 1000조원이 넘어 각국 식품 산업계가 눈독을 들이고 있지만 할랄 기준을 충족하기가 무척 까다롭다. 이슬람 율법에 따라 도축된 고기나 알코올을 이용하지 않은 가공식품, 콜라겐 등 동물 성분을 배제한 화장품, 생물체의 무늬가 들어가지 않은 의류 등이 할랄에 속한다.

내전에 지진까지...
시리아 상황은 더 심각

튀르키예보다 시리아의 상황은 훨씬 심각하다. 튀르키예는 국제사회의 구호 노력과 함께 생존자 수색이 활발하게 이뤄지며 기적의 생존자들이 곳곳에서 구조됐다. 그러나 마찬가지로 대지진 피해를 본 시리아에서는 수색·구조 활동이 거의 이뤄지지 않았다.

BBC는 "튀르키예 남부에는 구조대원 수천 명과 구조장비가 동원돼 생존자 수색과 구호활동이 이뤄지고 있는 반면 국경을 맞댄 시리아 북서부의 반군 장악 지역에서는 적절한 구호 작업이 이뤄지고 있지 않다"고 전했다. **시리아 정부군은 반군 통제지역이란 이유로 구조 작업은커녕 폭격을 일삼았다.** 이 지역 유일한 구조대인 **▪하얀헬멧**(시리아 민방위대)마저 활동을 중단했다.

이러한 가운데 AP통신 등 외신 보도에 따르면 2월 13일(현지시간) 유엔과 바샤르 알아사드 시리아 대통령은 시리아의 반군이 점령한 북서부 지역에 국제사회 구호품 전달이 가능하도록 국경 통로 두 곳을 추가 개방하기로 합의했다. 이에 따라 접근이 차단된 반군 지대에도 인도주의 지원에 속도가 붙을 것으로 전망된다.

▪ 하얀헬멧 (white helmet)
하얀헬멧은 흰색 헬멧을 쓰고 시리아군의 공격에 파괴된 현장에 출동해 긴급구조대 역할을 하는 시리아 민방위대의 별칭이다. 튀르키예계 민간 구조 단체의 도움으로 2013년부터 활동을 시작한 하얀헬멧은 언제 포탄이 날아들지 모르는 시리아 내전의 한복판에서 목숨을 걸고 인명을 구하고 있다.

2.

난방비 폭탄 고지서

에너지 가격 폭등...
취약계층 난방비 지원

강추위와 국제 에너지 가격 상승으로 난방비 부담이 커졌다. 큰 폭으로 오른 1월 도시가스 요금에 놀란 시민들은 이보다 한술 더 뜬 2월 명세서를 받아들고 한숨이 깊어졌다. 여야는 상대방에게 난방비 폭탄 책임을 돌리기 바빴다. 정부는 난방비 급등에 따른 취약계층의 어려움을 덜어주기 위해 이번 동절기에 등유와 LPG를 이용하는 기초생활수급자와 차상위계층에게 59만2000원을 지원하기로 했다. 또한 소상공인·자영업자 등 에너지 비용 부담이 큰 계층까지 신청 가구로 요금 분할 납부 대상을 확대하기로 했다.

고지서 꺼내보기도 두려운 난방비 폭탄

지난해 12월 중순 이후 강추위가 이어진 데다가 러시아·우크라이나 전쟁 등에 따른 국제 에너지 가격이 상승하면서 난방비 부담이 커졌다. 폭탄급 난방비 고지서를 받아든 시민들의 불만이 쏟아졌다. 1월에 내야 하는 난방비가 전월보다 두 배, 많게는 대여섯 배 오른 가구도 적지 않았다.

산업통상자원부에 따르면 도시가스 원료인 ▪LNG (액화천연가스) 수입 가격은 지난 2022년 61조원으로 전년도(31조원)보다 2배가량 비싸졌다. 이에 **정부는 지난해 네 차례나 민수용 도시가스 요금 인상을 단행**했다. 주택용 요금의 경우 지난 1년간 1MJ(메가줄)당 14.22원에서 19.69원으로 38%나 올랐다.

큰 폭으로 오른 1월 도시가스 요금에 놀란 시민들은 이보다 한술 더 뜬 2월 명세서를 받아들고 한숨이 깊어졌다. 1월까지 이어진 한파 때 가스 사용량이 2월 요금에 반영된 탓에 감당하기 힘들 정도로 요금이 치솟았다. 설 연휴 말미부터 ▪북극한파로 강추위가 기승을 부린 가운데, 1월 25일 서울 최저 기온은 -17.3도로 21C 들어 7번째로 가장 추웠다.

SNS나 인터넷 커뮤니티 등에서는 지난 12월 요금 명세서 기준 3만원대였던 요금이 1월에 9만원대, 2월에 20만원대로 찍혔다고 성토하는 글이 올라왔다. 서울도시가스 등 가스공급업체에도 요금이 왜 이렇게 많이 나왔느냐며 항의하는 민원이 빗발쳤다.

지난해 정부는 오는 2026년까지 한국전력의 누

적 적자와 가스공사의 미수금 해결을 위해 요금 추가 인상 가능성을 예고한 바 있어 난방비 폭탄은 앞으로도 이어질 전망이다.

▪ **LNG (Liquefied Natural Gas)**
LNG(액화천연가스)는 천연가스를 -162℃의 상태로 냉각하여 액화시킨 뒤 부피를 600분의 1로 압축시킨 것이다. 정제 과정을 거쳐 순수 메탄의 성분이 매우 높고 수분 함량이 없다. LNG는 무색·투명한 액체로 주성분이 메탄이라는 점에서 주성분이 프로판, 부탄인 LPG(액화석유가스)와 구별된다. LNG는 기화할 때의 냉열에너지를 전력으로 회수할 수 있으며, 식품의 냉동 등에도 이용한다. 1950년대 이후 도시가스가 석탄가스에서 천연가스로 전환되면서 현재 LNG가 도시가스로 주로 사용되고 있으며, 전력·공업용으로도 이용된다.

▪ **북극한파 (北極寒波)**
북극한파는 북극의 이상 고온으로 인하여 일어나는 북반구 중위도 지역의 이상 저온 현상이다. 원래 북극 상공의 찬 공기를 그 주위의 제트기류가 막아주는데 북극의 이상 고온으로 중위도 상공과 기온 차이가 줄어들면 제트기류가 약해지고 이로 인해 북극의 찬 공기가 중위도 상공으로 내려오게 된다. 지구 온난화의 영향으로 겨울의 지구 평균 온도는 계속 따뜻해지고 있는 것으로 관측되지만 북극한파의 영향으로 오히려 북반구에 사는 사람들이 겨울에 더 추위를 느끼게 된다.

'난방비 폭탄' 누구 책임인가... 여야 서로 '네 탓'

난방비 폭탄 사태는 예견됐던 문제다. 2021년 말 러시아-우크라이나 전쟁 조짐이 나타날 때부터 천연가스 공급에 어려움이 예상됐고 가스 가격이 폭등했다. 그러나 당시 문재인 정부는 물론이고 현 윤석열 정부 역시 난방비 폭탄이 미칠 파장에 대해 대비책을 세우지 않았다.

러시아산 천연가스 의존도가 높은 독일이 주택용 가스 요금을 3배 이상 올렸고 유럽연합(EU) 국가

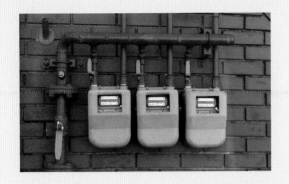

평균 2배 이상 가스 요금을 인상한 것에 비하면 국내 가스 요금 인상 폭은 크지 않다. 하지만 한파 여파로 난방비가 앞선 달의 수배에 이르러 충격을 준 것이다.

여야는 난방비 폭탄 책임을 상대방에게 돌렸다. 야당은 **"윤석열 정부가 취약 계층을 위한 대책 없이 난방비를 크게 올려 민생을 파탄시켰다"**고 비판했고 대통령실과 여당은 "지난 **문재인 정부가 가스비 인상을 미루는 포퓰리즘 정책을 펴 가스비를 더욱 높였다**"고 맞받았다.

이재명 더불어민주당 대표는 "정부가 지원하는 소액 **에너지바우처**(voucher : 정부가 수요자에게 지급하는 쿠폰) 예산이 있지만 이번에 늘려 취약 계층의 난방비를 지원해야 한다"고 주장했다. 이 대표는 또한 "일정 기준 이상의 이익을 얻은 법인 등에 대해 추가로 징수하는 횡재세 도입을 검토해야 한다"며 "(윤석열 정부가) 부자들 세금을 깎아주려는 노력의 일부라도 관심을 돌렸다면 (난방비) 문제는 심각해지지 않았을 것"이라고 지적했다.

주호영 국민의힘 원내대표는 "문재인 정권의 에너지 포퓰리즘 폭탄을 지금 정부와 서민이 그대로 뒤집어쓰는 셈"이라며 "러시아-우크라이나

전쟁의 여파로 최대 10배 이상 LNG 가격이 상승해 2021년 1월부터 2022년 10월 사이 주택용 가스 요금이 미국 218%, 영국 318%, 독일 292% 상승했는데 우리나라는 38.5% 이상했다"고 짚었다.

그러면서 "문재인 정부는 대선 전까지 1년 반 동안 가스요금을 동결했다가 그것도 선거가 끝난 후에 겨우 12%를 인상했다. 10배 이상 원가가 올랐는데 공급가격을 인상하지 않는 바람에, 우리가 가스를 산 가격보다 훨씬 싸게 판 차액이 무려 9조원이나 된다"고 지적했다.

러시아-우크라이나 전쟁으로 인해 천연가스 가격 폭등이 전 세계적 추세였지만, 문재인 정부가 지지율 하락을 우려해 가스 요금 인상을 억눌렀다는 것이다. 최연혜 가스공사 사장은 2020년 9월부터 2022년 3월까지 문재인 정부에 8차례 가스 요금 인상을 요구했지만 묵살됐다고 말했다.

원칙적으로 **LNG 원가가 오르면 도시가스 요금에 자동 반영하도록 하는 원료비 연동제를 통해 2개월 사이 원료비 변동분을 요금에 반영**해야 한다. 하지만 문재인 정부는 코로나19 시국으로 생계가 막힌 국민들에게 지원금을 줘야 하는 상황에서 2020년 7월부터 원료비 연동제 시행을 유보할 수밖에 없었다. 전쟁 위기로 LNG 가격이 폭등하기 시작한 것은 그로부터 1년 뒤였다.

> ➕ **허수아비 때리기 오류 (straw man fallacy)**
> 허수아비 때리기 오류는 논증의 한 종류이자 상대방의 입장을 곡해함으로써 나타나는 비형식적 오류다. 상대방의 입장과 피상적으로 유사하지만 사실은 같지 않은 명제로 상대방의 입장을 대체하여 환상(허수아비)을 만들어 내고 그 환상을 반박하는 것이 바로 허수아비

때리기의 오류다. 예를 들어 평등(자유)을 주장하는 사람에게 자유(평등)를 억압한다는 꼬리표를 붙여 공격하는 것을 들 수 있다. 왜곡과 확증편향이 일상적인 정치권에서 여야의 '네 탓' 주장은 허수아비 때리기 오류로 점철된 경우가 많다.

취약계층에 동절기 난방비 59만2000원 지원키로

▲ 윤석열 대통령이 2월 15일 서울 용산 대통령실 청사에서 열린 제13차 비상경제민생회의를 주재하고 있다. (자료 : 대통령실)

정부는 난방비 급등으로 인한 취약계층의 어려움을 덜어주기 위해 이번 동절기에 **등유와 LPG를 이용하는 ▪기초생활수급자와 ▪차상위계층에게 59만2000원을 지원**하기로 했다. 윤석열 대통령이 2월 15일 주재한 비상경제민생회의에서 정부가 이 같은 내용을 골자로 한 에너지 비용 부담 완화 방안을 발표했다.

정부는 앞서 2월 1일 기초생활수급자와 차상위계층 등 200여만 가구 중 도시가스를 이용하는 186만 가구에 지난해 12월~올해 3월까지 4개월간 겨울 난방비를 총 59만2000원씩 지원하기로 했다. 지역난방을 쓰는 취약계층에 이어 등유·LPG 사용 취약계층까지 지원 대상을 확대한 것이다.

정부는 또한 **소상공인·자영업자 등 에너지 비용 부담이 큰 계층까지 한시적으로 신청 가구로 요금 분할 납부 대상을 확대**하기로 했다. 현재는 기초생활수급자와 차상위계층 등에만 에너지 요금 분할 납부가 적용된다. **전기·가스 절약 가구에, 절감량에 따른 현금 지급 인센티브를 주는 에너지캐시백**도 추진한다. 현금 지급 요건은 현행 전년 동기 대비 사용량 7% 이상 절감에서 3% 이상 절감으로 완화하는 방안을 검토하기로 했다.

▪ 기초생활수급자 (基礎生活受給者)

기초생활수급자란 소득인정액이 중위소득의 30~50% 이하인 사람을 말한다. 중위소득이란 우리나라 전체 가구를 1~100으로 두었을 때 그 중 50번째 가구의 소득이다. 기초수급은 해당 거주지의 읍·면·동 주민 센터나 온라인을 통해 신청할 수 있다.

▪ 차상위계층 (次上位階層)

차상위계층은 소득인정액이 기준 중위소득의 50% 이하이면서 기초생활수급자에 해당하지 않는 계층을 말한다. 2023년도 기준 중위소득은 4인 가구 기준으로 2022년 512만1080원 대비 5.47% 인상된 540만964원으로 결정되었다.

▍한국의 난방 방식

구분	설명	장점	단점
개별난방	각 세대 내에 보일러 등 열원을 설치하는 난방 방식	원하는 대로 난방을 쓰며 사용한 만큼 요금 부과	열효율이 떨어지고 보일러 설치 공간 필요하며 보일러 소음 있음
중앙난방	공동주택 단지 내 중앙기계실에서 보일러를 가동하는 방식	24시간 온수 공급 가능하고 소음 없음	사용자 생활 패턴대로 사용할 수 없으며 관리비 비쌈
지역난방	각 지역에 있는 열병합발전소에서 공동주택 단지로 공급한 열을 이용하는 난방 방식	24시간 온수 공급 가능하며 비용 저렴	상대적으로 시공이 까다로움

분야별
최신상식

9개 분야 최신이슈와 핵심 키워드

정치
행정

'위례·대장동 의혹' 이재명 구속영장 청구...야당 장외투쟁

■ **천화동인 (天火同人)**

천화동인이란 주역 64괘 중 13
번째 괘로, '마음먹은 일을 성
취할 수 있는 운'이라는 뜻으로
사용한다. 성남시 대장동 개발
사업에 참여해 특혜 의혹을 받
는 화천대유자산관리의 자회
사인 천화동인 1호의 실소유주
논란에 이재명 더불어민주당
대표가 연루됐다.

조사 12시간 반 만에 종료

이재명(사진 가운데) 더불어민주당 대표의 위례·대장동 개발 비리 사건과
관련한 피의자 조사가 1월 29일 마무리됐다. 이 대표는 검찰에 출석하면
서 A4용지 33쪽 분량의 '검찰 진술서'를 제출했다. 검사의 질문에 "진술서
로 갈음한다"는 답변을 반복한 것으로 알려졌다. 검찰이 준비한 질문지는
150여 쪽, 피의자 신문 조서는 200여 쪽에 달했다고 한다.

이 대표는 모든 혐의에 대해 부인했다. 그는 진술서에서 대장동 사업 초과
이익 환수 조항을 빼도록 최종적으로 결정하면서 확정 이익 1822억원 외 추
가 이익을 얻지 못해 성남시에 거액의 손해를 끼쳤다는 혐의를 전면 부인했
다. ■**천화동인** 1호의 실소유주 논란과 대장동 수익 중 428억원을 받기로 민
간업자와 약속했다는 혐의 역시 강하게 부인했다. 위례·대장동 사업의 비
밀을 민간업자에게 알려준 부패방지법 등 위반 혐의에 대해서도 반박했다.

이 대표는 조사를 마치고 나오면서 "윤석열 검사 독재정권의 검찰답게 역
시 수사가 아닌 정치를 하고 있다는 느낌이 들었다"며 "진실을 밝히기 위한
조사가 아니라 기소를 목표로 조작하고 있다는 기분을 지울 수 없다"고 비

석열 정부의 외교·안보 대책, 민생 위기 등 경제 위기, 이태원 참사 등 각종 현안은 물론 자신을 둘러싼 검찰 수사를 의식한 듯 검찰을 향해서도 전방위적 비판의 목소리를 냈다.

지도부도 가세했다. 이날 행사에는 민주당 박홍근 원내대표와 우상호 국회 **■이태원 참사** 진상규명과 재발방지를 위한 국정조사 특별위원장, 박범계 검찰독재정치탄압대책위원장을 비롯해 송기헌 김건희 여사 주가조작 진상조사 태스크포스 (TF) 단장, 고민정 최고위원 등 지도부가 총출동했다. 국민의힘은 민주당을 향해 이재명 대표 '방탄'을 위해 민생을 포기한 것이라며 맹공했다.

판했다. 이 대표는 2월 10일에도 위례·대장동 의혹 2차 조사를 받기 위해 검찰에 출석했다.

검찰은 2월 16일 이 대표에 대해 구속영장을 청구했다. 서울중앙지검은 이날 이 대표에 대해 특정경제범죄 가중처벌법상 배임과 뇌물, 이해충돌방지법 위반, 옛 부패방지법 위반, 범죄수익은닉규제법 위반 등 혐의로 구속영장을 청구했다고 밝혔다. **제1야당 현직 대표에 대한 구속영장 청구는 사상 처음**이다.

野, 6년 만에 장외투쟁

더불어민주당은 2월 4일 **박근혜 전 대통령 퇴진 촉구 운동 후 6년 만에 서울 숭례문에서 장외투쟁**에 나섰다. 이 자리에는 이 대표를 필두로 박홍근 원내대표 등 지도부, 의원 80여 명과 권리당원, 지지자에 이르기까지 경찰 추산 2만5000명(주최 측 추산 30만 명)이 모였다.

이 대표는 "어떤 핍박도 의연하게 맞서겠다"고 다짐했다. 이 대표는 이 자리에서 연설을 통해 윤

■ 이태원 참사

이태원 참사는 2022년 10월 29일 서울특별시 용산구 이태원동에서 발생한 대형 압사 사고이다. 당시 이태원에는 할로윈을 앞두고 많은 사람들이 몰려 있었으며, 해밀턴호텔 앞 좁은 골목길로 인파가 밀리면서 사상자가 다수 발생했다.

이 사고는 2003년 192명이 사망했던 대구 지하철 참사와 304명이 사망한 2014년 세월호 침몰 사고 이후 대한민국에서의 최대 인명 사고였다. 특히 서울 도심에서 벌어진 대형 참사로는 502명이 사망한 1995년 삼풍백화점 붕괴 사고 이후 가장 큰 참사로 기록됐다.

이태원 참사는 외국 압사 사고와 비교해 봐도 1989년 97명이 사망한 영국 힐스버러 참사나 2022년 인도네시아 칸주루한 스타디움 참사(132명)보다 사망자가 많았고 21C 전 세계에서 발생한 군중 압사 사고 중에서도 피해 규모가 9번째로 큰 대형 참사였다.

POINT **세 줄 요약**

❶ 이재명 더불어민주당 대표의 위례·대장동 개발 비리 사건과 관련한 피의자 조사가 1월 29일 마무리됐다.

❷ 이 대표는 본인의 모든 혐의에 대해 부인했다.

❸ 더불어민주당은 2월 4일 박근혜 전 대통령 퇴진 촉구 운동 후 6년 만에 서울에서 장외투쟁에 나섰다.

尹, 사표 낸 나경원 '수리' 아닌 '해임'...與, 당권 레이스 격화

윤석열 대통령은 1월 13일 나경원 국민의힘 전 의원을 저출산고령사회위원회(저출산위) 부위원장과 기후환경대사직에서 해임했다. 여당 차기 당 대표 유력 주자였던 나 전 의원과 대통령실 간의 갈등이 징계성 '해임'으로 정리됐다. 윤 대통령이 나 전 의원과 '관계 회복' 의사가 없음을 명확히 한 것으로 풀이된다.

나 전 의원은 자녀 수에 따른 대출금 탕감 구상을 밝힌 뒤 대통령실과 갈등을 빚다 1월 10일 사의를 표명했다. 대통령실은 사표 수리나 해촉 대신 징계성 표현인 해임을 발표했다. 나 전 의원이 사의를 밝히지 않은 기후환경대사직에서도 동시에 해임을 결정했다. 나 전 의원이 '정책 혼선'을 초래한 데 대한 징계로 직을 박탈한다는 뜻을 명확히 한 것으로 보인다.

나 전 의원이 오는 3월 국민의힘 전당대회에서 유력한 당 대표 주자로 꼽혔던 만큼 **윤 대통령의 이번 결정은 윤핵관**(윤석열 대통령 측 핵심 관계자) **후보를 지지하기 위한 전당대회 개입 논란을 키울 것**으로 보인다. 나 전 의원은 대통령실과 당 내에서 당 대표에 출마하지 말라는 다양한 압력이 들어오자 결국 1월 25일 당 대표 도전을 포기했고 정치 인생 최대 위기를 맞이했다.

국힘 '당권 레이스' 金·安 양강 구도 압축

나 전 의원에 이어 유승민 전 의원도 1월 31일 오는 3월 8일 당 대표 선출을 위한 전당대회 불출마를 선언했다. 유 전 의원은 이날 자신의 SNS에 글을 올려 "당 대표 선거에 출마하지 않겠다"며 "충분히 생각했고, 아무 의미가 없다는 결론"이라고 전했다.

유 전 의원은 당초 당 대표 출마를 검토한 것으로 알려졌다. 그러나 당 지도부가 차기 당 대표를 당원투표 100%로 뽑도록 전당대회 규칙을 개정하고, 윤핵관 및 친윤석열계 의원들이 견제성 발언을 이어가자 불출마를 결심한 것으로 보인다.

이로써 국민의힘 당 대표 경선은 김기현·안철수 의원 양강 구도로 흘러갔다. 특정 후보의 독주가 아닌 두 후보 간 초박빙 구도에 전당대회에 대한 주목도도 높아지는 모양새다.

김기현 의원은 친윤계와 '윤심(윤석열 대통령 의중)'을 등에 업고 각종 여론조사에서 선두로 부상했지만 나·유 전 의원의 불출마 선언 이후 지지율 정체에 빠졌다. 반면 안 의원은 나·유 전 의원 지지층을 흡수하면서 가상 결선투표에서 김 의원을 제친다는 여론조사가 속출할 정도로 기세를 올렸다.

김 의원은 탈당과 창당, 합당을 반복한 안 의원의 정치 이력을 비판하고 윤심을 강조하면서 당심 환기에 주력하고 있다. 친윤계도 안 의원에 대한 견제에 합류했다. 차기 총선 공천 전횡 우려를 잠재우기 위해 임명직 당직 포기라는 카드까지 꺼내들었다.

반면 안철수 의원은 대선 후보 단일화와 대통령직 인수위원장 임명 등 윤 대통령과 인연을 강조하면서 김 의원과 친윤계의 공세에 맞서고 있다. 친윤계가 윤심을 왜곡하고 있다고 비판하면서 친

운계에 대한 반발 표심 흡수도 노리고 있다.

국민의힘 역대 당 대표

대수	대표	직함	임기
1	황교안	당 대표	2020년 2월 13일 ~ 2020년 4월 15일
(임시)	심재철	권한대행	2020년 4월 16일 ~ 2020년 5월 8일
	주호영		2020년 5월 8일 ~ 2020년 5월 27일
	김종인	비상대책위원장	2020년 5월 27일 ~ 2021년 4월 7일
	주호영	권한대행	2021년 4월 8일 ~ 2021년 4월 30일
	김기현		2021년 4월 30일 ~ 2021년 6월 11일
2	이준석	당 대표	2021년 6월 12일 ~ 2022년 8월 9일
(임시)	권성동	직무대행	2022년 7월 8일 ~ 2022년 8월 9일
	주호영	비상대책위원장	2022년 8월 9일 ~ 2022년 8월 26일
	권성동	직무대행	2022년 8월 26일 ~ 2022년 9월 8일
	정진석	비상대책위원장	2022년 9월 8일 ~

'여야 118명'
초당적 정치개혁 의원모임 출범

대립과 혐오를 극복하고 국가 발전의 발목을 잡는 시대착오적 정치를 끝내자는 취지의 '초당적 정치개혁 의원모임'(의원모임)이 1월 30일 공식으로 출범했다. 윤석열 대통령과 김진표 국회의장이 선거제도 개편의 필요성을 언급한 가운데 100명을 훌쩍 넘는 여야 의원이 참여하는 의원모

▲ 초당적 정치개혁 의원 모임

임이 개헌 등에 불을 지필 수 있을지 주목된다.

의원모임은 이날까지 총 118명의 여야 의원이 동참했다고 전했다. 국회 의원회관에서 열린 출범식에는 김진표 국회의장과 국민의힘 정진석 비상대책위원장, 더불어민주당 이재명 대표 등이 참석해 정치개혁의 의지를 다지며 힘을 실었다.

김 의장은 인사말에서 "제가 아는 한 정치개혁을 위해 여야가 선수(選數 : 의원 당선 횟수)와 지역과 관계없이 이렇게 많이 모인 것은 처음"이라며 "갈등을 줄이고 표의 비례성을 높이는 더 나은 제도로 (총선이) 치러지면 국민이 정치권을 신뢰할 것"이라고 말했다.

이어 "정치제도 개혁을 시작으로 해묵은 과제인 개헌까지 완수해달라"고 했다. 김 의장의 당부대로 의원모임은 현행 ■소선거구제를 비롯해 우선 선거제도 개편을 본격적으로 논의한다는 계획이다. 지난 총선에서 비례 위성정당 창당 등의 폐해가 드러난 만큼 이를 개선하는 게 급선무라는 데 여야 지도부도 의견을 같이했다.

정 비대위원장은 지난 2007년 노무현 전 대통령이 개헌을 제안한 것을 언급하며 "**소선거구제의 폐해를 극복하려는 노 전 대통령**의 시도는 참으로

의미심장했다"고 밝혔다. 그러면서 "선거제도, 권력구조 개편은 정치인에게 주어진 절체절명의 과제"라고 말했다.

이재명 대표도 "대표성과 비례성이 제대로 보장되고 지역주의가 해소되는 제대로 된 정치체제를 만드는 일은 정치인의 중요한 책무"라며 "국민의 주권 의지가 정치에 반영되는 체제를 만드는 데 최선의 노력을 다하겠다"고 강조했다.

■ **소선거구제 (小選擧區制)**

소선거구제는 1개의 선거구당 1명의 당선자를 선출하는 선거 방식이다. 가장 많이 득표한 사람을 선출한다는 뜻에서 다수 대표제라고도 한다. 소선거구제는 투표가 간단하고 선거구가 작아서 유권자가 입후보자를 자세히 검토하고 선거비용을 최소한으로 줄일 수 있다는 장점이 있지만, 소수당에 불리하고 사표가 많아진다는 단점이 있다.

➕ **빅 텐트 (big tent)**

빅 텐트는 서로의 이해에 따라 특정 계급이나 이념에 한하지 않고 여러 정치 세력의 힘을 한데 모으는 연합 정치를 말하며, 포괄정당(catch all party)이라고도 한다. 빅 텐트는 대선이나 총선의 승패를 가르는 중도층과 상대 후보의 유권자의 마음을 돌리기 위해 주로 사용하는 방식이다. 그러나 정치적인 야합으로 볼 수 있어 반대 효과를 얻을 수도 있다.

野, 양곡관리법 본회의 부의 단독 처리...與는 집단 퇴장

과잉 생산된 쌀을 정부가 의무 매입하는 내용을 담은 양곡관리법 개정안을 야당이 본회의에서 사실상 단독으로 처리했다. 국회는 1월 30일 본회

의를 열고 재석 165명 가운데 찬성 157명, 반대 6명, 기권 2명으로 '양곡관리법 일부개정법률안(대안) 본회의 부의의 건'을 가결했다. 이날 표결에서 여당 의원들은 양곡관리법 본회의 부의 절차 등에 항의하며 투표 직전 퇴장했다.

민주당은 지난해 12월 28일 농림축산식품해양수산위원회(농해수위) 전체회의에서 여당이 불참한 가운데 해당 법안의 직회부 건을 단독으로 의결한 바 있다. 교섭단체 대표 의원 간 합의가 이뤄지지 않았기 때문에 국회법에 따라 부의 요구가 있었던 날로부터 30일이 지난 이후 처음 개의된 본회의에서 이를 표결하게 된 것이다.

양곡관리법 개정안은 쌀이 수요량의 3% 이상 초과 생산되거나 수확기 가격이 지난해보다 5% 이상 하락할 경우 정부가 의무적으로 매입하도록 하는 내용을 담고 있다. 농해수위 야당 간사인 김승남 민주당 의원은 "(양곡관리법 개정안은) 쌀 과잉 생산을 구조적으로 막기 위한 쌀 생산 조정제의 법적 근거를 마련하는 한편, 쌀값 폭락 시 농가 소득을 보장하기 위한 최소한의 안전장치를 마련하기 위한 민생 법안"이라고 주장했다.

반면 여당은 이를 ■**포퓰리즘** 정책이라고 비판하면서 시행 이후 닥쳐올 부작용을 우려했다. 최춘

식 국민의힘 의원은 "2030년까지 연평균 20만 1000톤 규모로 추정되는 쌀 초과 생산량이 양곡관리법 시행 이후에는 43만2000톤까지 늘어날 것이라는 연구 결과에 따른 전망치가 있다"며 "농림축산식품부는 오는 2030년에 쌀 격리에만 국민 세금 1조4000억원의 재정을 투입해야 한다고 우려하고 있다"고 말했다.

■ **포퓰리즘 (populism)**

포퓰리즘은 대중을 중시하는 정치사상 및 활동을 이르는 말로, 인민·대중을 뜻하는 라틴어 '포풀루스(populus)'에서 유래한 것이다. 현대에는 주로 정치적인 목적으로 일반대중, 저소득계층 등의 인기에 영합하려는 정치인의 이미지 전략이라는 의미로 쓰인다. 특히 지지를 얻기 위해 취하는 일련의 소득 재분배 경제 정책을 꼬집을 때 사용된다.

김기현, 김연경·남진 응원 인증샷 논란

▲ 김기현(가운데) 의원이 공개한 배구 선수 김연경, 가수 남진과 함께 직은 사진 (김기현 의원 페이스북 캡처)

국민의힘 당권 주자인 김기현 의원이 "김연경 선수와 남진 선생님이 당 대표 선거에 나선 저를 응원하겠다며 꽃다발까지 준비해줬다"고 올린 SNS

게시물을 두고 사실이 아니라는 논란이 일었다.

1월 27일 김 의원은 SNS에 가수 남진, 배구선수 김언경과 함께 찍은 사진을 올린 뒤 "어제는 오랜만에 반가운 얼굴들과 함께 편안한 저녁을 보냈다"며 "당 대표 선거에 나선 저를 응원하겠다며 귀한 시간을 내주고, 꽃다발까지 준비해준 김연경 선수와 남진 선생님께 진심으로 감사의 말씀을 드린다"고 했다. 남 씨와 김 선수가 김 의원을 지지했다는 뜻으로 해석됐다.

남 씨는 김 의원이 SNS에 김 선수와 함께 찍은 사진을 올린 것과 관련해 "김연경은 나와 같은 전라남도 구례군 출신으로 보름 전에 약속을 해 지인 7~8명과 서울 여의도의 한 식당에서 만났는데 그 자리에 김 의원이 갑자기 나타나 2~3분가량 만나 인사말을 나눴고 사진을 찍었을 뿐"이라고 밝혔다.

남 씨는 또 "김 의원이 들고 있는 꽃도 그쪽에서 가지고 온 것"이라며 "김 의원이 올린 사진 때문에 고향 사람들로부터 항의 전화를 많이 받았다. 난 정치적 색이 없는데 이런 일에 휘말려 당혹스럽다"고 말했다.

논란이 일자 김 의원은 2월 1일 '김연경·남진 인증샷 논란을 일으킨 데 대해 "표현 과정에서 다소 오해받을 소지가 있었다면 유감으로 생각한다"고 밝혔다. 그는 "지인 초청을 받아 그 자리에 갔고 거기에 남진과 김연경 두 분이 온다는 말씀을 듣고 간 것이며 꽃다발이 준비돼 있었고 제게 주시기에 받은 것"이라고 설명했다.

김연경은 "(김기현 의원을) 응원한 것은 사실"이라

며 "좋은 분 같아 잘 되셨으면 좋겠다며 힘내시라고 한마디 한 것이 전부"라는 입장을 밝힌 것으로 2월 3일 전해졌다. 김연경은 "내가 응원한 것은 사실이기 때문에 (김기현 의원에게) 응원 인증샷을 페이스북에 올리라고 했다"고 덧붙였다.

한편, 김기현 의원이 인증샷 논란을 두고 당권 경쟁 주자인 안철수 의원과 공방을 벌이자 홍준표 대구시장은 **"일회성 해프닝 사건을 두고 갑론을박하는 유치함을 참 봐주기 어렵다"**고 비판했다.

➕ 정치인과 연예인 후광효과

큰 선거일수록 연예인의 높은 인지도와 호감도를 활용하려는 정치인의 시도가 잦았다. 높은 호감도를 가진 연예인이 특정 정치인을 지지하면, 대중들은 연예인이 지지한 정치인에게도 높은 호감도를 느끼는 이른바 후광효과가 작용한다. 2022년 대선에서도 이재명 더불어민주당 후보는 배우 김의성·김규리 씨, 가수 이은미 씨의 지지를 얻었다. 국민의힘 후보이던 윤석열 대통령은 배우 독고영재·김부선 씨와 가수 김흥국 씨의 지지를 받으며 대선 활동을 한 바 있다.

尹 정부 교육개혁 과제 '유보통합·늘봄학교' 추진 방안 발표

교육부가 '유아교육·보육 관리체계 통합'(**▪유보통합**) 추진 방안을 1월 30일 발표했다. 이에 따라 현행 교육부와 보건복지부로 나뉜 어린이집, 유치원에 대한 관리체계가 2025년부터 교육부와 교육청 주관으로 통합된다.

교육부는 이날 발표에서 유보통합을 두 단계로 나누어 추진한다고 설명했다. 1단계(2023~2024)에는 유보통합추진위원회와 추진단을 중심으로 유치원과 어린이집의 격차 해소와 통합기반 마련을 추진하고, 2단계(2025~2026)에는 교육부·교육청 중심의 통합기관 출범과 교사 양성 과정·교육과정의 단계적 개편이 이뤄질 계획이다.

교육부는 앞서 1월 9일 '초등 늘봄학교 정책' 추진 방안도 발표한 바 있다. 늘봄학교는 학부모의 양육부담을 덜기 위해 정규수업 제외 최대 아침 7시부터 저녁 8시까지 초등학생들에게 교육·돌봄을 제공하는 서비스다. 3월부터 5개 시도교육청 초등학교 200곳에서 늘봄학교가 시범 운영되어 2025년까지 전국 확대될 예정이다.

유보통합과 늘봄학교는 윤석열 정부가 추진하는 교육개혁의 최대 현안이다. 교육부는 "지금 우리 사회는 급격한 인구구조 변화와 지역소멸 등으로 교육개혁이 절실한 시점"이라며 올해를 교육개혁의 원년으로 삼겠다는 각오다.

그러나 **유보통합에 성공하려면 새 통합기관의 교사 양성과 재원 마련이라는 난제를 극복**해야 한다. 특히 교사의 자격기준, 처우를 통합하는 과정에서 이해관계자들의 반발을 어떻게 조율할지가 관건이다. 늘봄학교 역시 교사들의 업무가 증가하는 문제에 대한 대책이 마련되지 않는다면 지속가능할 수 없다는 우려가 존재한다.

■ 유보통합 (幼保統合)

유보통합이란 이원화되어있는 유아교육·보육 관리체계를 한 부처 소관으로 일원화하는 것을 의미한다. 현재 체계는 교육부·시도교육청이 담당하는 '학교'인 유치원과 보건복지부·지방자치단체가 담당하는 '사회복지기관'인 어린이집으로 나뉘어 있다. 이를 교육부·시도교육청이 담당하는 새 통합기관으로 만드는 것이 유보통합의 핵심이다.

1995년 김영삼 정부 시절부터 추진된 유보통합은 30년 가까이 교육계의 과제로 남아있었다. 유치원 교사와 보육교사 간 격차를 해소하는 과정에서 발생하는 반발을 극복하지 못했기 때문이다.

유치원 교사는 전문대 이상 유아교육과를 졸업하고 정교사 자격을 취득해야 하며, 국공립 유치원 교사는 추가로 임용시험까지 통과해야 한다. 반면 어린이집 보육교사의 경우 전문대 졸업 후 학점은행제 등을 통해 보육교사 2급 자격증을 취득할 수 있다. 교사 자격에 관한 이해관계를 조정할 때 유보통합의 결론을 얻을 수 있을 것으로 보인다.

국민연금 2055년 바닥난다... 고갈 시점 2년 더 당겨져

국민연금이 현행 제도 유지 시 2041년부터 기금에 적자가 발생하고 2055년 적립금을 모두 소진할 것이라는 전망이 나왔다. 이는 2018년 예측보다 고갈 시점이 2년 앞당겨진 계산이다.

보건복지부 국민연금 재정추계전문위원회(재정추위)가 1월 27일 발표한 제5차 **■재정추계** 시산 결과에 따르면 현 국민연금 제도를 유지할 때 **2040년까지 연금 지출보다 수입이 많은 구조가 유지돼 최고 1775조원의 기금이 적립될 전망**이다. 그러나 다음 해인 **2041년부터 연금 수급자 비율이 급속도로 늘면서 지출이 총수입보다 늘고, 2055년 기금을 모두 소진**할 것이라는 계산이 뒤따랐다.

국민연금은 5년마다 재정계산을 실시하여 이를 토대로 국민연금 종합운영계획을 수립한다. 2018년 제4차 재정계산 이후 올해 제5차 재정계산은 3월 말까지 실시하도록 규정되어 있으나 국회 연금개혁특위 산하 민간자문위원회의 요청에 따라 국민연금은 재정추계 잠정치를 일정보다 2개월 앞당겨 발표했다.

2018년 4차 재정계산 결과와 비교해 보면 적자 전환 시점은 1년, 기금소진 시점은 2년 빨라졌다. 적립기금 최대치 규모도 4차 때의 1778조원에서 1775원으로 줄었다. 재정추위는 **고갈 시점이 앞당겨진 요인으로 저출산·고령화의 심화와 그에 따른 인구구조 악화, 경제성장 둔화 등**을 꼽았다.

국민연금 재정추계는 인구, 경제변수, 제도변수 등의 기본 시나리오를 설정하고, 현 연금 제도가 유지되는 것을 전제로 향후 70년간의 재정수지를 추정하는 방식으로 이뤄진다. 이번 제5차 재정계산에서는 **올해 0.73명으로 예측되는 합계출산율**이 내년 0.70명까지 하락한 뒤 반등해 2046년 1.21명까지 완만하게 회복한다는 시나리오가 적용됐다. 만일 기대만큼 출산율이 오르지 않는다면 기금소진 시점은 더 빨라질 수 있다.

시산 결과 이외 다양한 시나리오별 민감도 분석

등은 오는 3월에 확정되는 재정추계 최종 결과에 포함될 예정이다. **이번 재정추계 결과 발표에 따라 윤석열 정부의 3대 개혁 과제 중 하나인 연금개혁 논의도 더 탄력을 받게 될 것으로 보인다.** 어두워진 전망으로 연금개혁의 필요성이 더욱 커진 가운데 국회와 정부가 사회적 합의를 이끌 수 있는 개혁안을 내놓을지 주목된다.

■ 재정추계 (財政推計)

재정추계란 국가 또는 지방자치단체가 행정 활동이나 공공정책을 시행하기 위해 필요한 자금을 추정하여 계산하는 일을 의미한다. 국민연금의 경우 국민연금법 제4조(국민연금 재정계산 및 장기재정균형 유지)에 의거해 2003년 이후 5년마다 재정계산을 하고 있으며, 국민연금의 원활한 재정운영을 위해 인구추계, 거시경제변수, 제도변수, 추계모형 등을 고려해 국민연금의 중·장기 재정추계액을 산정한다.

자녀 입시비리 대부분 '유죄'... 조국 징역 2년

▲ 조국 전 법무부 장관

자녀 입시비리와 '유재수 감찰무마' 혐의로 기소된 조국 전 법무부 장관이 1심에서 징역 2년의 실형을 선고받았다. 기소된 지 3년여 만에 나온 법원 판단이다. 서울중앙지법 형사합의21-1부(재판장 마성영)는 2월 3일 사문서위조, 업무방해, 청탁금지법 위반 등의 혐의로 재판에 넘겨진 조 전 장관에게 징역 2년과 추징금 600만원을 선고했다.

재판부는 **조 전 장관의 자녀 입시비리 관련 혐의를 대부분 유죄로 인정**했다. 재판부는 "피고인이 대학교수의 지위에 있으면서도 수년 동안 반복 범행해 죄질이 불량하고, 입시제도의 공정성에 대한 사회적 신뢰를 심각하게 훼손했다"고 했다. 다만 재판부는 조 전 장관이 아들의 대학원 진학을 앞두고 최강욱 더불어민주당 의원(당시 법무법인 청맥 변호사)에게 허위 인턴활동확인서 발급을 부탁한 혐의는 인정하지 않았다.

조 전 장관의 딸 장학금 부정수수 혐의는 일부 무죄로 판단했다. 조 전 장관의 딸 조민 씨는 2016~2018년 부산대 의학전문대학원에 다니면서 노환중 전 부산의료원장의 도움으로 여섯 학기 연속 장학금을 받았는데, 검찰은 조 전 장관이 **■민정수석**에 임명된 2017년 5월 이후 받은 장학금을 뇌물로 봤다.

하지만 재판부는 "직무관련성과 대가성을 인정할 수 없다"며 뇌물이 아니라고 판단했다. 대신 "딸이 받은 장학금은 조 전 장관이 직접 받는 것과 같이 평가할 수 있다"면서 **청탁금지법 위반 혐의를 유죄**로 판단했다.

조국 딸 조민 김어준 방송 출연

한편, 조 전 장관 딸 조민 씨가 방송인 김어준 씨의 유튜브 채널에 출연해 화제를 모았다. **조 씨는 2월 6일 김 씨의 유튜브 채널 '김어준의 겸손은 힘들다 뉴스공장'에 출연해 얼굴을 공개했다.**

조 씨는 인터뷰를 자청한 이유에 대해 "지난 4년 간 조국 전 장관의 딸로만 살아왔는데 아버지가 실형을 받으시는 것을 지켜보면서 '나는 떳떳하지 못한가' 곰곰이 생각해보게 됐다"며 "저는 떳떳하다. 부끄럽지 않게 살았다. 그래서 결심하게 됐다. 이제 조국 딸이 아니라 조민으로 당당하게 숨지 않고 살고 싶다"고 밝혔다.

■ 민정수석 (民情首席)

민정수석이란 과거 대통령비서실 소속 민정수석비서관의 줄임말이다. 차관급에 해당하며 민정수석실 내에 민정·공직기강·법무·반부패 관련 세부 조직을 뒀다. 민정수석은 여론이나 민심 등을 통해 국민의 뜻을 살피고, 공직사회의 기강을 바로잡으며 법률문제를 보좌하고, 반부패 업무를 행했다.

아울러 고위 공직자의 인사 검증, 직무 관찰, 대통령 친인척 관리 등의 업무를 담당하면서 5대 사정기관인 ▲검찰 ▲경찰 ▲국가정보원 ▲국세청 ▲감사원을 총괄하고 이 기관들이 생산하는 정보를 대통령에게 직접 보고하는 요직이었다. 이 때문에 그 권한이 과도하게 막강하다는 비판을 받으면서 윤석열 대통령은 민정수석실을 폐지했다.

그러나 지난 1월 대통령실이 고위공직자 비위를 조사하는 감찰조사팀을 신설하기로 하면서 사실상 대통령실 감찰 조사팀이 정보 수집과 감찰을 총괄했던 과거 민정수석실 역할을 할 가능성이 커졌다.

▲ 천공 (정법시대 홈페이지 캡처)

부승찬 전 국방부 대변인은 2월 2일 한 언론 매체와의 인터뷰에서 "남영신 전 육군참모총장이 '지난해 3월께 천공이 육군참모총장 공관과 서울 사무소를 사전 답사했다는 보고를 공관 관리관으로부터 받았다'고 얘기했다"고 밝혔다.

이 같은 내용은 3월 3일 출간될 부 전 대변인의 저서 '권력과 안보(문재인 정부 국방비사와 천공 의혹)'에도 담겼다. 대통령실은 "이는 사실과 다르다"는 입장을 밝히면서 최초 보도한 언론사 기자와 부 전 대변인을 형사 고발했다.

저서에서 부 전 대변인은 유력 육군 인사로부터 "당시 천공이 타고 온 차종은 무엇인지, 누가 현장에 같이 있었는지 육군 총장보다 더 구체적으로 당시 행적을 들었다"고 밝혔다. 이후 부 전 대변인이 추가 확인한 결과 현장에는 천공과 함께 대통령직 인수위원회 관계자가 동행했는데, 김용현 현 대통령 경호처장으로 알려졌다.

대통령 관저 천공 개입설... 한덕수 "그런 일 전혀 없다"

윤석열 정부 출범 전 **대통령 새 관저를 물색하는 과정에서 역술인 천공이 개입했다는 주장을 뒷받침하는 정황이 공개됐다.** 윤 대통령을 둘러싼 무속인 논란이 또 터져 나온 가운데 한덕수 국무총리는 "그런 일 없다"고 선을 그었다.

더불어민주당은 천공의 대통령 관저 결정 개입 의혹을 거듭 제기하며 윤 대통령을 향해 직접 해명하고 입장을 밝히라고 압박했다. 대정부질문 첫날인 2월 6일에도 천공의 용산 대통령 관저 답사 의혹을 제기하며 검찰의 철저한 수사와 정부의 진위 파악을 촉구했다.

이날 송갑석 민주당 의원은 "2022년 3월 천공이라는 사람이 당시 청와대 이전 TF 소속이었던 김처장, 모 여당 의원과 함께 한남동 육군참모총장 공관과 국방부 영내 육군 본부 서울 사무실을 둘러봤다는 보도가 있다"고 언급하면서 한 총리의 견해를 물었다.

한 총리는 "그런 일은 전혀 없었다고 보고받았다"고 답했다. 한 부총리는 대통령실이 부 전 대변인과 기자를 형사 고발한 것에 대해서는 "일종의 잘못된 뉴스가 행정부나 군에 대한 신뢰에 큰 영향을 미칠 수 있기 때문에 고발은 명확하게 사실을 밝히는 하나의 계기가 될 것"이라고 말했다. 앞서 대통령실은 천공의 대통령실 관저 개입 의혹을 최초 보도한 뉴스토마토와 한국일보를 형사 고발했다.

➕ 정치인과 무속

정치인과 역술인은 동서고금을 막론하고 비밀스럽고도 깊은 유대를 이어왔다. 제정 러시아 말기 수도자 라스푸틴은 황태자의 혈우병을 치료하여 황제의 신임을 얻었다.

고려 말 승려 신돈은 공민왕을 쥐락펴락했고 역모를 꾀하다 처형됐다. 조선 말 명성황후는 무녀 진령군에 휘둘려 국정을 혼란에 빠트렸다.

박근혜 정부 때는 우주와 인간을 이어주는 기운을 지녔다는 '오방낭'이 최순실 주도로 대통령 취임식에 등장했다. 최순실의 아버지는 영생교를 창시한 최태민으로, 최 씨 부녀는 각각 박정희·박근혜 정부 때 막강한 영향력을 행사했다.

윤석열 대통령 주변에서도 천공 등 무속인 관련 논란이 끊이지 않고 있다. 무속인의 국정 개입에 국민의 시선이 부정적인 것은 미신(迷信)이 비과학적이라는 이유도 있지만 국정 전문가나 당사자도 아닌 제3자가 공직자와의 사적 친분을 이용해 공공의 이익을 편취할 가능성이 높기 때문이다.

이상민 탄핵안 가결...
헌정사 첫 국무위원 탄핵소추

▲ 이상민 행안부 장관

이태원 참사 부실 대응 책임을 묻기 위해 더불어민주당 등 야 3당이 공동 발의한 이상민 행정안전부 장관에 대한 ▪탄핵소추안이 국회 본회의를 통과했다.

국회는 2월 8일 오후 본회의에서 이 장관 탄핵소추안을 무기명 표결에 부쳐 총투표수 293표 중 찬성 179표, 반대 109표, 무효 5표로 가결해 헌법재판소로 넘겼다. 국무위원에 대한 탄핵소추가 이뤄진 것은 75년 헌정사 최초다.

169석의 거대 야당인 민주당이 당론으로 탄핵소추안 발의를 추진하고 정의당, 기본소득당 등이 공동 발의에 참여하면서 찬성표가 쏟아진 것으로 보인다.

김진표 국회의장은 당초 이날 예정된 대정부질문이 끝난 뒤 이 장관 탄핵소추안 표결을 실시하려 했지만, 민주당이 이 같은 의사일정 순서에 반발하면서 '의사일정 변경 동의의 건' 표결을 거쳐 탄핵소추안 안건 순서를 앞당겼다.

박홍근 민주당 원내대표는 앞서 2월 6일 이 장관 탄핵소추안을 발의했다. 헌법 65조에 따르면 탄핵소추는 국회 재적의원 3분의 1 이상의 발의, 재적의원 과반수 찬성으로 의결한다. 이 장관의 탄핵소추안은 2월 8일 찬성 179표, 반대 109표로 가결됐다. 이 장관의 직무는 정지됐다.

이 장관의 탄핵소추안이 의결됐지만 실제 탄핵까지는 어려울 것으로 예상된다. **탄핵안 의결 시 국회 법제사법위원장이 헌법재판소 탄핵 심판 과정에서 심문 검사 역할을 맡는 소추위원이 된다.** 이 역할을 국민의힘 소속 김도읍 의원이 맡게 되기에 탄핵이 헌재의 문턱을 넘기 어렵다는 분석이 존재한다.

■ 탄핵소추 (彈劾訴追)

탄핵소추는 대통령, 국무총리, 장관, 법관 등 고위직 공직자가 헌법이나 법률을 위배한 때 심판하여 처벌·파면하는 제도다. 탄핵소추는 국회 재적의원 3분의 1 이상의 발의가 있어야 하며, 그 의결은 국회 재적의원 과반수가 찬성해야 한다.
대통령에 대한 탄핵소추는 국회 재적의원 과반수의 발의와 국회 재적의원 3분의 2 이상의 찬성이 있어야 한다. 탄핵소추의 의결을 받은 자는 탄핵 결정이 있을 때까지 그 권한행사가 정지된다. 탄핵 심판은 헌법재판소가 행하되 탄핵의 결정을 할 때는 재판관 6인 이상의 찬성이 있어야 한다.

▲ 이도운 대통령실 대변인

시작해 워싱턴 특파원과 국제부장, 정치부장 등을 지냈다. 2017년 초 반기문 전 유엔 사무총장이 대선 출마를 검토할 당시 서울신문을 떠나 대변인으로 활동했다가, 반 전 총장의 대선 불출마 선언 뒤 다시 문화일보로 자리를 옮겨 논설위원으로 일했다.

이 대변인이 언론 현직에 있다 대통령실로 직행한 것을 두고 '■폴리널리스트 논란이 제기될 수 있다'는 기자들의 지적에 대통령실 관계자는 "국민들이 보실 때 얼마나 잘 임무를 수행하느냐에 결과(평가)가 달려있다고 생각한다"고 밝혔다.

대통령실 대변인에 이도운 전 문화일보 논설위원 발탁

윤석열 대통령이 2월 5일 대통령실 신임 대변인에 이도운 전 문화일보 논설위원을 임명했다. 김은혜 대통령실 홍보수석은 이날 용산 대통령실에서 브리핑을 열어 "(이 대변인은) 정치·외교·사회 등 국내외 정세와 현안에 대해 깊이 있는 분석과 균형 잡힌 시각을 제시해왔다"고 말했다.

이 대변인은 1990년 서울신문에서 기자 생활을

■ 폴리널리스트 (polinalist)

폴리널리스트란 정치(politics)와 언론인(journalist)의 합성어로, 언론인 출신으로서 정치 활동을 하는 인물을 지칭한다. 중립적인 자세를 취하며 신뢰를 주는 언론인 경력을 활용해 정치권에 진출한 사람이라 비판받기도 한다. 정부를 비판하는 사회정화 기능을 수행하던 언론인으로서의 직분이 아닌 정치권에 진출하기 위해 언론인으로서의 경력을 이용하는 정·언유착의 상징적 표본으로 비치기 때문이다.
2007년 대통령 선거 당시 이명박 후보 캠프에서는 언론인 출신 40명으로 구성된 공보조직을 구성했다. 당시 이들 중 상당수가 언론사 및 언론유관기관의 수장 혹은 중역으로 재직 중이었다. 문재인 정부 출범 이후에도 윤도한 청와대 국민소통수석, 강민석 대변인 등 언론인의 청와대 직행 논란이 끊이질 않았다.

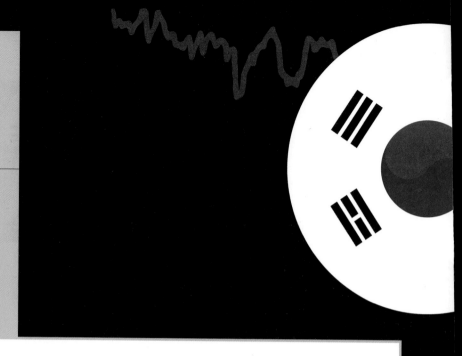

분야별
최신상식

경제
산업

1월 반도체 '수출쇼크'...
무역적자 127억달러 역대 최대

■ 낸드플래시 메모리 (Nand
　Flash Memory)

낸드플래시 메모리란 전원이
꺼지면 저장된 자료가 사라지
는 D램이나 S램과 달리 전원이
없는 상태에서도 데이터가 계
속 저장되는 플래시 메모리이
다. 플래시 메모리는 칩을 연결
하는 방식에 따라 낸드형과 노
어형으로 나뉘는데, 낸드형은
노어형에 비해 제조단가가 싸
고 용량이 커 디지털카메라에
MP3 플레이어에 노어형은 속
도가 빨라 휴대전화에 많이 쓰
인다.

통계 작성 이래 최대 적자

새해 첫 달 수출이 16.6% 급감하면서 무역적자가 127억달러를 기록,
1956년 관련 통계 작성 이래 최대 적자를 냈다. 특히 **우리 수출의 1등 품목
인 반도체 수출이 거의 반 토막**이 나고, 대(對)중국 수출도 30% 이상 급감하
는 등 수출 전선에 난기류가 짙어지고 있다.

1월 수출 감소폭은 코로나19 확산 초기인 2020년 5월(−23.8%)이후 최대
다. 수출은 지난해 10월부터 4개월 연속 마이너스로, 코로나19 확산 초기
인 2020년 3~8월 이후 최장기다.

품목별로 보면 전체 수출의 20%가량 차지하는 반도체가 D램, ■**낸드플래시
메모리** 등 메모리반도체 가격 하락과 수요 감소로 작년 동월 대비 44.5%나
급감했다. 반도체 수출액 낙폭은 전달(−27.8%)보다 더 커졌고 5개월 연속
감소세가 이어졌다. 반면 1월 선박(86.3%), 자동차(21.9%), 석유제품(12.2%)
수출은 증가했다.

국가별로는 반도체 수출 감소 영향을 크게 받은 대중국 수출액이 31.4% 줄

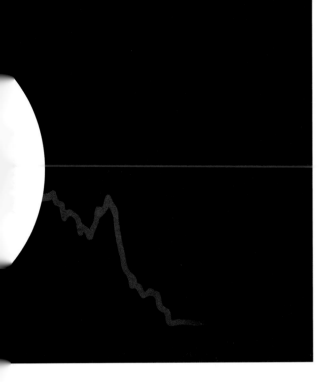

또 올해 제조업 설비와 연구·개발(**R&D**) 투자를 위해 총 81조원의 정책 금융 지원을 추진하고 300억달러 이상의 외국인 투자 유치를 위한 활동도 강화하기로 했다. 12년 만에 부활한 임시투자세액공제 제도와 국가전략기술에 대한 세액공제 상향이 조속히 입법화되도록 국회와도 긴밀히 협의할 예정이다.

이창양 산업부 장관은 이날 "수출 회복에 역량을 결집해 경기 회복기를 대비한 설비·R&D 투자가 지속될 수 있도록 뒷받침해나갈 계획"이라며 "실물경제 여건이 특히 어려운 상반기 동안 전 부처 수출 역량을 결집하고, 기업 투자를 밀착 지원해 세계 경제 여건과 반도체 업황 개선이 기대되는 하반기 경기 회복의 효과를 극대화하도록 준비할 것"이라고 말했다.

어들며 8개월 연속 감소했다. 중국은 전체 수출의 25%가량을 차지하는 1등 시장이다. 대중 무역수지는 작년 5~8월 4개월 연속 적자에서 9월 흑자로 돌아섰지만, 10월부터 다시 적자 흐름이 이어지고 있다.

반도체 등 10대 업종 100조 투자 밀착지원

정부가 제조업종 수출·투자에 100조원 규모를 지원해 수출 감소에 따른 무역수지 적자 현상에 대응한다. 산업통상자원부는 2월 3일 비상경제장관회의 겸 수출투자대책회의에서 제조업 업종별 수출·투자 지원방안을 발표하고 최근 수출 및 투자 위축에 대한 업종별 여건을 점검하고 수출과 투자 확대를 위한 범부처 지원방안을 논의했다고 밝혔다.

산업부는 수출이 어려울 것으로 예상되는 상반기에 수출 지원 예산의 3분의 2를 집중 지원하기로 했다. 올해 역대 최대인 360조원의 무역금융을 공급하고 수출의 첫 관문인 해외 인증을 손쉽게 받을 수 있도록 지원한다.

■ R&D (Research and Development)

R&D는 연구개발(Research and Development)의 약자다. 경제협력개발기구(OECD)는 R&D를 '인간·문화·사회를 망라하는 지식의 축적 분을 늘리고 그것을 새롭게 응용함으로써 활용성을 높이기 위해 체계적으로 이루어지는 창조적인 모든 활동'이라 정의하고 있다.

국제회계기준위원회(IASC)에서는 R&D에 대해 '연구(research)'를 새로운 과학적·기술적 지식과 이해를 얻기 위하여 행해진 독창적·계획적 조사로 정의한다. '개발(development)'은 상업적 생산 이전에 새롭게 개량한 재료·장치·제품·제조법·시스템 또는 서비스 생산계획이나 설계에 연구 성과와 다른 지식을 적용한 것으로 구분하여 정의하고 있다.

POINT 세 줄 요약

❶ 새해 첫달 무역적자가 127억달러를 기록, 1956년 관련 통계 작성 이래 최대 적자를 냈다.

❷ 이번 무역적자는 반도체 수출과 대중국 수출액의 급감이 원인이다.

❸ 정부가 제조업종 수출·투자에 100조 규모를 지원해 수출 감소에 따른 무역수지 적자 현상에 대응한다.

대만 반도체 수출액 18% 늘 때 한국은 1% 증가

지난해 대만의 반도체 수출액이 전년도 대비 18% 이상 증가한 반면 한국의 반도체 수출액은 불과 1% 증가한 것으로 나타났다.

1월 15일(현지시간) 블룸버그통신이 대만 재정부 자료를 인용한 보도에 따르면 지난해 대만의 집적회로(IC) 반도체 칩 수출액 성장률은 전년도 대비 18.4%(약 1841억달러) 상승했다. 이는 2013년 이후 7년 연속 증가세이며 두 자릿수 증가도 3년 연속이다. 같은 기간 한국의 반도체 수출액은 1292억달러(약 159조4974억원)로 1.0% 증가했다.

반도체 침체기에도 대만은 반도체 수출을 늘리며 반도체 최강국 자리를 지켰다. 그 중심에 세계 반도체의 절반 이상을 생산하는 기업 TSMC가 있다. **TSMC는 지난해 3~4분기 삼성전자를 제치고 매출 기준 세계 1위 반도체 기업** 자리에 올랐다. TSMC는 공격적인 시설 투자로 삼성전자를 뛰어넘어 세계 반도체 투자 1위 회사가 된 데 이어 올해도 330억달러를 설비에 투자해 이 분야 1위를 지킬 것으로 예상된다.

TSMC는 시스템반도체를 위탁생산하는 ▪**파운드리**에 주력하는 반면 삼성전자는 기성품인 메모리반도체가 주력이다. **IT 기기의 두뇌 역할을 하는 시스템반도체는 정보 저장 기능을 하는 메모리반도체보다 부가가치가 훨씬 높다.** 세계 최대 파운드리 업체인 TSMC는 반도체 설계를 전혀 하지 않고 위탁 생산에만 집중하기에 주요 외국 반도체 설계 기업들은 경쟁 기업인 삼성전자보다 기술 유출 위험이 없는 TSMC에 반도체 생산을 위탁하는 추세다.

지난해 메모리 시장은 부진했으나 파운드리 시장의 타격은 상대적으로 크지 않았던 것도 두 국가의 반도체 수출에 영향을 미쳤다. 지난해 하반기부터 메모리반도체 시장이 급격히 불황에 빠져들자 한국의 반도체 수출은 8월부터 5개월 연속 감소했다. 삼성전자는 반도체 매출의 70%를 차지하는 메모리반도체 시장 악화와 함께 스마트폰·가전 실적마저 하락하면서 2022년 4분기 영업이익이 4조3061억원으로 2021년 같은 기간에 비해 68.95% 감소한 '어닝쇼크'를 기록했다.

국내 반도체 업계는 불황에 맞서 정부의 지원이 절실하다고 입을 모았다. 대만은 법인세 최고세율이 20%로 한국(25%)보다 낮은 데다 연초 '산업혁신 조례 수정안'을 통과시켜 기술혁신업체의 연구개발(R&D) 투자비의 25%, 설비투자의 5%를 세액공제하기로 하는 등 반도체 지원에 힘쓰는 모습이다. 미국과 일본 역시 반도체 업계에 대규모 지원책을 마련하고 있다. 이러한 상황에서 국내 반도체 업계 관계자들은 **한국 기업들의 글로벌 경쟁력 확보를 위해 규제완화와 세제지원 등 정부 지원이 필요**하다고 주장했다.

■ **파운드리 (foundry)**

파운드리란 반도체 설계 디자인 전문 기업으로부터 제조를 위탁받아 반도체를 생산하는 기업을 의미한다. 주로 특수 용도의 고부가가치 반도체를 소량 생산한다. 파운드리는 원래 주형에 쇳물을 부어 금속, 유리제품을 찍어 내는 주조공장을 의미했다. 1980년대 중반 생산설비는 없으나 뛰어난 반도체 설계 기술을 가진 기업들이 등장하면서 반도체 제조설비를 갖춘 기업에 대한 수요가 증가했다. 파운드리는 대량의 반도체 칩을 하나의 회사에서 제조함으로서 효율적으로 설비 운영이나 연구 개발을 할 수 있다는 장점이 있다.

➕ **K-칩스법**

반도체특별법이라고도 불리는 K-칩스법은 2022년 2월 제정된 '국가첨단전략산업 경쟁력 강화 및 보호에 관한 특별조치법'(국가첨단전략산업법)의 별칭이다. 미국에서 바이든 대통령이 반도체 산업 지원을 위해 서명한 '칩스법(반도체법)'을 응용한 것이다. K-칩스법은 반도체·이차전지 등 국가첨단전략산업을 체계적으로 육성·지원하는 것이 핵심이다.

반도체 투자 기업에 25% 세액공제를 해주는 미국, 반도체 기업 설비 투자의 40%가량을 보조금으로 지원하는 일본, 첨단기업 R&D 비용 25% 세액공제 반도체법을 통과시킨 대만 등 주요국들이 파격적인 정부 지원 공세를 펼치는 환경에 대응하고자 한국에서도 세액공제를 확대한 K-칩스법 개정안이 발표됐다. 이 개정안이 통과될 경우 반도체 투자 대기업의 세액공제율이 현행 8%에서 15%로 상향된다.

국민·신한·하나·우리·NH농협)의 대표 정기예금 상품 금리가 모두 3%대(3.67~3.95%)로 떨어진 것이다.

1년 만기 정기예금은 주로 은행채 1년물 금리를 반영해 책정된다. 채권 금리가 하락하면 그만큼 시장에서 적은 조달 비용으로 대출해줄 재원을 모을 수 있다. 즉 은행이 비싼 이자를 지급하면서까지 금리를 높여 예금 유치에 나설 필요가 없어진다. 1월 9일 은행채 1년물(AAA) 금리는 4.042%였는데 20일에는 3.780%로 떨어졌다. 열흘 사이 은행채 1년물 금리가 떨어진 만큼 예금 금리도 비슷한 폭으로 낮아져야 한다.

금융 당국이 지난해 11월 자금 경색 등의 여파로 은행권의 정기예금 금리가 5%를 넘어서자 금융 쏠림을 우려해 예금 금리 인상을 자제하라고 압박한 것도 은행들이 정기예금 금리를 낮춘 주요 원인이다. 저축은행 정기예금 금리도 떨어졌다. 같은 날 기준 저축은행의 12개월 만기 기준 평균 정기예금 금리는 4.97%로, 지난해 11월 말(연 5.53%) 이후 0.56%p나 하락했다.

예금 맡긴 돈, 오히려 가치 하락

예금 금리가 급격한 인플레이션을 따라잡지 못하면서 은행에 예금을 맡겨도 오히려 돈의 가치가

시중은행 정기예금 금리 3%대로 일제히 하락

시중은행의 정기예금 금리가 3%대로 내려왔다. 1월 24일 금융권에 따르면 설 연휴가 시작되기 직전인 1월 20일 하나은행의 '하나의정기예금' 금리가 4%대에서 3.95%로 조정됐다. 5대 은행(KB

하락하는 현상이 나타났다. 예·적금 실질금리는 2년 연속 마이너스를 기록했다. 2월 6일 한국은행 및 통계청에 따르면 지난해 **저축성 수신금리**(2.77%)에서 물가 상승률(5.1%)을 뺀 실질금리는 −2.33%를 기록했다.

예·적금 실질금리가 2년 연속 마이너스를 기록한 것은 처음 있는 일이다. 마이너스 폭도 역대 최대치를 기록했다. 1996년 이래 실질금리가 마이너스인 해는 2011년(−0.31%)과 2017년(−0.34%), 2021년(−1.42%), 2022년(−2.33%) 네 차례뿐이었다. 은행에 예·적금을 들었다면 물가 상승분만큼도 이자를 받지 못해 실질적으로 손해를 봤다는 의미다.

> **➕ 정기예금과 정기적금 차이**
>
> 정기예금이란 가입일에 일정한 금액의 목돈을 한 번에 은행에 넣고 만기일에 원금과 이자를 수령하는 방식이다. 정기적금은 매달 일정 금액을 적립식으로 입금하여 만기일에 원금과 이자를 수령하는 방식이다. 정기예금과 정기적금은 납입액이 통장에 머무는 기간이 달라 정기적금 이자가 정기예금의 이자보다 더 적다.

전세 사기 피해 임차인에 대출 최장 4년 연장

은행권이 '빌라왕' 사건처럼 **집주인**(임대인) **사망으로 전세금을 돌려받지 못한 세입자들을 위해 대출을 최장 4년까지 연장**해준다. 아울러 전세 피해자를 위해 1억6000만원까지 최저 연 1.0% 금리로 빌려주는 대출 상품의 취급 은행도 확대하기로 했다.

1월 25일 금융권에 따르면 KB국민, 신한, 하나, 우리, NH농협, IBK기업 등 주요 은행들은 주택도시보증공사(HUG)가 보증하는 전세자금대출 이용자가 집주인의 사망으로 전세금을 돌려받지 못할 때 대출 만기를 최장 4년까지 연장해 주기로 했다.

기존엔 집주인이 사망했을 때 전세 계약이 유효한지에 대한 해석이 불분명해 각 은행별로 전세대출 연장에 대한 업무지침이 달랐다. 그러나 최근 '빌라왕' 사건을 계기로 HUG가 전세보증금반환보증의 보증기간을 최장 4년까지 연장하기로 하면서 은행들도 이에 맞춰 대출 만기를 연장하기로 한 것이다.

전세로 피해를 본 세입자들을 위한 '**전세피해 임차인 버팀목전세자금**' 대출 취급 은행도 늘어난다. 이는 **정당한 사유 없이 전세보증금을 돌려받지 못한 피해자 중 일정 요건을 만족하는 세입자들을 대상으로 최대 1억6000만원을 연 1.2~2.1% 금리로 대출해주는 상품**이다. 우리은행이 1월 9일부터 처음으로 운영 중이며 국민, 신한, 농협, 기업은행 등도 2월 중으로 상품을 내놓을 예정이다.

아울러 은행들은 전세대출 관련 시스템을 정비하고 전세 피해 방지를 위한 교육도 강화할 예정이다. 우리은행은 국토교통부의 부동산거래관리시스템과 은행 전용망을 연계해 대출 심사나 실행 과정에서 확정일자 정보를 확인하는 시스템을 구축 중이다. 일부 집주인들이 대출 저당권 등기와 확정일자 법적 효력의 시차를 악용해 세입자 몰래 전세 계약 직후 담보대출을 받는 것을 막기 위해서다.

지난해 전세금 보증사고 5443건

한편, 2022년 집주인이 계약 기간 만료 후 전세보증금을 돌려주지 못해 발생한 HUG의 전세보증금반환보증보험 관련 보증사고가 전년 대비 두 배 가까이로 급증한 것으로 나타났다. 1월 17일 HUG에 따르면 지난해 전세보증금반환보증보험 보증사고 건수는 5443건으로 전년(2799건)보다 두 배 가까이로 늘었다.

전세보증금반환보증보험은 세입자가 보증금을 지키기 위해 가입하는 보험상품으로 집주인이 계약 기간 만료 후 전세보증금을 돌려주지 못하면 보증기관이 대신 보증금을 가입자(세입자)에게 지급(대위변제)하고 나중에 집주인에게 구상권을 청구해 받아내는 것이다.

보증사고 건수는 2015년 1건에서 매년 증가해 2019년 1630건으로 처음 1000건을 돌파했다. 이어 2020년 2408건, 2021년 2799건에 이어 지난해에는 하반기 들어 집값과 전셋값 하락 등에 따른 보증사고가 급증하며 1년 만에 5000건을 넘어섰다.

정부는 전세 사기에 가담한 공인중개사의 자격을 곧장 취소하는 '**■원스트라이크 아웃제**'를 추진한다. 원희룡 국토교통부 장관은 1월 29일 "전세 사기 주택들을 알선했던 중개업소가 여전히 불법 중개행위로 서민 임차인을 끌어들이고 있다는 충격적인 소식을 접했다"며 "전수조사를 통해 악성 중개사를 반드시 적발하고, 적발 시 자격취소(원스트라이크 아웃) 등 무관용의 원칙에 따라 일벌

백계할 것"이라고 말했다.

■ 원스트라이크 아웃제
원스트라이크 아웃제란 본래 특정 공무원의 청탁 비리가 드러날 경우, 공무원 직위를 바로 해제하거나 퇴출시키는 제도이다. 2009년 2월부터 서울시가 처음으로 도입·시행하고 있다. 원스트라이크 아웃제는 기업체 영업소 등의 불법판매 행위가 적발되는 경우에도 적용된다. 예를 들어 고의적으로 가짜석유를 판매하다 적발될 경우 바로 주유소 등록을 취소하는 것도 이에 해당된다.

▌ 전세 사기 막으려면 이렇게 (자료 : 국토교통부)

전세 계약 전 유의 사항	주택 임대차 표준 계약서 (법무부)를 사용	– 대항력과 우선변제권 확보 방법, 보증금 증액 시 증액 부분 보호 방법, 임차권등기명령제도 등 임차인 보호 규정 안내 – 묵시적 갱신 등 계약 당사자인 임대인과 임차인의 권리 의무에 대한 정보를 제공하여 분쟁 예방
	주변 시세 확인	– 국토교통부 실거래가 공개 시스템, 한국부동산원 부동산테크 및 시세정보업체 등 다양한 시세정보 확인 – 대상 물건 인근 부동산 중개업소 등 현장 방문
	부채 규모 (등기부등본) 및 국세·지방세 체납여부 확인 (임대인 동의 필요)	– 등기부등본을 확인해 근저당권, 전세권 등 선순위 채권을 확인 – 중개인, 임대인 등을 통해 선순위 보증금 및 세금 체납여부 확인
	확정일자 부여 현황 (임대인 동의 필요) 및 전입세대 열람 (임대인 위임 필요)	– 임대인에게 동의를 받아 확정일자 부여 현황 열람 가능(임대차 신고는 임대인에게 직접 제공 요청) – 다가구주택의 경우 건물 전체 임대차 현황을 임대인의 동의를 얻어 열람 가능 – 해당 주택의 전입세대 현황은 임대인의 위임을 받아 열람 가능

전세 계약 후 유의 사항	임대차 신고 (계약서 제출 시 확정일자 자동 부여)	- 온라인 신고, 관할 주민 센터 방문 신고 ※ 우선변제권 발생조건 : 주택의 인도, 전입신고, 확정 일자 부여 후 익일 발생
	전세보증금 반환보증 가입	- 주택도시보증공사, 주택금융공사, 서울보증보험 등에서 전세보증금 반환보증을 가입하여 보증금 보호
	전입신고	- 관할 주민센터 방문 또는 정부 24 온라인 신고

표준주택 공시가격 14년 만에 하락...5.95%↓

전국 땅값과 단독주택 가격 산정 기준이 되는 표준지와 표준주택 **■공시가격**이 14년 만에 처음으로 하락했다. 국토교통부는 올해 1월 1일 기준 전국 표준지와 표준주택 공시가격을 1월 25일 확정했다. **표준지와 표준주택 공시가격은 전국 땅값과 단독주택 가격 산정의 기준**이 된다. 지자체는 이를 토대로 개별토지와 단독주택 공시가격을 정한다.

먼저 표준주택 25만 호에 대한 공시가격은 전국 평균 5.95% 하락했다. 표준주택 공시가격 하락은 2009년(-1.98%) 이후 14년 만이다. 전 지역에서 표준주택 공시가격이 떨어진 가운데 서울의 하락 폭이 -8.55%로 가장 컸다.

그 뒤로 경기(-5.41%), 제주(-5.13%), 울산(-4.98%) 순이다. 표준주택 멸실(滅失 : 물품이나 가옥이 그 효용을 상실할 정도로 파괴돼 없어지는 것)에 따른 표본 교체 등으로 대전(-4.84%→-4.82%), 세종(-4.17%→-4.26%), 경북(-4.10%→-4.11%)은 하락 폭이 확대됐다.

표준 단독주택 공시가격 현실화율은 53.5%로 올해(57.9%)보다 4.4%p 낮아졌다. 표준지 공시가격 현실화율은 65.4%로 지난해(71.4%)보다 6.0%p 떨어졌다. 이는 부동산 경기 침체 속에 공시가격이 실거래가보다 높아지는 '역전 현상'이 속출하자 정부가 올해 공시가격 현실화율을 2020년 수준으로 하향 조정한 데 따른 것이다.

공시가격은 재산세와 종합부동산세 등 부동산 관련 보유세와 건강보험료·기초연금 등 67개 행정제도 기준으로 사용된다. 공시가격 하락에 따라 보유세 부담은 다소 완화될 것으로 전망된다.

우병탁 신한은행 부동산투자자문센터 팀장의 시뮬레이션 결과, 시세 17억원 상당의 단독주택의 경우 공시가격 하락에 따라 1주택자 기준 보유세는 지난해 442만원에서 올해 323만원으로 26.8% 줄어든다. 각 시·군·구에서는 이날 확정된 표준지와 표준주택 공시가격을 바탕으로 개별공시지가와 개별 주택가격을 오는 4월 28일 결정해 공시할 예정이다.

■ 공시가격 (公示價格)

공시가격이란 정부가 토지와 건물에 대해 조사·산정해 공시하는 가격을 말한다. 부동산 가격의 지표가 되는 공시가격은 보유세 등 부동산 세제는 물론 건강보험료와 기초연금, 부동산 가격평가 등 여러 행정 업무의 기준이 된다. 공시가격이 상승하면 주택 수요가 떨어져 집값을 안정화하는 데 도움을 주지만, 공시지가로 측정되는 보유세 부담이 커질 수 있다.

韓 경제 2022년 4분기 GDP 0.4% 역성장

한국 경제가 지난해 4분기 0.4% 역성장했다. **분기 성장률이 마이너스를 기록한 것은 2020년 2분기(−3%) 이후 10분기 만이다.** 정부는 올해 1분기부터 성장률이 플러스 전환할 것으로 보고 있지만, 기획재정부의 연간 전망치(1.6%)에 미치지 못할 수 있다는 우려가 벌써 일고 있다.

1월 26일 한국은행에 따르면 지난해 4분기 실질 국내총생산(GDP) 성장률 속보치는 전 분기 대비 0.4% 하락했다. 직전 분기 1.7%, 1.1%를 각각 기록했던 민간 소비와 순수출이 −0.4%, −5.8%로 급락하면서 성장률을 0.8%p 끌어내렸다. 특히 제조업은 −4.1%로 3분기 연속 감소했다.

4분기를 포함한 지난해 연간 성장률은 2.6%를 기록했다. 한은 전망치에 부합했지만 전년(4.1%) 대비 1.5%p 급락했다. 국내 거주인이 1년간 벌어들인 소득으로 실질 구매력을 보여주는 지표인 ■**국내총소득**(GDI)은 연간 1.1% 감소했다.

정부는 진화에 나섰다. 추경호 부총리 겸 기획재정부 장관은 이날 "한국과 유사하게 대외 의존도가 높은 주요국보다 역성장 폭이 작다"면서 **"올해 1분기는 기저 효과와 중국 경제 리오프닝(재개) 등에 힘입어 플러스 성장이 가능**할 것"이라고 말했다.

그러나 전망은 그리 밝지 않다. 수출은 올해 들어 1월 20일까지 2.7% 감소해 넉 달째 내리막을 걸을 가능성이 크다. 여기에 최근 급격히 커진 생활물가 부담과 고금리, 주택 가격 하락 등이 맞물리면서 민간 소비도 위축되고 있다.

전규연 하나증권 이코노미스트는 "지난해 4분기 성장률이 마이너스를 기록했다는 점 자체보다는 세부 내용이 좋지 않다"면서 "한국 경제 버팀목 역할을 했던 내수 성장세가 약해지면 경기가 꺾일 수 있다"고 말했다.

세계 투자은행(IB) 9곳의 올해 한국 성장률 전망치는 평균 1.1%에 불과하다. 가장 높은 성장률 전망치를 내놓은 미국계 IB 뱅크오브아메리카(BoA)메릴린치가 1.9%에 그쳤고 미국 씨티그룹은 0.7%를, 일본 노무라증권은 −0.6%를 각각 제시했다.

■ 국내총소득 (GDI, Gross Domestic Income)

국내총소득이란 국내 거주인이 1년 동안 벌어들인 소득이다. 실질 국내총생산(GDP)에 실질 무역 손익을 더한 개념으로, 국민들의 실질구매력을 보여주는 소득지표이다. 즉 수출입 가격의 변화로 인해 실질소득 가운데 해외로 유출되었거나 해외에서 유입된 소득을 국내총생산과 합한 것이다. GDI는 수출품 가격이 상승하면 국외에서 유입되는 소득 상승으로 증가하고, 수입품 가격이 상승하면 국외 유출되는 소득 상승으로 감소한다.

➕ 속보치와 잠정치

속보치(速報値)와 잠정치(暫定値)는 정부 기관이 작성해 발표하는 공식 통계에서 사용하는 용어다. 경제성장률 속보치란 기초 통계를 기반으로 전년 또는 전기 동기 대비 증가율을 계산해 서둘러 발표하는 것을 말한다. 즉 그때까지 나온 생산, 소비, 수출 등 통계를 기반으로 추세를 고려해 추정 발표한다. 잠정치는 속보치에서 감안하지 않은 다양한 지표를 검토 후 발표하는 수치로 속보치보다 정확하지만 발표가 늦다.

부동산·미술품·저작권 등 2024년부터 조각투자 허용

정부가 토큰 증권(STO, Security Token Offering) 발행을 허용하기로 하면서 향후 다양한 형태의 **■ 조각투자** 증권이 출현할지 주목된다. 2월 5일 금융위원회는 블록체인 기술로 전자화한 증권의 발행과 유통을 허용하는 내용을 담은 '토큰 증권 발행·유통 규율체계 정비방안'을 발표했다.

금융위는 이날 블록체인 기술을 활용해 디지털화

한 증권을 증권발행의 새로운 형태로 수용하기로 하면서 그동안 국내에서 불가했던 토큰 증권 발행을 허용하고 '증권형 토큰' 등 여러 이름으로 불리던 명칭도 토큰 증권으로 정리했다.

토큰 증권은 실물자산이나 금융자산의 지분을 작게 나눈 뒤 블록체인 기술을 활용해 토큰(token : 특정 플랫폼에서 사용되는 가상통화) **형태로 발행한 증권**으로 미래 수익이나 실물 자산 등에 대한 지분·권리를 부여하는 징표로 사용된다.

토큰 증권은 기존 전자증권과는 전자화된 방식으로 증권을 기재한다는 점에선 유사하지만, 금융회사가 중앙집권적으로 등록·관리하지 않고 탈중앙화된 블록체인 기술을 사용한다는 차이가 있다. 뮤직카우 등 블록체인을 활용하지 않은 조각투자는 토큰 증권에 해당하지 않는다. 비트코인도 자산 담보가 없이 발생되는 가상통화여서 토큰 증권이 아니다.

토큰 증권이 도입되면서 일정 요건을 갖춘 발행인이 증권을 직접 발행해 등록하는 것도 가능해졌다. 기존 전자증권은 증권사 등을 통해서만 증권을 전자 등록할 수 있었다. 블록체인 기술에 내재한 스마트계약(smart contract) 기술 등을 활용하면 기존 전자증권으로는 발행하기 어려웠던 부동산, 예술작품, 선박 등 다양한 대체자산에 대한 권리를 사업자가 직접 간편한 토큰 증권 형태로 발행할 수 있을 것으로 금융위는 내다보고 있다.

이에 따라 토큰 증권의 최대 수혜자는 기존 증권사라는 분석이 나온다. 부동산, 미술품, 선박 등 경제적 가치는 있지만 거래가 어려운 대체자산들의 가치를 쪼개서 증권화할 경우 거래대금이 늘며 새로운 수익을 창출할 수 있다는 것이다. 금융위는 2023년 상반기 중 토큰 증권을 전자증권법 제도 안에 수용하는 내용의 전자증권법 및 자본시장법 개정안을 제출할 계획이다.

■ 조각투자 (fractional investment)
조각투자란 특정 투자 상품의 가치를 조각처럼 나누어 여러 투자자가 함께 상품에 투자하고 이익을 배분받는 투자 방식을 말한다. 조각투자는 초기 투자비용이 많이 드는 미술품, 부동산 등 투자 위험성은 낮으면서 비교적 고수익이 보장되는 거래 시장을 중심으로 도입되고 있다. 조각투자를 통해 소액으로 큰 규모의 자산에 투자할 기회를 얻을 수 있지만, 해당 자산에 대한 직접 소유권은 가질 수 없다.

美 연준, 금리인상 속도조절 본격화

2022년 하반기부터 세계 주요국을 중심으로 이어진 고강도 기준금리 인상 흐름이 속도를 조절중이다. 인플레이션 압력 탓에 긴축 재정 기조는 여전하지만, 경제침체 등에 대한 고민을 함께해야 하는 각국 재정당국이 긴축 수준을 놓고 고민을 시작했다.

미국의 중앙은행인 연방준비제도(Fed·연준)는 2월 1일(현지시간) 올해 첫 번째 연방공개시장위원회(FOMC) 정례회의를 연 뒤 성명을 통해 기준금리를 0.25%p 인상한다고 밝혔다. **이로써 미국의 기준금리는 연 4.25~4.50%에서 연 4.50~4.75%가 됐다.** 2007년 이후 최고 수준이다.

이번 회의에서 주목할 점은 제롬 파월 연준 의장의 발언이다. 파월 의장은 회의 뒤 기자회견에서 **"디스인플레이션(disinflation : 물가 상승률 하락)**이 진행되고 있는 점은 다행"이라고 밝혔다. 그럼에도 "지속적인 금리 인상이 적절할 것으로 예상된다"며 "적절한 제한 수준에 도달하기 위해 두어 차례 더 인상하는 것에 관해 이야기하고 있다"고 전했다. 그는 "이는 인플레이션이 계속되고 있기 때문"이라고 강조했다.

연준은 지난해 6월과 7월, 9월, 11월까지 4차례 연속 기준금리를 한 번에 0.75%p 인상하는 **"자이언트스텝**을 단행했지만, 직전 회의인 2022년 12월 FOMC에서 기준금리를 0.5%p 인상하며 속도 조절에 돌입했고, 이날 또다시 인상 폭을 0.25%p로 낮췄다. 러시아-우크라이나 전쟁 등으로 원자재와 공급망 불안 등의 악재가 여전한 데다 전황 예측이 어렵다는 등 불확실성이 이어지고 있기에 보수적인 시각을 견지한 것으로 풀이된다.

한국 통화 당국의 고심도 깊어질 것으로 보인다.

이번 연준의 기준금리 인상 결정으로 한국과 미국의 기준금리 격차는 1%p(미 기준금리 상단 기준)에서 1.25%p로 확대됐다. **한미 금리 차와 여전한 고물가 추세를 고려하면 한국은행의 추가 기준금리 인상이 불가피하지만, 급격한 금리 인상에 따른 경기침체 우려도 심화**하고 있다.

2월 2일 통계청이 발표한 2023년 1월 소비자물가동향에 따르면 소비자물가 상승률은 5.2%를 기록했다. 전월(5.0%) 대비 물가 상승 폭이 0.2%p 올랐다. 물가 상승 폭이 전월보다 확대된 것은 지난해 9월 5.6%에서 10월 5.7%로 오른 이후 3개월 만이다.

물가 흐름이 상승세로 돌아선 데는 공공요금 인상의 영향이 컸다. 올해 1월 전기·가스·수도는 1년 전보다 28.3% 급등해 세 가지 항목을 묶어 통계를 산출하기 시작한 2010년 이후 최고치를 경신했다.

■ 자이언트스텝 (giant step)

자이언트스텝이란 미국 연방준비제도(Fed·연준)에서 기준금리를 한번에 0.75%p를 인상하는 정책을 지칭하는 말이다. 공식적인 용어는 아니며 미국보다는 한국에서 주로 사용되는 용어다. 2022년 6월 15일 연준에서 직전의 0.5%p 인상보다 더 큰 규모인 0.75%p로 기준금리 인상을 결정하자, '빅스텝'에 대응하는 표현으로 한국 언론에서 사용한 것으로 알려졌다.

HUG보증 전세가율
집값 100%→90% 조정

5월부터 선순위 채권이 없는 경우 주택가격의 100%까지 허용됐던 전세금 반환보증 비율이

90%로 하향 조정된다. 이렇게 되면 집값이 3억원일 경우 전세보증금 2억7000만원 이하일 때만 보험 가입이 가능하다.

정부는 무자본 ■갭 투자 및 전세 사기 수단으로 악용된다는 비판을 받았던 전세금 반환보증을 개선하기로 했다. 국토교통부는 2월 2일 정부서울청사에서 관계부처 합동으로 이 같은 내용의 '전세 사기 예방 및 피해지원방안'을 발표했다.

2022년 전세보증금 사고액은 전년 대비 2배 이상 증가한 약 1조2000억원으로 전세 사기 검거 건수도 전년(187건) 대비 3배 이상 증가한 618건으로 집계됐다. 이 과정에 공인중개사가 사기에 가담한 사례도 다수 적발했다. 정부는 조직적 사기에 개인 차원의 대응은 사실상 불가능하다는 판단에 따라 이번 범정부대책을 통해 임차인들이 사전에 전세 사기를 피할 수 있도록 조치한다는 계획이다.

지금까지는 전세가율(매매가 대비 전세보증금액) 100%인 주택까지 전세보증금반환보증보험 가입이 가능했지만, 오는 5월부터는 전세가율을 90%로 축소한다. 보증보험에 가입하기 위해서는 임대인이 보증금의 10%는 자기 자본으로 마련해야 한다.

보증보험에 가입할 수 있는 연립·다세대주택의 전세가율은 2013년 70%였지만 2014년 80%, 2017년 100%로 높아졌다. 자금이 부족한 취약계층의 부담을 덜어주기 위한 조치였지만 전세 사기꾼들이 전세가격 인상 등을 통해 제도를 악용했다는 지적이 많았다.

매매 이력이 없는 신축빌라의 '시세 부풀리기'도 차단한다. 정부는 2월부터 공시가격과 실거래가 격이 없는 경우에만 감정평가를 허용하고, 협회에서 추천한 법인의 감정가만 인정하기로 했다. 또 전세 사기 의심사례 전수조사를 통해 사기에 가담한 사실이 확인된 감정평가사는 추천대상에서 제외한다.

등록임대사업자의 임대보증 의무가입 관리·감독도 강화된다. 또 임대인보증보험 의무가입 시점을 임대차계약 이후에서 이전으로 앞당겨 임차인이 거주하는 주택은 보증을 가입해야만 등록이 허용된다. 공실은 '등록 후 가입'을 허용하되 미가입 시 임차인에게 알려 계약을 해지하고 위약금을 지급하도록 했다. 보증 미가입으로 등록이 말소된 임대사업자는 임대주택 추가등록이 제한된다.

■ 갭 투자 (gap投資)

갭 투자는 집값과 전셋값 차이(gap)가 적은 집을 전세를 끼고 매입하는 투자 방식이다. 예를 들어 매매 가격이 5억원인 주택의 전세금 시세가 4억5000만원이라면 전세를 끼고 5000만원만 들여 집을 살 수 있다. 일정 기간 뒤 집값이 오르면 팔아서 시세차익을 남길 수 있다. 이러한 갭 투자는 집값이 오른다는 전제로 이뤄지는 투자이므로 집값이 오르지 않으면 갭 투자자는 물론 세입자도 전세금을 돌려받지 못할 수 있다는 위험부담이 따른다.

SK하이닉스, 지난해 4분기 10년 만에 영업적자

'반도체 한파'의 직격탄을 맞은 SK하이닉스가 10년 만에 분기 적자를 기록하며 실적 충격에

빠졌다. SK하이닉스는 2022년 4분기 1조7102억원의 영업손실을 냈다고 2월 1일 공시했다. SK하이닉스의 분기 적자는 지난 2012년 3분기(-240억원) 이후 10년 만에 처음이다. 증권사들의 전망치(-1조2000여 억원)보다도 크게 밑도는 수치다.

SK하이닉스의 2022년 4분기 매출은 7조6986억원, 순손실은 3조5235억원이었다. 회사의 연결 기준 2022년 전체 영업이익은 7조66억원으로 전년보다 43.5% 급감했다. 2022년 매출은 전년보다 3.8% 소폭 늘어난 44조6481억원이었다.

적자를 겨우 면한 수준인 삼성전자 반도체 사업부(4분기 영업익 2700억원)보다 SK하이닉스의 실적이 더 큰 폭으로 악화한 것은 전체 매출에서 메모리반도체가 차지하는 비중이 크기 때문이다. 4분기 매출에서 메모리 비중은 91%로, D램이 60%, 낸드플래시가 31%를 차지했다. **2022년 하반기부터 스마트폰, PC 등 전방산업 수요가 위축되며 메모리 수요가 줄고 가격도 2008년 4분기 이후 가장 큰 수준으로 떨어지며 그 충격파가 고스란히 실적에 나타난 것이다.**

회사 측도 이날 실적 발표 컨퍼런스콜에서 "메모리 시장은 전례 없이 어려운 환경을 통과하고 있다"며 "2022년 매출 성장세는 이어졌으나 하반기부터 반도체 하강 국면이 지속되며 영업이익이 전년보다 줄었다"고 밝혔다.

회사는 투자·비용 감축 기조를 이어 나간다. 올해 투자 규모를 지난해(19조원)보다 50% 이상 축

소하겠다는 계획을 유지하기로 했다. 김우현 최고재무책임자(CFO) 부사장은 "현재로서는 추가 투자 감축은 고려하지 않고 있다"고 했다.

문제는 올 상반기 적자 폭이 더 커질 수 있다는 것이다. 당장 1분기만 해도 계절적 비수기에 업계 전반의 재고 수준이 사상 최대라 수요가 더욱 위축되며 실적 추락세가 이어질 전망이다.

증권가에서는 SK하이닉스의 올해 영업손실 규모가 6조원대에 이를 것이라는 관측이 나온다. 인수가 적정 논란이 이어지는 자회사 솔리다임(옛 인텔 낸드솔루션 사업부)도 낸드플래시 시황 악화로 당분간 매출과 손익 부진이 불가피하다. 회사 측도 "시너지 창출을 위한 통합 과정이 쉽지 않다"며 어려움을 토로했다.

다만 SK하이닉스는 삼성전자와 마찬가지로 하반기 업황 개선을 전망했다. 기대감의 재료는 중국의 경제 활동 재개와 경기 부양책, **DDR5**가 적용되는 인텔의 신규 중앙처리장치(CPU) 출시, 신규 서버용 메모리 수요 등이다.

업계는 수급 불균형 해소를 위한 메모리 업체들의 잇단 감산 행보가 효과를 나타내며 1분기 중 재고 수준이 정점을 찍고 하반기엔 수급 상황이 완화될 것으로 본다. SK하이닉스도 올해 D램과 낸드플래시, 웨이퍼 생산량을 2022년보다 줄일 계획이다.

▪ DDR5 (Double Data Rate fifth-generation)
DDR5는 현재 데스크톱PC와 노트북, 서버 등에 널리 쓰이는 DDR4를 대체할 메모리 규격이다. 메모리 모듈 당 대역폭을 DDR4(3200Mbps) 대비 최대 25% 향상된 4800Mbps까지 끌어올렸고 집적 밀도도 최대 8GB까지 높아졌다. 국제반

도체표준협의기구(JEDEC)가 2020년 7월 DDR5 표준안을 확정한 데 이어 SK하이닉스가 같은 해 10월 DDR5 메모리를 시장에 출시했다. 또 삼성전자는 2021년 3분기 14나노급 EUV DDR5 메모리 양산에 들어갔다고 발표했다.

공매도 저격당한 아다니, 이틀 만에 시총 59조원 증발

아시아 최고 재벌 가우탐 아다니가 이끄는 인도 아다니 그룹의 시가총액이 미국 **공매도** 회사 힌덴버그리서치의 공격 이후 480억달러(약 59조원) 증발했다. 25억달러(약 3조735억원) 규모 유상증자도 흥행 실패가 유력시되고 있다. 아다니 그룹은 힌덴버그가 낸 공매도 보고서를 향해 '계획된 증권사기'라며 강력히 반발했다.

1월 30일(현지시간) 로이터통신에 따르면 힌덴버그리서치가 공매도 보고서를 공개한 지난 1월 25일 이후 **아다니 그룹 소속 상장사 7곳의 시가총액이 2거래일 동안 480억달러 쪼그라들고 4개 상장사의 주가가 이틀 동안 20% 이상 하락**했다.

힌덴버그는 공매도 보고서에서 아다니 그룹이 주가 조작과 회계 부정을 저질렀다고 주장했다. 또 아다니 그룹 상장사 부채가 과다하다며 향후 주

가가 85% 하락할 것이라고 저격했다. 아다니 회장 일가가 모리셔스, 키프로스 등에 페이퍼컴퍼니를 세워 회사 자금을 빼돌렸다고도 했다.

인도 역사상 최대 규모인 25억달러 규모 유상증자를 추진 중인 핵심 계열사 아다니 엔터프라이즈도 난관에 봉착했다. 청약 첫날 유상증자 청약률이 1%에 그쳤다. 주가가 청약 가격보다 11% 밑돌고 있기 때문이다. 1월 31일 마감 예정이던 청약 기간을 늘리거나 가격을 낮출 수 있다는 관측도 나왔으나 아다니 측은 이를 부인했다.

힌덴버그 보고서 공개 이후 회사가 휘청거리자 아다니 그룹은 강경 대응을 예고했다. 아다니 그룹은 1월 29일 힌덴버그의 보고서에 대응해 413페이지 분량의 답변서를 내놓으며 "단순히 특정 회사에 대한 부당한 공격이 아니라 인도와 인도 사회 제도의 독립성과 진실성·우수성, 인도의 성장사와 열망에 대한 계획된 공격"이라고 비판했다.

1998년 출범한 아다니 그룹은 물류·에너지를 기반으로 아시아 최대 재벌로 성장했다. 창업자인 가우탐 아다니 회장도 재산 1374억달러(약 169조원)를 자랑하는 세계 3대 부자로 이름을 올렸다.

■ **공매도 (空賣渡, short selling)**
공매도란 '없는 것을 판다'는 뜻으로, 소유하지 않았거나 빌린 증권을 매도하는 것이다. 증권 가격 하락이 예상될 때 공매도하고 저렴한 가격으로 재매입해 상환함으로써 차익을 낸다. 만약 A 종목의 주가가 현재 2만원이라면 투자자는 일단 주식을 빌려 2만원에 매도한다. 이후 주가가 1만6000원으로 떨어졌다면 투자자는 1만6000원에 주식을 사서 갚고 주당 4000원의 시세차익을 얻게 된다. 예상과 달리 주가가 상승하면 공매도 투자자는 손해를 본다.

'닥터 코퍼' 구리 가격 상승에 전선업계 반색

최근 구리 가격이 상승세를 기록하면서 7개월 만에 톤당 9000달러 선을 넘어섰다. 중국의 제로코로나 정책 완화에 따른 수요 회복 기대감 등이 구리 가격을 끌어 올린 것으로 보인다. 구리 가격을 제품 가격에 연동시키는 전선업계의 경우 구릿값 상승이 호재로 작용할 전망이다.

1월 19일 한국자원정보서비스에 따르면 영국 런던금속거래소(LME)에서 전날 구리는 톤당 9436달러에 거래됐다. 구리가격이 톤당 9000달러를 넘어선 것은 2022년 6월 이후 7개월 만이다.

구리는 전자, 전기, 통신, 자동차, 건설자재 등 산업 전반에 걸쳐 사용되는 원자재인 만큼 경기 흐름의 선행 지표로 여겨진다. 경기에 민감하게 반응하기 때문에 '■**닥터 코퍼(Dr. Copper)**'로 불리기도 한다.

■ **닥터 코퍼 (Dr. copper)**
닥터 코퍼('구리 박사'라는 뜻)는 경기 변동에 민감한 구리 가격이 경제 상황의 예측 지표가 되는 현상을 말한다. 즉 구리 가격이 오르면 경기 회복, 내리면 경기 둔화로 파악할 수 있다는 의미다. 실제로 구리 가격은 1996년 말 아시아 금융위기 때 하락했고 2004~2007년 중국과 신흥국 경제의 고성장을 미리 시사하기도 했다.

**분야별
최신상식**

사회
환경

실내 마스크 의무 해제...
658일 만에 '권고' 착용으로

**🔼 쓰고 버린 마스크의
역습**

일회용 마스크 원료인 폴리프로필렌(PP) 성분의 나노플라스틱이 폐 손상을 유발한다는 사실을 국내 연구진이 확인했다. 최근 전북대 김범석 교수 연구팀 연구에 따르면 PP 성분 나노플라스틱을 주입한 실험동물의 폐에서 염증성 손상이 나타났다. 마스크 착용 중 나노플라스틱이 사람에게 노출될 가능성은 없으나 폐기 과정에서 나노 크기로 잘게 쪼개져 인체 장기에 손상을 초래할 수 있다.

대중교통·병원 등에서는 여전히 착용

1월 30일부터 실내 마스크 착용 의무가 부분 해제됐다. 의료 기관, 대중교통, 감염취약시설 등 일부 시설을 제외한 실내에서 마스크 '의무' 착용이 '권고'로 전환된다. 2021년 4월 12일 실내 전체와 일부 실외까지 마스크 착용을 의무로 확대한 지 658일 만에 실내 마스크 방역 규제가 풀리는 셈이다.

다만 여전히 실내 마스크를 써야 하는 곳이 많아 실감하기 어렵다는 의견도 있다. 방역 지침에 따르면 **입소형 감염취약시설, 대중교통 차량 내부와 의료 기관에서는 마스크 착용 의무**가 유지된다. **감염취약시설 중 요양병원·장기요양기관, 정신건강증진시설, 장애인복지시설에서도 마스크를 착용**해야 한다. 입소형 시설의 침실·병실에서 간병인이나 보호자 등 동거인과 있을 때는 마스크 착용 의무가 예외적으로 허용된다.

버스, 철도, 도시철도, 여객선, 전세버스, 특수여객자동차, 택시, 항공기 등 대중교통수단 실내에서 마스크를 착용하지 않을 경우 10만원 이하의 과태료가 부과된다. 대중교통수단에 탑승 중인 경우에만 착용 의무가 적용되는 만큼 승하차장에서는 마스크 착용이 의무가 아니다. 따라서 버스터미널 대

기실, 지하철 승강장, 공항 등에서는 마스크를 벗어도 된다.

또한 헬스장, 수영장, 백화점·아파트 엘리베이터 내부 등 시설에서도 마스크 착용은 자율적 선택이 된다. 다만 방역 당국은 **3밀**(밀폐·밀집·밀접) **실내 환경에서는 마스크 착용을 강력히 권고**한다.

마스크 해제해도 확진자 '뚝'

방역 당국은 개인의 자율적 마스크 착용을 강조하면서 ▲코로나19 의심 증상이 있거나 의심 증상이 있는 사람과 접촉하는 경우 ▲고위험군이거나 고위험군과 접촉하는 경우 ▲최근 확진자와 접촉했던 경우 ▲환기가 어려운 3밀 실내 환경에 있는 경우 ▲다수가 밀집한 상황에서 함성·합창·대화 등 비말(침)이 많이 튀는 공간에서는 마스크 착용을 강력 권고했다.

이 같은 실내 마스크 완화 조치를 한 데에는 국내에서 코로나19 유행이 안정세를 유지하고 있고, 해외 유행 상황이 국내에 미치는 영향이 제한적

이라는 분석이 작용했다. 실제로 실내 마스크 의무가 해제된 지 일주일이 지났지만 코로나19 확진자는 오히려 줄고 있다.

2월 6일 중앙방역대책본부에 따르면 이날 코로나19 확진자 수는 5850명으로 작년 6월 27일 이후 224일 만에 가장 적었다. 이를 두고 마스크를 쓰나 벗으나 코로나19 감염에 큰 영향을 미치지 않는 것 아니냐는 의문도 제기됐다.

➕ 한국인들, 마스크 벗으래도 왜 안 벗지?

우리 국민 대다수가 실내 마스크 착용 의무 해제에는 찬성했지만, 여전히 마스크를 쓰고 생활하는 분위기다. 이런 현상을 외신이 분석했다. 미국 뉴욕타임스(NYT)는 아시아 국가 중 한국과 일본의 예를 들면서 마스크를 쓰면 따르는 여러 불편함에도 아시아 국가들의 많은 시민은 당분간 마스크 착용을 중단하지 않으리라고 전망했다.

NYT는 마스크 착용이 습관이 돼 바꾸기 어려울 것이라는 점과 보건 당국이 여전히 착용을 권유한다는 점, 마스크가 다른 사람에 대한 배려로 여겨진다는 점, 미세먼지나 황사 등 공해에 대한 마스크의 보호 효과 등을 근거로 들어 이같이 내다봤다. 2002년 사스(SARS·중증급성호흡기증후군), 2012년 메르스(MERS·중동호흡기증후군) 등으로 코로나19 전부터 마스크 착용이 습관화됐다는 까닭도 있다.

POINT 세 줄 요약

❶ 1월 30일부터 실내 마스크 착용 의무가 부분 해제됐다.
❷ 대중교통·병원 등에서는 여전히 착용 의무가 있다.
❸ 실내 마스크 의무 해제 후에 코로나19 확진자는 오히려 줄고 있다.

"고령화 대응 정년 연장"
사회적 논의 착수

정부가 60세 이상 정년 연장 논의를 본격적으로 추진한다. 급격한 ■고령화로 우리나라가 2025년부터 초고령사회에 진입하는 상황에 대응하기 위해서다. 법적인 정년을 연장하거나 정년 자체를 폐지하는 방안도 논의 대상이다.

1월 27일 고용노동부에 따르면 정부는 이날 올해 제1차 고용정책심의회를 열어 '고령층의 숙련과 경험이 미래성장동력으로 이어지기 위한 고용 전략'을 의결했다. 이번 전략은 오는 2025년부터 한국이 65세 이상 비중이 20.6%인 초고령사회에 진입할 것으로 예상되는 상황에 대응하기 위해 마련됐다.

한국은 일본, 미국 등 주요 국가와 비교해 고령화 속도가 매우 빠르다. 이 속도라면 2030년에는 인구 4명 중 1명이, 2039년에는 3명 중 1명이 65세 이상일 것으로 전망된다. 이와 함께 청년 인구도 급격히 감소하면서 산업 현장의 인력난은 더욱 심화할 것으로 보인다.

이에 고용부는 '계속고용' 기반을 마련하는 데 속도를 내기로 했다. 계속고용은 60세 정년이 지난 직원도 계속 일할 수 있도록 하자는 것으로 정년 연장·폐지, 재고용 등을 포괄하는 개념이다. 계속고용 도입 논의는 사회적 대화 기구인 경제사회노동위원회(경사노위)에서 이뤄질 예정이다. 고용부는 3월까지 경사노위 내 논의체를 구성하고 2분기부터 사회적 논의를 본격적으로 시작할 예정이다. 올해 말까지 결론을 내고 계속고용 로드맵을 마련할 방침이다.

이번 논의는 ▲계속고용 방식 및 시기 ▲임금·직무 조정 근거 마련 ▲기업·근로자 지원방안 등 다양한 과제를 포함한다. 특히 이번 논의과정에는 재고용, 정년연장, 정년폐지 등 계속고용 방식에 대한 논의와 직무·성과 중심의 임금체계 개편과 연계도 포함될 예정이다.

제도적 기반이 마련되기 전 자율적인 계속고용 도입에 대한 지원도 확대한다. 2022년 3000명 대상이던 ■고령자 계속고용장려금도 올해 8300명으로 대폭 늘렸다. 이 장려금은 중소·중견기업의 근로자가 만 60세 정년 이후에도 기존 일자리에서 계속 일할 수 있도록 정년 퇴직자를 계속 고용한 사업주를 지원하는 사업이다.

■ 고령화 (高齡化)

고령화는 다른 사회와 비교할 때 노령인구의 비율이 현저히 높아가는 사회이다. 유엔에 의하면 65세 이상 인구가 7% 이상이면 고령화사회, 14% 이상이면 고령사회, 20% 이상이면 초고령사회로 분류한다.

■ 고령자 계속고용장려금 (高齡者繼續雇用獎勵金)

고령자 계속고용장려금은 근로자가 정년 이후에도 주된 일자리에서 계속 일할 수 있도록 정년퇴직자 계속고용제도(정년폐지·연장·재고용)를 도입한 사업주를 지원하는 제도다. 계속고용이란 정년을 운영 중인 사업주가 ①정년을 연장 또는

②폐지하거나 ③정년에 도달한 근로자를 6개월 이내 재고용하는 제도를 취업규칙 등에 두는 것을 말한다. 지원 수준은 정년 이후 계속 고용한 근로자 1인당 월 30만원(피보험자의 30% 이내 최대 30명 한도)을 최대 2년까지 지원하는 것이다.

한국인 쌀 소비량
연간 56.7kg 역대 최저

2022년 한국인의 고기 소비량이 사상 처음으로 쌀 소비량을 추월했다. 한국농촌경제연구원은 최근 발표한 '농업전망 2023'에서 3대 육류(돼지고기·소고기·닭고기)의 1인당 소비량이 2022년 58.4kg으로 추정된다고 밝혔다. 이는 2021년 56.1kg보다 2.3kg 늘어난 것이다. 2002년 33.5kg과 비교하면 20년 새 74%가 늘어났다. 연평균 2.8%씩 증가한 꼴이다.

반면 2022년 1인당 쌀 소비량은 55.6kg으로 고기 소비량에 못 미치는 것으로 추정했다. 연구원은 아침식사를 하지 않는 사람이 많아진 것과 함께 먹거리 다양화, 빵이나 샌드위치 같은 간편식 선호 증가를 쌀 소비 감소의 원인으로 꼽았다.

쌀뿐 아니라 다른 곡물의 소비량도 줄었다. ▲쌀을 포함한 ▲보리 ▲밀 ▲콩 ▲옥수수 ▲감자 ▲고구마 7대 곡물의 1인당 소비량은 2002년 167.2kg에서 2021년 137.9kg으로 연평균 1.0%씩 감소했다. 2022년에는 감소폭이 1.8%로 더 커져 135.3kg으로 줄어든 것으로 추정됐다.

쌀 소비 감소와 육류 소비 증가 추세는 앞으로도 계속될 것으로 보인다. 밥을 대체할 식품이 다양해지고 있어 육류 소비 증가세보다 쌀 소비 감소세가 더 가파를 전망이다. 농촌경제연구원은 3대 육류의 1인당 소비량은 연평균 0.8%씩 증가해 2027년엔 60kg을 넘어서고, 2032년엔 63.1kg에 이를 것으로 내다봤다.

반면 쌀 소비량은 2023년 54.4kg에서 2033년 44.9kg으로 더 줄어들 것으로 예상했다. 연평균 2%씩 감소한다는 전망이다. 곡물류 소비량 감소 추세도 이어질 것으로 보인다. 이 경우 1인분 고기와 밥 한 공기 분량이 각각 200g이라고 치면 2032~2033년께엔 한 해 동안 고기는 지금보다 20인분 이상을 더 먹고, 쌀은 50공기 이상을 덜 먹는다는 계산이 나온다.

채소류는 육류 소비와 비슷한 흐름을 보일 전망이다. 연구원은 배추, 무, 마늘, 고추, 양파 5대 채소의 경우 1인당 연간 소비량이 2023년 110.1kg에서 2032년 111.6kg으로 늘어날 것으로 예상했다. 이는 육류 소비가 늘면서 고기와 곁들여 먹거나 고기 양념 재료 수요가 늘어나는 것과 관련이 있는 것으로 보인다.

➕ 잡곡 (雜穀)

잡곡은 쌀 이외의 모든 곡물(穀物 : 식물로부터 얻을 수 있고 사람의 식량이 되는 물질)을 가리킨다. 보리, 밀, 귀리, 호밀, 조, 피, 기장, 수수, 옥수수, 메밀 등이 잡곡에 속한다. 세계 3대 곡물은 ▲쌀 ▲밀 ▲옥수수다.

국정원·경찰, '국보법 위반' 민노총 본부 간부 압수수색

▲ 국가정보원 관계자가 1월 18일 오후 서울 중구 민주노총 서울 사무실 압수수색을 마친 후 압수물이 든 상자를 들고 나가고 있다.

국가정보원과 경찰이 1월 18일 오전 민주노총 본부 간부, 민주노총 산하 보건의료노조·광주 기아차 지부 소속 조합원과 세월호 참사 관련 활동가인 제주 평화쉼터 대표 등 4명에 대해 **국가보안법** 위반 혐의로 압수수색을 진행했다.

민노총에 따르면 국정원과 경찰은 이날 오전 9시 10분쯤부터 서울 중구 정동 경향신문사 건물에 있는 민주노총 본부 사무실에 대한 압수수색을 시도했다. 국정원과 경찰에 따르면 국정원은 민주노총 본부 국장급 간부의 국가보안법 위반 혐의와 관련해 법원에서 압수수색 영장을 발부받았다.

국정원과 경찰은 민노총 본부 간부 외에 3명에 대해서도 전국에서 동시다발적인 압수수색을 진행했다. 민노총 본부 압수수색을 시작한 비슷한 시각 서울 영등포구 당산동 보건의료노조에 대한 압수수색도 이뤄졌다.

또 국정원은 민주노총 산하 금속노조 광주전남지부 소속 전 간부의 전남 담양 주거지와 다른 민주노총 관계자의 제주도 집에 수사관을 보내 국가보안법 위반 혐의 관련 자료를 확보하고 있다.

이날 압수수색은 국가보안법 위반 혐의이지만, 구체적인 혐의 내용은 알려지지 않았다. 다만 국정원이 수사 중인 제주 'ㅎㄱㅎ(한길회)', 경남 창원 '자통' 등 일부 진보 진영 인사들에 대한 국가보안법 위반 사건과 관련된 것으로 알려졌다.

국정원 관계자는 "수년간 내사(內査 : 겉으로 드러나지 않게 은밀히 조사함)해 온 북한 연계 혐의에 대해 증거를 확보해 강제수사 필요성에 따라 법원으로부터 영장을 발부받고 압수수색을 진행하고 있다"고 밝혔다. 민노총은 윤석열 정부가 '노동 탄압'을 하고 있다며 5월 총파업을 벌이겠다고 예고했다.

▪ 국가보안법 (國家保安法)

국가보안법은 국가의 안전을 위태롭게 하는 반국가활동을 규제함으로써 국가의 안전과 국민의 생존 및 자유를 확보함을 목적으로 제정된 특별 형법이다. 처벌 대상이 되는 행위는 국가단체 구성(제3조), 목적수행(제4조), 자진지원·금품수수(제5조), 잠입·탈출(제6조), 찬양·고무(제7조), 회합·통신(제8조), 편의제공(제9조), 불고지(제10조), 특수직무유기(제11조), 무고·날조(제12조) 등이다. 일제강점기 때 치안유지법에 그 뿌리를 둔 국가보안법은 시대에 맞지 않는 모호한 규정이 정치적으로 악용되거나 국민의 기본권을 침해할 수 있는 소지가 있다는 이유로 수십 년간 존폐 논란이 지속됐다.

국내 코로나 누적 확진자 3000만 명 넘어

국내 코로나19 누적 확진자가 3000만 명을 넘어섰다. '1호 확진자' 발생 이후 3년여 만이다. 우리 국민 5명 중 3명이 코로나19로 확진을 받은 셈이다. 2023년 1월 23일 중앙방역대책본부에 따르면 0시 기준 코로나19 확진자는 누적 3000만 8756명으로 집계됐다. 지난 2020년 1월 20일 국내 첫 코로나19 확진자가 나온 이후 3년 3일 만이다.

최근 질병관리청은 항체 양성률 조사를 통해 **공식 통계에 미포함된 미확진 감염자를 포함하면 5명 중 3.5명이 감염 이력이 있다**고 발표하기도 했다. 공식 확진자가 1000만 명을 넘어선 것은 2022년 3월 22일이다. 국내 첫 확진자 발생 이후 26개월이 지난 시점이었다. 2000만 명은 이후 4개월여 만인 2022년 8월 2일에 기록했다.

통계 사이트 월드오미터에 따르면 코로나19 이후 확진자 3000만 명을 넘어선 것은 우리나라가 전 세계에서 7번째다. 누적 사망자 수는 3만 3235명으로, 전 세계에 34번째다.

지영미 청장 "코로나19 종식 임박"

한편 2월 7일 지영미 질병관리청장은 충북 오송 질병청에서 기자간담회를 열고 "올해를 코로나19 이후 일상 전환의 원년으로 삼겠다"고 밝혔다. 지 청장은 "코로나19 유행 종료가 임박하고 있다"며 이같이 말했다.

지 청장은 "코로나19가 아마 우리 곁에서 아주 오랫동안, 어쩌면 영원히 함께 해야 하는 바이러스로 남을 수도 있겠지만 방역 당국도 이제 팬데믹 단계의 종료가 조금씩 가까워져 오는 것으로 판단한다"고 말했다.

지 청장은 "미국도 5월 11일을 기점으로 공중보건 비상사태를 종료할 예정이라고 발표했고, 우리도 국내 위험도를 평가하고 해외 상황을 면밀히 관찰하면서 방역 대응 수준을 조정할 계획"이라고 전했다.

➕ BN.1 변이, 국내 다섯 번째 우세종 됐다

오미크론 세부 계통인 BN.1 변이가 새로운 국내 코로나19 변이 바이러스 우세종이 됐다. 코로나19 국내 유행은 전반적으로 감소세를 유지하고 있지만 재감염률은 상승했다.

질병관리청 중앙방역대책본부(방대본)가 2월 1일 발표한 주간 변이 바이러스 검출률을 보면, 1월 4주(1월 22~28일) 국내 오미크론 BN.1 변이 검출률이 48.9%를 기록해 직전 주 대비 2.6%p 상승했다. 해외 유입을 제외하고 국내에서 감염된 사례의 검출률은 50.4%로 절반을 넘어 BN.1 변이가 우세종이 됐다. 델타, BA.1(오미크론), BA.2(스텔스오미크론), BA.5 변이에 이어 국내 다섯 번째 우세종이다.

BN.1 변이는 일명 '켄타우로스' 변이라고 불리는 BA.2.75에서 재분류된 하위 변이로, BA.5.2보다 검출률 증가 속도가 45% 가량 빠른 것으로 알려졌다. 다만 기존 변이보다 중증도가 높다는 보고는 확인되지 않았

'대마초 상습 흡연·판매' 혐의 재벌 3세 등 17명 기소

상습적으로 대마초를 피우고 주변에 판매까지 한 재벌가 3세와 전직 경찰청장 아들 등 17명이 재판에 넘겨졌다. 검찰은 부유층 자식들이 해외 유학을 통해 맺은 친분 관계로 자신들만의 '마약 카르텔'을 형성해 범행을 저질렀다고 밝혔다.

서울중앙지검 강력범죄수사부(부장검사 신준호)는 1월 26일 남양유업 창업주 손자 홍모 씨(40), 고려제강 창업주 손자 홍 모 씨(39) 등 10명을 마약류 관리에 관한 법률 위반(대마) 혐의로 구속 기소했다고 밝혔다.

효성그룹에서 분리된 DSDL의 이사이자 창업주 고(故) 조홍제 회장의 손자인 조 모 씨(39) 등 7명은 불구속 기소했다. 해외로 도피한 3명에 대해서는 지명수배했다.

검찰은 해외 유학 중 대마를 접한 부유층 자식들이 귀국 후에도 이를 끊지 못하다 상습적으로 대마를 유통·흡연한 것으로 보고 있다. 일부는 어린 자녀와 함께 사는 집 안에서 대마를 재배하거나 임신한 아내와 '태교 여행'을 하다가 대마를 흡연하는 등 중독성과 의존성이 심각한 상태였다고 검찰은 밝혔다.

클럽과 유흥업소를 통한 마약 범죄는 1년 전보다 11배나 급증한 것으로 나타났다. SNS는 물론 ▪다크웹 등 온라인을 통한 마약 범죄도 같은 기간 40%나 늘었다. 클럽이나 온라인에 친숙한 20~30대의 마약 범죄는 다른 연령에 비해 증가세가 더 가파른 것으로 분석됐다.

경찰청 국가수사본부는 2022년 8~12월 5개월간 마약류 범죄를 특별단속해 유통·투약 사범 5702명을 검거하고, 이 중 791명을 구속했다고 1월 29일 밝혔다. 경찰청에 따르면 클럽·유흥업소 일대 마약류 사범은 총 377명으로, 2021년 같은 기간(33명) 대비 11배로 증가했다.

유아인, 프로포폴에 대마 혐의까지

한편, 배우 유아인(37·본명 : 엄홍식)이 프로포폴 상습 투약 혐의와 함께 대마 양성까지 보여 파장이 커졌다. 유 씨는 마약류 수면마취제인 프로포폴을 불법 투약한 혐의로 2월 6일 경찰에 입건돼 조사를 받았다.

주요 언론 보도에 따르면 경찰 조사 과정 중 유 씨의 소변에서 대마의 주성분인 테트라하이드로칸나비놀(THC) 성분이 검출됐다. 유아인을 모델로 썼던 브랜드들은 앞다퉈 광고에서 이미지를 삭제하거나 계약 해지를 검토 중이다.

■ 다크웹 (dark web)

다크웹은 일반적인 검색 엔진으로는 찾을 수 없어 특수한 경로로만 접근할 수 있는 웹사이트다. 검열을 피하고 익명성이 보장돼 추적이 어렵다는 점을 악용해 다크웹은 해킹, 불법 금융, 마약 거래, 음란물 등 주로 불법직인 정보가 거래되며 범죄의 통로가 되고 있다. 딥웹(deep web), 섀도웹(shadow web) 등으로 불린다.

슈퍼카 75%는 법인차... 원희룡 "아빠 찬스, 이제 그만"

< 법인자동차 전용번호판 예시 >

< 1안 > 연두색	< 2안 > 옅은 연두색
123가 4568	123가 4568

▲ 법인차 번호판 (자료 : 국토교통부)

이르면 올 하반기부터 법인차에 '연두색 전용 번호판'이 부착될 예정인 가운데, 원희룡 국토교통부 장관이 "앞으로 '아빠 찬스'로 슈퍼카를 사기 어렵게 됐다"고 못을 박았다.

원희룡 국토부 장관은 2월 5일 페이스북을 통해 "포르쉐, 람보르기니, 페라리 등 슈퍼카를 법인차로 등록해 배우자에 자녀까지 이용하는 꼼수는 횡령과 탈세 등 법 위반은 물론 우리 사회의 불공정과 갈등을 심화시키는 원인 중 하나"라며 "이제 '법인차 전용 번호판'이 도입되어 이런 꼼수를 쓰기 어렵게 된다"고 했다.

앞서 국토부는 1월 31일 서울 서초구 한국자동차산업협회에서 열린 '법인 승용차 전용 번호판 도입방안' 공청회에서 자동차안전연구원의 연구용

역을 바탕으로 한 법인 승용차 전용 번호판 도입 방안을 발표했다. 여기에는 **법인차에 '연두색 전용 번호판'을 부착**하는 내용이 담겼다. 이번 조치로 15만대가량의 신규 법인 승용차에 전용 번호판이 부착될 것으로 예상된다.

국토부 자동차 등록 통계를 분석하는 카이즈유데이터연구소가 지난해 12월 기준 국내 고가 법인차 현황을 분석한 결과 국내에서 운행 중인 슈퍼카 4192대 중 3159대(75.3%)가 법인차였다. 국내 슈퍼카 10대 가운데 약 8대가 회사 명의였던 셈이다. 브랜드 별로 보면 페라리 2099대 중 1475대(70.3%), 람보르기니 1698대 중 1371대(80.7%), 맥라렌 395대 중 313대(79.2%)가 법인차에 해당했다.

이 소식이 전해지자 네티즌들은 "도로에 슈퍼카 비중 줄겠다" "회사 영업 하는데 슈퍼카가 왜 필요하나" 등 긍정적인 반응을 보였다. "기존 법인차 번호판도 연두색으로 바꿔야 한다"는 의견도 나왔다. 다만 일각에서는 "연두색 번호판 단다고 꼼수가 없어지나"며 "아예 고급 외제차나 스포츠카 등 일정 가격 이상의 차량 법인차 등록을 불허하는 게 옳지 않느냐"는 주장이 나오기도 했다.

▌차량번호판 종류

용도		배경	글자
비사업용	일반용	흰색	검정색
	외교용	감청색	흰색
운수사업용		황색	검정색
이륜자동차		흰색	청색
임시운행허가		흰색+적색 사선	검정색
전기자동차		연청색	검정색

폐페트병으로 식품용기 만든다...
국내 1호 허가

식품의약품안전처는 식품용 투명 폐(廢)페트병 (PET)을 재활용해 물리적으로 재생된 원료를 식품용기의 제조에 사용할 수 있도록 국내에서 처음으로 인정했다. **물리적 재생원료란 사용된 합성수지 제품을 분리수거·선별, 분쇄·세척 후 불순물을 제거해 화학적 변화 없이 재생한 원료**를 말한다.

식약처는 이번 인정이 페트병의 재활용을 보다 활성화하는 등 자원순환을 촉진해 ▪**순환경제**를 구축하는 데 도움을 주고, 새로운 플라스틱 사용을 절감해 환경을 보호하는데 기여할 것으로 기대했다. 그동안 매년 30여 만톤의 재생 페트원료는 대부분 산업용 자재(부직포·단열재 등)로 재활용됐으며, 이중 연간 최소 10만톤(약 30%)이 식품용기로 재활용될 것으로 예상된다.

국내에서 폐페트병 등 플라스틱을 재생해 식품용기의 제조에 사용하고자 하는 경우, 플라스틱을 가열, 화학반응 등에 의해 원료물질 등으로 분해하고 이를 다시 정제·중합하는 화학적 방법으로 재생한 경우에만 사용이 허용돼 있었다.

식약처는 국제적 추세인 탄소중립의 실현을 위해 재활용을 확대하고자 물리적 재생원료까지 식품용기의 원료로 사용할 수 있도록 필요한 안전기준을 마련했다.

폐페트병의 물리적 재활용이 2022년 1월부터 가능해짐에 따라 그해 8월 국내 기업에서 재생원료 사용을 최초로 신청했으며, 식약처는 ▲투입원료 적합성 ▲재생원료 생산설비 운영조건 ▲재생 공정의 오염물질 제거 효율 등 식품용기 원료로서의 안전성을 심사한 결과 기준에 적합해 물리적 재생원료로 인정했다.

식품용기 제조 시 재생원료 사용을 확대하는 정책은 유럽, 미국 등 해외에서는 이미 시행되고 있으며, 이에 따라 코카콜라·펩시·네슬레 등 세계적인 식음료 기업에서도 재생원료의 사용을 점차 확대해 나가고 있다.

▪ **순환경제 (circular economy)**
순환경제란 자원 절약과 재활용을 통해 지속가능성을 추구하는 친환경 경제 모델을 말한다. 순환경제는 '자원채취(take)–대량생산(make)–폐기(dispose)'가 중심인 기존 '선형경제'의 대안으로 유럽을 중심으로 세계 곳곳으로 확산되고 있다.

바비큐 파티에 이어 수육 잔치...
대구 이슬람 사원 갈등 점입가경

대구 북구 대현동 이슬람 사원 건립을 반대하는 주민들이 2월 2일 사원 건축 현장 앞에서 돼지고기 바비큐 파티를 한데 이어 돼지고기 수육과 소고기국밥을 먹는 행사를 열었다. 이날 이슬람

▲ 2월 2일 오후 대구 북구 대현동 이슬람 사원 공사장 앞에서 사원 건립을 반대하는 주민들이 돼지고기 수육과 소고기국밥을 먹는 행사를 열고 있다.

사원 건립 반대 비상대책위원회(비대위)는 모두 100인분의 음식을 준비했고 공사장 바로 앞 도로에 테이블을 10개가량 펼쳐놓았다. 30~40명 넘는 주민들이 찾아와 테이블이 빼곡히 차기도 했다.

비대위 측은 "일전에 먹었던 돼지고기도 그냥 바비큐 행사였을 뿐이다. 오늘도 국민 잔치를 열어서 돼지고기 수육을 나눠 먹는 거지 **혐오범죄**는 아니라고 생각한다"고 주장했다. **이슬람 문명권에선 돼지고기를 먹는 것을 죄악**으로 여기고 소고기는 이슬람 방식으로 도축한 경우에만 먹을 수 있기에 문화 다양성을 존중하지 않는다는 지적도 나온다.

비대위는 앞서 지난 12월 사원 공사장 앞에서 바비큐 파티를 벌여 한차례 논란을 일으켰다. 당시 프랑스 일간지 르몽드는 "한국 사회 개방성의 한계를 드러낸다"고 보도하기도 했다. 음식을 나눠 먹는 행사에 앞서 비대위는 북구청의 사원 인근 주택 부지 매입안을 거부하는 기자회견을 했다.

북구청은 지난 1월 그동안 진전이 없었던 사원 이전 대신 인근 주민들의 주택을 매입하는 방안을 비대위에 제안했다. 비대위는 "2년 만에 배광식 북구청장이 해결책이라고 내놓은 것이 주택 부지 매입안이다. 주민들을 내쫓겠다는 일방적 통보와 다름없다"라며 북구청의 제안을 거부했다.

북구청은 주민들을 설득하는 등 해결책을 찾아나가겠다는 입장이다. 대법원은 지난해 9월 북구청의 건축 중지 처분에 불복해 건축주 측이 제기한 소송에서 '공사가 적법하다'는 판결을 내려 법적 분쟁은 종료됐다.

■ **혐오범죄 (hate crime)**

혐오범죄는 특정 집단에 대한 편견이나 혐오, 비하, 적대감, 증오 등을 동기로 하는 범죄를 말한다. 증오범죄, 편견범죄라고도 한다. 보통 인종, 종교, 성적 지향, 장애, 계급, 출신국가, 민족, 젠더, 성별 정체성, 정치적 단체에의 가입 등에 대한 혐오 또는 편견이 범죄 동기로 작용한다.

법원, '베트남전 학살' 韓 정부 배상책임 첫 인정

▲ 베트남전 당시 한국군의 민간인 학살 피해 생존자인 응우옌 티탄 씨

베트남전쟁 당시 한국군의 민간인 학살에 따른 피해를 한국 정부가 배상해야 한다는 법원의 1심 판단이 나왔다. **베트남 민간인 학살에 대한 우리**

정부의 배상 책임을 인정한 첫 판결이다. 서울중앙지법 민사68단독 박진수 부장판사는 2월 7일 베트남인 응우옌 티탄 씨가 대한민국을 상대로 낸 손해배상 청구 소송을 원고 일부 승소로 판결했다.

재판부는 "피고 대한민국은 원고(응우옌 씨)에게 3000만100원과 이에 대한 지연손해금을 지급하라"고 판결했다. 응우옌 씨는 베트남전 당시인 1968년 2월 한국군 해병 제2여단(청룡부대) 군인들이 베트남 꽝남성 디엔반현 퐁니 마을에서 70여 명의 민간인을 학살한 사건에서 가족들을 잃고 자신도 총격을 입었다며 2020년 4월 3000만100원을 청구하는 소송을 냈다.

재판부는 베트남전 참전 군인, 당시 마을 민병대원 등의 증언과 여러 증거를 바탕으로 응우옌 씨의 주장을 대부분 사실로 인정했다. 재판부는 "당시 해병 제2여단 1중대 군인들이 원고 집에 이르러 실탄과 총으로 위협하며 원고 가족들로 하여금 밖으로 나오게 한 뒤 총격을 가했다"며 "이로 인해 원고의 가족은 현장에서 사망했고 원고 등은 심각한 부상을 입은 사실이 인정된다"고 설명했다.

정부는 베트남과 한국, 미국 간의 약정서 등에 따라 베트남인이 한국 법원에 소를 제기할 수 없다고 주장했다. 그러나 재판부는 "군사 당국 및 기관 간의 약정서는 합의에 불과하다"며 "베트남 국민 개인인 원고의 대한민국 정부에 대한 청구권을 막는 법적 효력을 갖는다고 보기는 어렵다"고 판단했다. 정부는 우리 군이 가해자임을 증명할 수 없고, 게릴라전으로 전개된 베트남전 특성상 정당행위였다고 주장했으나 인정되지 않았다.

이번 사건에선 소멸시효가 만료됐는지도 쟁점이 됐다. 정부는 불법행위 시점이 이미 수십 년 지나 소멸시효가 만료됐다고 주장했다. 그러나 재판부는 "원고는 이 사건 소를 제기할 무렵까지도 객관적으로 권리를 행사할 수 없는 장애 사유가 있었다고 보인다"고 판단했다.

대리인단은 이번 선고가 "**대한민국의 공식 기구가 최초로 베트남전 민간인 학살을 인정**한 것"이라며 "대한민국 사법기관이 피해자들에게 공식적으로 위로문과 사과문을 보냈다고 생각한다"고 의미를 부여했다.

또 "이제까지 (해외의) 형사 사건 등에서는 개인 일탈 행위에 따른 처벌만 인정됐다"며 "군인들이 작전을 수행하는 과정에서 민간인을 집단으로 학살했다는 게 인정된 것이어서 기존 형사 판결과는 의미가 다르다"고 강조했다.

➕ 손해배상을 청구할 권리

민법에 따르면 손해배상을 청구할 권리는 가해자가 불법행위를 한 날부터 10년, 불법행위에 따른 손해와 가해자를 피해자가 안 날부터 3년이 지나면 소멸한다. 다만 '채권자가 권리를 행사할 수 없는 장애 사유가 있거나 채권자를 보호할 필요성이 큰 경우'에는 예외가 인정된다.

될성부른 지방대 찍어 1000억씩 지원...'글로컬 대학' 30곳 키운다

정부가 과감하게 혁신하는 지방대를 '글로컬 대

학'으로 지정하고 대학 한 곳당 5년간 1000억원 넘는 국고를 전폭 지원하겠다는 계획을 발표했다. 지역마다 최소 한두 곳은 세계적 경쟁력을 갖출 수 있도록 모든 중앙부처와 지방자치단체가 힘을 합쳐 육성한다는 것이다.

이 같은 내용은 교육부가 2월 1일 인재양성전략회의에서 대통령에게 보고한 '지역혁신중심 대학지원체계(RISE, Regional Innovation System & Education) 구축 계획'에 담겼다. 지방대를 글로벌 수준의 대학으로 키워, 지역 사회와 경제를 이끌 수 있게 도와주겠다는 취지다. 교육부는 올해 지방대 10곳을 시작으로 2027년까지 30곳 이상을 '글로컬 대학'으로 지정하기로 했다.

선정된 대학에 5년간 교육부 예산만 1000억원씩 지원한다. 교육부는 다른 부처의 산학협력·연구개발 지원금도 적극적으로 끌어오고 기업 투자도 이뤄질 수 있도록 도와줄 계획이다.

이주호 교육부 장관은 전날 한국대학교육협의회 정기총회에 참석해 대학 총장들에게 "이는 대통령 프로젝트"라며 "범정부적으로 대학을 살리기 위해 모든 부처를 총동원해서 지역 대학을 살리겠다"고 말했다.

교육부는 이날 대학 지원 권한을 지방자치단체로 대폭 넘기는 방안도 발표했다. 그동안 교육부가 목적에 맞게 사업을 만들고 각 대학에 나눠주던 예산을 앞으로는 시·도에 통째로 내려주고, 지자체가 지역 발전 전략에 따라 대학을 지원하게 한다는 것이다.

앞으로 각 시·도 산하에 대학 지원을 전담하는 조직이 만들어지고, 이곳에서 직접 지원할 대학을 선정하고 예산을 배분하고 성과를 평가하게 된다.

올해 5곳 안팎의 시·도가 RISE 시범 지역으로 선정돼 내년까지 운영할 예정이다. 2025년부터는 수도권을 포함한 전국에서 지자체가 대학을 지원하는 체계가 자리잡게 된다.

이때부터 대학 재정지원사업비의 절반(올해 기준 약 2조원)이 지역으로 넘어가고, LINC(산학협력선도대학) 사업 등 기존 교육부의 여러 대학 재정지원사업들도 RISE 체계에 통합될 전망이다.

➕ 글로컬라이제이션 (glocalization)

글로컬라이제이션은 세계화를 의미하는 글로벌라이제이션과 지방화를 의미하는 로컬라이제이션의 합성어로서 영국의 사회학자 롤랜드 로버트슨이 제안한 신조어이다. 세계화와 지방화를 합성해 세방화라고도 한다.

이는 세계화와 현지화 전략을 동시에 진행하는 경영 기법을 말한다. 기업은 세계화를 추구하되 해당 지역의 문화와 고객의 니즈에 대한 분석을 철저히 하여 그 지역에 맞는 제품을 제공하게 되는 것이다. 아울러 글로벌 시대에 대응하는 역동적 주체로서 지방의 중요성을 강조하는 말로도 쓰인다.

분야별
최신상식

국제
외교

다보스포럼서 쏟아진 경고...
"인플레 아직 안 끝났다"

■ 세계경제포럼 (WEF, World
  Economic Forum)

세계경제포럼(WEF)은 저명한
기업인·경제학자·저널리스트·
정치인 등이 모여 세계 경제에
대해 토론하고 연구하는 국제
민간회의이다. 독립적 비영리
재단 형태로 운영되며, 매년 스
위스 다보스에서 열려 다보스
포럼이라고도 불린다. 세계적
권위와 영향력을 인정받는 UN
비정부 자문기구로서 세계무역
기구(WTO)나 서방선진 7개국
(G7) 회담 등에 막강한 영향력
을 행사하고 있다.

"경기 침체 찾아올 것"

올해 다보스포럼에서 인플레이션 경고 목소리가 쏟아졌다. 최근 물가 정점
론과 함께 각국 증시가 다시 살아나는 조짐을 보였지만 낙관하기는 이르다
는 것이다. 1월 17일(이하 현지시간) 스위스 다보스에서 열린 ■세계경제포럼
(WEF·다보스포럼)에서 글로벌 금융 기업 UBS의 랄프 하머스 CEO(최고경
영자)는 CNBC와의 인터뷰에서 "미국과 유럽에서 인플레이션이 다시 고개
를 들고 있다"면서 "이로 인해 **미국보다 유럽에서 더 일찍 경기 침체가 찾아
올 것**"이라고 했다.

영국계 은행인 스탠더드차타드의 빌 윈터스 CEO도 "인플레이션은 끝나
지 않았다"며 "세계 전체로 볼 때 인플레이션이 고개를 넘어 내려오고 있다
는 결론을 경계하고 있다"고 말했다. 세계적인 석학으로 손꼽히는 케네스
로고프 하버드대 교수도 다보스포럼 참석차 블룸버그와 만난 자리에서 "금
리는 이전과 같은 수준으로 내려가지 않을 것"이라며 "연준 금리가 꽤 오랜
기간 3.5%라고 해도 놀라지 않을 것"이라고 했다.

영을 위협하는 과제로 꼽으면서 "이런 도전을 극복하는 길은 더 강력하게 협력하고 연대하는 것"이라고 강조했다.

한편, 최태원 대한상공회의소(대한상의) 회장 겸 2030 부산세계박람회(부산 엑스포) 유치위원회 공동위원장을 비롯한 우리나라 기업인들은 다보스포럼에서 부산 엑스포 유치전을 벌였다. 대한상의는 1월 18일 다보스 아메론 호텔에서 '2023 다보스 코리아 나이트' 행사를 열었다. 이는 한국 문화를 알리며 한국 기업인과 글로벌 기업인들이 교류하는 자리다.

尹 "세계 복합위기, 협력과 연대로 극복"

다보스포럼에 참석한 윤석열 대통령은 1월 19일 "지금 가장 시급한 것은 호혜적 연대를 바탕으로 한 공급망의 복원력 강화"라며 "자유와 연대라는 정신을 바탕으로 풀어나가야 할 것"이라고 말했다. 윤 대통령은 다보스포럼 이틀째인 이날 '행동하는 연대를 위하여'라는 주제로 한 특별 연설에서 "우크라이나 전쟁은 공급망 교란을 가중시켰다. 공급망의 재편 과정에서 안보·경제·첨단기술에 관한 협력이 국가들 사이에서 패키지로 운용되면서 블록화되는 경향이 더욱 강해졌다"며 이렇게 말했다.

윤 대통령은 "공급망의 복원력 강화 역시 자유와 연대라는 정신을 바탕으로 풀어나가야 할 것"이라며 "튼튼한 연대를 통해 복원력 있는 공급망을 구축하고, 세계시민의 공존을 추구해야 한다"고 강조했다.

글로벌 공급망의 복원력 강화 이외에 ▲기후변화 위기극복 ▲보건·디지털 격차 등을 국제사회 번

➕ 블록경제 (bloc economy)

블록경제란 정치적·경제적으로 관계가 깊은 여러 국가가 결집하여 역내의 경제교류를 촉진하는 반면, 역외국가들에 대해서는 차별대우를 취함으로써 폐쇄적이고도 유리한 경제관계를 맺는 경제나 경제권을 말한다. 원래 블록경제는 블록 외부에 대해 폐쇄적인 것이었는데, 최근에는 특정 지역의 여러 국가가 결합하여 블록을 만들어 블록 내에서의 무역에는 제한을 두지 않고 블록 외에서의 무역에는 제한을 두는 하나의 경제권을 의미한다. 유럽연합(EU), 북미자유무역협정(NAFTA), 아시아태평양경제협력체(APEC) 등이 모두 개방적 성격의 블록경제라고 할 수 있다.

POINT 세 줄 요약

❶ 스위스 다보스에서 열린 세계경제포럼에서 CEO, 세계 석학들은 경기 활성은 시기상조라며 낙관론을 경계했다.

❷ 윤 대통령은 특별연설에서 "호혜적 연대를 바탕으로 한 공급망의 복원력 강화"라며 "자유와 연대라는 정신을 바탕으로 풀어나가야한다"고 말했다.

❸ 이외에 ▲기후변화 위기극복 ▲보건·디지털 격차 등을 국제사회 번영을 위협하는 과제로 뽑았다.

尹 대통령 "UAE 적은 이란" 발언 후폭풍

'아랍에미리트(UAE)의 적은 이란'이라고 한 윤석열 대통령의 발언이 한·이란 양국 간 갈등의 불씨를 일으켰다. 지난 1월 15일(현지시간) 윤 대통령은 UAE에 파병된 아크부대를 찾아 장병들을 격려하면서 "우리의 형제 국가인 UAE의 안보는 바로 우리의 안보"라며 "**UAE의 적은, 가장 위협적인 국가는 이란**이고 우리 적은 북한이다. 우리와 UAE가 매우 유사한 입장에 있다"고 했다.

외교부는 외교 채널 등을 동원해 "격려 차원의 말"이라고 해명했으나, 1월 19일 레자 나자피 이란 외무부 법무·국제기구 담당 차관은 윤강현 주이란 대사를 **초치**(招致 : 불러서 오게 함)해 항의했다. 임수석 외교부 대변인은 정례브리핑에서 "주이란 대사는 이란 정부의 요청에 따라서 테헤란에서 관련 사항에 대한 우리 측 입장을 명확하게 설명했다"고 밝혔다.

임 대변인은 "보도된 발언은 UAE에서 임무 수행 중인 우리 장병들에 대한 격려 차원의 말씀이었고 한—이란 관계 등 이란의 국제관계와는 전혀 무관하다"고 거듭 밝혔다. 이에 우리 정부도 이

날 조현동 외교부 제1차관이 샤베스타리 주한 이란 대사를 불러 정부 입장을 다시 한번 설명했다.

윤 대통령은 앞서 1월 14~17일 한국 정상으로는 처음으로 UAE를 국빈방문해 모하메드 빈 자이드 알 나하얀 대통령과 정상회담을 했다. 100여 개 기업으로 구성된 경제 사절단이 동행한 가운데 취임 후 첫 국빈 방문한 윤 대통령은 **UAE로부터 300억달러**(약 37조원) **규모의 투자를 이끌어내는** 등 다수의 양해각서(MOU, Memorandum Of Understanding)를 **체결**했지만 이란 관련 발언 논란에 묻혀 순방 성과가 퇴색한 셈이다.

이란 "韓, 실수 바로잡으려는 의지 불충분"

이란 외무부는 '아랍에미리트(UAE)의 적은 이란'이라는 윤석열 대통령의 발언 관련 "한국 정부는 실수를 바로잡으려는 의지를 보였지만 불충분했다"는 입장을 밝혔다. 윤 대통령의 발언으로 양국이 대사를 '맞초치'하는 사태가 불거진 뒤 처음 나온 이란 측 반응이다.

이란의 이 같은 반응은 미국의 대이란 제재 조치로 엮인 양국의 상황으로부터 나왔다고 전문가는 추측하고 있다. 한국에는 현재 70억달러가량의 이란 자금이 원화로 동결돼 있다.

미국 정부가 2018년 ■**이란핵합의**(JCPOA·포괄적 공동행동계획)를 탈퇴하고 대이란 제재를 복원하면서 이란의 석유 판매 대금 계좌가 동결된 것으로서 이는 이란의 해외 동결 자산 가운데 최대 규모로 알려져 있다. 이 동결 자금 문제는 수년간 한·이란 관계의 최대 걸림돌이 돼 왔다.

이란의 칸아니 대변인은 이날 한국 정부에 동결

자금 반환 약속을 이행하라고 거듭 촉구했다. 그는 "동결 자금 문제를 해결하기 위한 한국 정부의 노력에 만족하지 못한다"면서 "한국 내 이란 자금은 양국의 다른 현안과 관계없이 반환돼야 한다"고 밝힌 바 있다.

■ **이란핵합의 (JCPOA, Joint Comprehensive Plan of Action)**

이란핵합의(JCPOA)는 2015년 7월 14일 미국·영국·프랑스·독일·중국·러시아 등 6개국과 이란이 맺은 핵 합의를 말한다. 이란 핵 협상 합의에 이르기까지 협상의 최대 쟁점이었던 이란의 군사 시설을 비롯해 핵무기 개발이 의심되는 모든 시설에 국제원자력기구(IAEA) 사찰단이 접근할 수 있도록 하는 내용이 합의됐다. 하지만 도널드 트럼프 미국 당시 대통령은 2018년 5월 8일 이란핵합의 탈퇴를 공식 선언한 뒤, 대(對)이란 제재를 재개하는 행정명령에 서명했고 이란에 대한 경제 제재가 다시 복원됐다.

뉴질랜드 차기 총리에
중도·실용 노선 힙킨스

▲ 크리스 힙킨스 뉴질랜드 차기 총리

"격무에 지쳤다"며 전격 사임을 발표한 저신다 아던 뉴질랜드 총리의 후임에 크리스 힙킨스 경찰·교육 장관이 확정됐다. 뉴질랜드 집권 여당인 노동당은 1월 22일(현지시간) 전당대회에서 힙킨스를 새로운 당 대표로 선출했다.

■ **의원내각제** 국가인 뉴질랜드는 집권당 대표가 총리를 겸하는 구조다. 영연방 회원국인 뉴질랜드의 공식 국가원수는 찰스 3세 영국 국왕이지만, 평상시에는 키로 총독이 국가원수 역할을 대행한다.

힙킨스는 기자회견에서 "내 인생의 가장 큰 특권이자 책임을 맡게 됐다"며 "눈앞에 놓인 도전에 힘이 나고 신이 난다"고 기쁜 마음을 감추지 못했다. 30세이던 2008년 의회에 입성해 현재 5선 의원인 그는 2017년 노동당이 총선에서 이겨 여당이 된 뒤 보건 장관, 코로나19 대응 장관, 공공서비스 장관 등을 역임했다. 현재는 교육과 경찰 장관을 겸하고 있다.

현지 언론에 따르면 **힙킨스는 코로나19 팬데믹(대유행) 당시 담당 장관으로서 뉴질랜드가 위기를 잘 넘기는 데 기여**하면서 큰 인기를 얻었다. 팬데믹 기간 거의 하루도 빠짐없이 아던 총리와 함께 기자회견을 하며 코로나19 관련 상황을 국민들에게 설명했다.

다만 팬데믹이 끝난 지금 뉴질랜드 앞에는 경제난이라는 새로운 과제가 놓여 있다. 러시아-우크라이나 전쟁 장기화에 따른 전 세계적인 인플레이션과 에너지 대란은 뉴질랜드도 예외가 아니어서 생계의 어려움을 호소하는 목소리가 커지고 있다. 아던 총리의 집권 노동당이 야당인 국민당보다 지지율이 뚝 떨어진 배경이기도 하다.

힙킨스는 아던 총리에 비해 중도적이고 실용적이

란 평가를 듣는 정치인답게 현 정부의 급진 노선에서 탈피해 경제 회복 위주의 실용주의 정책을 펼 가능성이 커 보인다. 실제로 기자회견에서 그는 "새 정부는 '빵'과 '버터' 문제에 초점을 맞추겠다"고 약속했다. 또 "당장 필수적이지 않은 프로그램과 프로젝트를 찾아내 통제하는 한편 중저소득층과 어려운 중소기업들 지원에 집중할 것"이라고 다짐했다.

■ 의원내각제 (議院內閣制)

의원내각제는 정부의 성립과 존립이 국회의 신임을 필수 조건으로 하는 정부형태이다. 내각책임제, 의회정부제라고도 한다. 의회에서 선출되고 의회에 대하여 정치적 책임을 지는 내각 중심으로 국정이 운영된다. 특징으로는 내각의 성립과 존속이 의회에 의존, 입법부와 행정부 간의 공화와 협조, 행정부의 이원적 구조 등이 있다.

의원내각제는 내각이 그 성립 및 존속에 있어 하원(국회)의 신임을 필요로 하며, 하원의 내각불신임이 있을 때는 국민에게 신임을 묻는 총선거를 실시하고 그 결과에 따라 결정하게 된다. 또 하원이 내각을 조직·해산하는 권한을 가져 내각에 대한 하원의 법적 우위성을 인정하고 있다. 하지만 입법부와 행정부를 한 정당이 독점하면 정당정치에 치우칠 우려와 함께 다수당의 횡포를 견제할 견제장치가 사라진다는 문제점이 생긴다.

美 법무부, '기밀서류 누출' 바이든 사저 압수수색

기밀 표시가 있는 6개의 문서가 발견된 ■조 바이든 대통령의 델라웨어주 사저가 수사 당국에 의해 압수수색을 받았다고 AP통신 등이 1월 21일(현지시간) 보도했다. 현직 대통령 사저를 상대로 한 이례적인 압수수색은 10시간이 넘는 장시간에 걸쳐 진행됐으며, 압수수색 당시 바이든 대통

▲ 조 바이든 미 대통령

령과 영부인 질 바이든은 입회하지 않았다.

대통령의 개인 변호사인 밥 바우어는 사저 건물 전체를 수색하는 데 거의 13시간이 걸렸다고 말했다. FBI가 입수한 문서는 바이든이 상원과 부통령 재임 기간에 걸친 것이었고, 메모는 부통령 시절에 작성된 것이라고 한다. 법무부가 기록 검토에 나선 가운데 FBI가 압수한 문서들이 기밀로 유지됐는지 여부와 기밀 수준이 어느 정도인지는 명확하지 않다.

이 수색은 바이든 대통령의 사저 도서관에서 부통령 시절 6건의 기밀문서가 그의 변호사들에 의해 발견된 지 일주일이 지나고, 변호사들이 워싱턴에 있는 바이든의 개인 사무실인 펜-바이든 센터에서 '소수'의 기밀기록을 발견한 지 거의 3개월 만에 이뤄졌다.

바이든 대통령은 1월 19일 캘리포니아에서 기자들에게 "우리는 소수의 문서들이 잘못된 장소에 보관되어 있다는 것을 발견했다"며 "우리는 즉시 그것들을 기록 보관소와 법무부에 넘겼다"고 말했다. 바이든은 "충분히 협력하고 있으며 이 문제가 빨리 해결되기를 기대한다"고 덧붙였다.

백악관도 기밀문건 누출 논란의 파장을 의식한 듯 수사 당국에 전면 협조한다는 입장이다. 바이든 대통령의 백악관 변호사인 리처드 사우버는 "(바이든) 대통령은 이 문제를 심각하게 생각하기 때문에 처음부터 책임감 있게 대처할 것을 약속했다"고 말했다. 사우버는 또 "대통령 변호인단과 백악관 법률팀은 이 절차가 신속하고 효율적으로 진행될 수 있도록 법무부 및 특별검사와 지속적으로 협력할 것이다"라고 덧붙였다.

■ 조 바이든 (Joe Biden, 1942~)

조 바이든은 미국 제46대 대통령이다. 1973년부터 2009년까지 델라웨어주 연방 상원의원으로 재직했으며, 2009년부터 2017년까지 제47대 부통령을 지냈다. 이후 2020년 대통령 선거에 출마해 당선됐다. 이에 바이든은 2021년 1월 20일 취임선서를 통해 미국의 제46대 대통령으로 공식 취임했다.

미국·독일, 우크라에 나란히 '주력 전차' 지원 결정

▲ 독일 레오파르트2 전차

그동안 우크라이나에 대한 주력 전차(탱크) 지원에 소극적이었던 미국과 독일이 나란히 전차를 보내는 쪽으로 결정한 것으로 전해졌다. 지원이 막힌 우크라이나의 절박한 호소와 전차 지원을 주저하는 미국, 독일의 소극적인 태도가 서방의 분열을 낳고 있다는 비판을 의식한 조치로 풀이된다.

1월 24일(현지시간) 주요 외신에 따르면 올라프 숄츠 독일 총리는 우크라이나에 독일산 레오파르트2 전차를 지원하기로 하고, **레오파르트2를 보유한 다른 국가들이 우크라이나에 이 전차를 지원할 수 있도록 재수출도 허용하기로 결정**했다.

독일은 그동안 확전을 우려해 자국의 우크라이나 전차 지원은 물론 자국산 전차를 보유한 다른 유럽 국가들에 전차 지원도 주저했다. 그러나 우크라이나가 연일 전차 지원을 호소하는 가운데 독일의 소극적인 태도가 ■**북대서양조약기구(NATO)** 회원국 내 균열을 야기한다며 숄츠 총리가 결단해야 한다는 목소리가 컸다.

미국도 우크라이나에 M1 에이브럼스 탱크를 지원하는 방안을 검토 중인 것으로 전해졌다. 당초 미 국방부는 M1 에이브럼스의 운용, 보수가 까다롭다는 이유로 지원에 부정적이었지만, 독일의 레오파르트2 지원을 끌어내기 위해 M1 에이브럼스 지원 쪽으로 방향을 튼 것으로 보인다. 앞서 독일 정부는 레오파르트2 지원을 요구하는 우크라이나에 대해 "미국이 M1 에이브럼스를 우크라이나에 보내면 우리도 그렇게 하겠다"고 조건을 내세웠다.

서방 국가들이 주력 전차인 독일의 레오파르트2와 미국의 M1 에이브럼스를 제공하면 그동안 지원이 막혔던 우크라이나군의 기동력과 화력도 대폭 강화될 전망이다.

■ 북대서양조약기구 (NATO, North Atlantic Treaty Organization)

북대서양조약기구(NATO·나토)는 미국과 유럽 국가 간 국제 군사 기구로 1949년 4월 4일 체결된 북대서양조약에 의해 창설되었다. 이 기구는 회원국이 어떤 비가입국의 공격에 대응하여 상호 방어하는 집단 군사 동맹 체계로 운영되고 있다. 나토 유럽 연합군 최고사령부는 벨기에의 브뤼셀에 본부를 두고 있으며 최고사령관 또한 이곳에서 거주하고 있다. 나토 회원국의 군사 지출비는 세계 전체 군사 지출비의 70%를 차지한다.

➕ 노르웨이, 레오파르트2 도입...
흑표, 독일제에 밀렸다

한국 무기가 가격 대비 뛰어난 성능으로 세계 수출을 늘려가고 있는 가운데 K2 흑표 전차는 고배를 마셨다. 2월 3일(현지시간) 노르웨이는 독일로부터 레오파르트 2A7 주력 전차 54대를 주문할 계획이라고 발표했다. 한국의 K2 흑표 전차는 레오파르트2와 함께 마지막까지 경쟁을 벌였다. 하지만 전쟁 국면에서 레오파르트2가 우크라이나에 제공되는 가운데 나토 핵심 회원국인 독일과의 관계 등 외적인 요인이 최종 선정 결과에 영향을 미쳤을 것으로 보인다.
국방부는 수출 무산과 관련해 "좋은 성과를 내지 못해 아쉽다"면서도 "본 사업 입찰을 통해 노르웨이 정부로부터 한국 전차가 세계 최고 수준인 독일 전차와 동등 이상임을 증명했다는 점에서 한국 전차의 수출 전망이 더욱 밝아졌다"고 긍정적으로 해석하기도 했다.

"경찰이 또"...
흑인사망 규탄시위 美 전역 확산

미국 테네시주(州) 멤피스에서 경찰이 흑인 운전자를 집단 구타해 사망에 이르게 한 사건과 관련한 시위가 미 전역으로 확산할 조짐이 보였다. 1월 29일(현지시간) 미 CNN 방송에 따르면 전날

뉴욕, 애틀랜타, 보스턴, 볼티모어, 로스앤젤레스(LA), 샌프란시스코, 포틀랜드 등 미국 주요 도시 상당수에서 경찰의 폭력을 규탄하는 거리 행진이 벌어졌다.

1월 7일 귀가 중이던 흑인 남성 타이어 니컬스를 난폭운전 혐의로 불러세운 경찰관들이 그에게 몰매를 때리는 '보디캠' 영상이 공개된 데 따른 결과다. 경찰이 이처럼 잔혹한 폭력을 행사하는 모습이 적나라하게 담긴 영상이 공개되면서 미국 사회에 폭풍 전야의 긴장감이 감돌았다.

다만, 2020년 흑인 조지 플로이드가 경찰의 과잉진압으로 사망했을 때처럼 전국적인 항의 시위와 함께 폭동 등 폭력사태가 동반될지는 아직 불투명해 보인다. 백인 경찰관이 흑인 남성을 과잉진압해 숨지게 한 플로이드 사건과 달리 **니컬스 사건의 가해자로 지목된 경찰관 5명은 전원 같은 흑인**이어서 인종갈등으로 비화할 소지가 크지 않아서다.

가해자 전원을 해고하고 살인 등 혐의로 기소한 데 더해 이들이 소속됐던 특수치안유지팀을 해체하는 등 당국이 비교적 신속하게 조처에 나선 점도 주목할 지점이다. 니컬스 가족이 선임한 변호사 벤 크럼프는 가해 경찰관을 신속히 해고·체포

한 데 이어 보디캠 영상을 공개한 멤피스 경찰당국의 이번 조처가 유사 사건 전반에 적용되는 모범사례가 돼야 할 것이라고 말했다.

눈에 넣자 실명·사망...
미 발칵 뒤집은 인공눈물

인도계 제약사가 만든 인공눈물을 사용했던 55명의 환자가 녹농균에 감염돼 1명이 숨지고, 5명은 실명되는 일이 발생해 미 식품의약처(FDA)가 판매 중단 결정을 내렸다. 2월 3일(현지

▲ 실명·사망 사고를 일으킨 에즈리케어 인공눈물

시간) 미 공영방송 NPR에 따르면 뉴욕·뉴저지 등 미국 12개 주에서 제약사 글로벌파마(Global Pharma)의 **인공눈물 '에즈리케어'**(EzriCare)를 사용한 55명이 녹농균에 감염돼 이 중 1명이 숨지고, 5명이 실명되는 등 피해자가 속출했다.

미국 질병통제예방센터(CDC)는 2월 1일 추가 지시가 나오기 전까지 제품 사용 중단을 권고했고 미 FDA도 해당 제품의 사용 금지 조치를 내렸다. 제약사는 2월 2일부터 자발적인 제품 회수에 나섰다.

CDC는 항생제 치료에 내성이 있는 박테리아인 녹농균에 감염된 사례 55건을 찾아냈다. **녹농균은 눈뿐만 아니라 폐나 혈액을 감염시킬 수 있고 눈과 연결된 비강으로부터 폐와 혈류에 도달**할 수 있다. 면역력이 약한 환자가 녹농균에 감염되면 사망 가능성이 높은 것으로 알려졌다.

이 제품을 사용한 뒤 사망한 사람은 실제로 박테리아가 혈류에 도달해 숨진 것으로 밝혀졌다. 이 밖에 미 보건당국은 처방전 없이 살 수 있는 인공눈물보다 의사 처방에 따른 안약 사용도 권고했다.

미국에서 인공눈물 제품 사용 후 녹농균에 감염돼 사망한 사례가 발생한 가운데, 국내엔 해당 제품이 도입되지 않은 것으로 파악됐다. 2월 6일

식품의약품안전처에 따르면, 문제가 된 인공눈물은 국내에서 허가되지 않아 유통되지 않았다. 식약처 관계자는 "해당 제품인 에즈리케어와 해당 제조원인 글로벌파마로부터 국내에 허가된 점안제 의약품은 없다"고 말했다.

美, 영공 침범 中정찰풍선 격추...
中 "美 과잉반응"

▲ 미국 영공을 침범한 중국 정찰풍선

미국이 2월 4일(현지시간) 자국 영공을 침범한 중국 정찰풍선을 **F-22** 전투기 등을 동원해 격추했다. 미 상공에 포착된 지 7일 만으로, **이 풍선은 핵무기가 있는 핵심 군사기지 등을 정찰**한 것으로 추정된다. 바이든 행정부는 "용납할 수 없는 주권 침해"라고 강하게 비판했다. 앞서 '우발적 사건'이라며 유감을 표했던 중국은 정찰풍선 격추 이후 "무력을 동원한 과잉반응"이라고 반발해 미중 갈등이 고조되고 있다.

미 국방부에 따르면 이날 오후 2시 39분 정찰풍선이 육지를 지나 대서양에 진입하자 버지니아주 랭리 기지에서 출격한 F-22 전투기가 공대공 미사일을 쏴 떨어뜨렸다. 이때 바이든 행정부는 인근 3개 공항에 **비행기 이륙을 중지하는 '그라운드 스톱' 조치**를 내렸다. 미 연방수사국(FBI)과 해안경비대는 대서양에 추락한 정찰풍선 잔해를 수거해 조사할 계획이다.

중국 정찰풍선은 1월 28일 미 알래스카 영공을 침범한 뒤 캐나다를 거쳐 2월 1일 몬태나주 말름스트롬 공군기지, 2월 2일 미주리주 화이트맨 공군기지 상공을 거치는 등 7일간 미 영토를 횡단했다. 이 두 곳은 대륙간탄도미사일(ICBM) 같은 핵무기와 전략폭격기가 배치된 핵심 군사기지다.

로이드 오스틴 미 국방장관은 "미 전략기지를 정찰하기 위한 (중국의) 감시 자산"이라며 "용납할 수 없는 주권 침해"라고 밝혔다. 중국 풍선을 군사 감시정찰용으로 규정하며 강력한 대응을 예고한 것이다. 바이든 행정부는 항의의 표시로 2월 5일 예정되었던 토니 블링컨 국무장관의 중국 방문도 2월 3일 전격 취소했다.

중국은 블링컨 장관 방중 취소 직후 "비행선은 중국에서 간 것으로 민수용 성질이며 기상 같은 과학연구에 사용되는 것"이라며 "비행선이 불가항력으로 미국에 잘못 들어간 것에 유감을 표한다"고 밝혔다.

하지만 2월 4일 정찰풍선이 격추되자 성명을 내고 "미 국방부도 이 풍선이 지상에 군사적, 신변적 위협이 되지 않을 것이라고 밝힌 상황에서 무력을 동원해 과잉반응한 것은 국제관례를 엄중히 위반한 것"이라고 주장했다. 이어 "중국은 관련 기업의 정당한 권익을 단호히 보호할 것"이라며 추가 대응을 시사했다.

■ F-22

F-22는 세계 최초의 스텔스 전투기로, 스텔스 기체로서는 제3세대, 현대적 제트 전투기로서는 제5세대의 시대를 연 첫 기종이다. 현재 사용되는 전투기들 가운데 가장 뛰어난 능력을 자랑한다. F-22 랩터(Raptor)라고 불린다.

규모 더 커진
프랑스 연금개혁 반대 시위

프랑스 정부가 추진하는 연금개혁에 반대하는 전국적 시위가 2월 11일(현지시간), 올해 들어 4번째로 열렸다. 강경 좌파 성향의 노동총동맹(CGT)이 주도한 이날 시위는 프랑스 주요 8개 노동조합이 주말에 처음 소집한 것이었다.

정부의 연금개혁에 반대하며 12년 만에 연합 전선을 구축한 8개 노조는 2월 16일 추가 파업과 5차 시위를 예고했다. 이에 더해 정부가 프랑스 국민의 목소리를 계속 외면한다면 3월 7일 모든 부문에서 파업을 벌여 "프랑스를 멈춰 세우겠다"고 경고했다. 노동계가 대규모 파업을 염두에 두고 있는 3월 7일은 현재 프랑스 하원에서 논의 중인 연금개혁 관련 법안이 상원으로 넘어갈 것으로 예상되는 날이다.

프랑스 정부가 하원에 제출한 연금개혁안은 정년을 기존 62세에서 2030년까지 64세로 2년 늘려 연금 수령 시작 시점을 늦추는 것이 골자다. 또 연금을 100% 받기 위해 기여해야 하는 기간을 기존 42년에서 43년으로 늘리기로 약속한 시점을 2035년에서 2027년으로 앞당기려 한다.

정부는 연금제도를 개혁하지 않으면 적자를 면하기 어렵다는 입장이지만 노조와 야당은 재원 마련 방안이 있다며 반대하고 있다. 하원 전체 577석 중 범여권 의석은 249석으로 과반이 안 되기 때문에 법안 통과를 위해서는 야당의 지지가 필수적이다.

➕ 노란 조끼 시위

노란 조끼 시위는 2018년 11월 에마뉘엘 마크롱 프랑스 대통령이 발표한 유류세 인상에 반대하면서 시작됐다가, 점차 반정부 시위로 번져나간 시위이다. 운전자가 사고를 대비해 의무적으로 차에 비치해야 하는 형광 노란 조끼를 시위 참가자들이 입고 나온 것에서 이와 같은 명칭이 붙었다. 프랑스 정부가 2018년 12월 논란이 된 유류세 인상 계획을 중단한다고 발표해 시위는 잦아들었으나, 2019년 11월 16일(현지시간) 집회 1주년을 맞아 노란 조끼 시위대가 프랑스 전역에서 정치 엘리트와 기득권에 불만을 표하는 크고 작은 시위를 벌여 프랑스 정부를 긴장케 했다.

분야별
최신상식

북한
안보

尹 대통령, 연초 핵무장 발언 파장

■ 핵우산 (nuclear umbrel-
la)

핵우산이란 동맹국 간 신뢰를
바탕으로 핵무기를 보유한 국
가가 핵무기를 보유하지 않은
동맹국의 안전을 핵무기를 통
해 보장하는 것을 말한다. 핵확
산 방지를 위해 핵보유국이 비
보유 동맹국에 이 같은 형태로
안보를 보장하는 것이다. 확장
억제(extended deterrence)와
유사한 개념이다.

CNN, 자체 핵보유론 조명

윤석열 대통령이 연초 국방부 신년 업무보고에서 띄운 '한국 핵무장론'의
여진이 계속됐다. 북한 핵·미사일 고도화와 연쇄 도발로 엄중해진 한반도
정세 속에 안보 불안감이 커졌고, 일부 전문가 사이에서 공감하는 목소리
가 나오면서다. 정부는 "확장억제의 내실화를 의미한다"며 자체 핵보유에
선을 그었지만, 정치권을 중심으로 한국 핵무장론이 힘을 얻었다.

미국 유력 방송 CNN은 한국에서 제기된 자체 핵 보유론 주장을 집중 조명
했다. 미국 CNN은 1월 21일(현지시간) '한국인이 미국의 ■핵우산에 신뢰
를 잃어가는 이유'라는 인터넷판 톱기사에서 "10년 전만 해도 한국에서 핵
무기 보유 주장은 진지하게 보도되지 않는 비주류적 주장이었지만, 이제는
주된 쟁점이 됐다"고 주목했다.

최근 시행된 여론조사에서 국민 다수가 자체 핵보유에 찬성한다는 결과가
나오고, 한때 이를 부정적으로 바라봤던 일련의 저명한 학자들도 찬성으로
입장을 선회했다는 것이다.

CNN은 "심지어 윤석열 대통령마저 해당 견해를 제시했다"면서 통상 핵우산으로 불리는 미국의 확장억제 전략에 대한 불신이 커진 것이 이러한 변화의 배경이 됐다고 해설했다.

한국 핵무장, 실현 가능성은 낮아

윤석열 정부는 북핵 위협에 대응해 '자강'과 '동맹'이라는 두 축을 내세우고 있다. 국방부는 대통령 업무보고에서 ■킬체인과 한국형 미사일방어체계(KAMD), 대량응징보복능력체계(KMPR) 등 '한국형 3축 체계'를 중심으로 한 자강과 미국의 확장억제 실행력 제고, 한미 연합연습 및 훈련 강화 등 동맹과 관련된 구상을 보고했다.

그러나 북한의 대남 핵 위협이 현실화된 상황에서 핵에는 핵으로 대응할 수밖에 없다는 목소리가 힘을 받고 있다. 여당 내에서는 남북 비핵화 공동 선언 파기, 독자 핵무장론 등이 제기된다.

북한이 지난해 핵무력정책 법령을 채택함으로써 대남 핵 선제 사용을 제도적으로 뒷받침하고, 대

남 전술핵무기 운용부대 훈련을 실시한 데 이어 여전히 7차 핵실험 감행 야욕을 버리지 않고 있는 만큼 독자 핵무장을 옵션에서 아예 배제해서는 안 된다는 것이다.

이런 상황에서 현재 정부가 추구하는 미 핵전력 공동기획·공동연습만으로는 북핵 위협에 적절히 대응하기 어렵다는 평가가 나온다. 다만 한국의 독자 핵무장론이 현실화되려면 미국의 비확산 기조와 한반도 비핵화 원칙 및 북한 핵보유 인정, 핵확산금지조약(NPT) 체제 등 정치·외교적으로 풀어야 할 문제들이 만만치 않다.

■ 킬체인 (kill chain)

킬체인은 북한의 핵 위협에 대응하기 위해 한국형 미사일방어체계(KAMD, Korea Air and Missile Defense)와 더불어 2023년까지 구축하기로 한 한미연합 선제공격 계획으로, 30분 안에 목표물을 타격한다는 개념이다. 북한의 핵과 미사일 기지, 이동식 미사일 탑재 차량(TEL, Transporter Erector Launcher) 등을 탐지하고 정확한 위치 좌표산정, 타격무기 선정, 타격 등의 과정을 통합한 시스템이다.

기출복원문제 2022년 연합뉴스
한국형 3축 단계의 단계별 이름을 적으시오.

정답 킬체인—한국형 미사일방어체계(KAMD)
—대량응징보복능력체계(KMPR)

POINT 세 줄 요약

❶ 정치권을 중심으로 다시 한국의 '핵무장론'이 떠오르고 있다.

❷ CNN은 미국의 확장억제 전략에 대한 한국의 불신이 커진 것이 이러한 변화의 배경이 됐다고 해설했다.

❸ 한국의 독자 핵무장론이 현실화되려면 각국 정세 등 풀어야 할 문제가 많다.

나토 사무총장 "한국, 우크라이나에 군사적 지원해야"

▲ 옌스 스톨텐베르그 나토 사무총장

한국을 방문한 옌스 스톨텐베르그 북대서양조약기구(NATO·나토) 사무총장이 우크라이나 전쟁과 관련해 한국이 군사적 지원에 나서 달라고 촉구했다. 스톨텐베르그 사무총장은 1월 30일 방한 중 서울 강남구 최종현학술원에서 진행된 대담에서 "일부 국가가 전쟁 중인 국가에 무기 수출을 금지하기로 한 정책을 선회한 전례가 있다"며 이같이 말했다.

스톨텐베르그 사무총장은 이날 '대한민국과 나토 : 위험이 가중된 세계에서 파트너십 강화의 모색'이라는 주제로 진행된 특별강연 중 사회를 맡은 이재승 고려대 국제학부 교수와 대담을 가졌다.

그는 한국이 우크라이나에 경제 지원을 했다는 점에 감사함을 표하는 한편 "한국이 군사적 지원이라는 특정한 문제에 나설 것을 촉구한다"고 강조했다. 이어 "이는 결국 한국이 내려야 할 결정"이라면서도 "일부 나토 동맹은 교전 국가에 무기를 수출하지 않는다는 정책을 바꾸기도 했다"고

덧붙였다.

구체적으로는 독일, 스웨덴, 노르웨이 등의 사례를 언급하며 이들이 정책을 바꾼 것은 "그게 오늘날 민주주의를 지지하고 우크라이나가 이기며 항구적인 평화를 위한 조건을 형성할 유일한 방법인 것을 깨달았기 때문"이라고 설명했다.

한편, 한국 정부는 우크라이나에 **경제·인도적 지원은 가능하지만 대러시아 관계를 고려해 살상 무기 지원은 불가능하다는 입장**을 견지하고 있다. 지난해 10월 블라디미르 푸틴 러시아 대통령은 한국을 지목해 "우크라이나에 무기를 제공할 경우 한러 관계는 파탄날 것"이라고 경고했다.

이에 대해 윤 대통령은 "한국은 우크라이나에 대해 인도적·평화적 지원을 국제사회와 연대해왔고 살상 무기를 공급한 사실이 없다"며 "그렇지만 (살상 무기 공급 여부는) 어디까지나 우리 주권의 문제"라고 말했다.

> **➕ 대한민국 국군 부대 파병 현황**
> 현재 파병 중인 대한민국 국군 부대는 4곳으로 ▲레바논 평화유지단 동명부대 ▲UAE(아랍에미리트) 군사협력단 아크부대 ▲남수단 재건지원단 한빛부대 ▲소말리아 해역 호송전대 청해부대가 파병 중이다.

日 "독도는 일본땅" 또 억지 주장

정부는 1월 23일 하야시 요시마사 일본 외무상이 정기국회 외교연설에서 독도가 일본 땅이라는 주

▲ 독도

장을 반복한 데 대해 "강력히 항의하며, 이를 즉각 철회할 것을 촉구한다"고 밝혔다. 외교부는 이날 대변인 명의의 성명을 내고 "(일본 측이) 역사적·지리적·국제법적으로 명백한 우리 고유의 영토인 독도에 대한 부당한 영유권 주장을 되풀이했다"며 이같이 밝혔다.

외교부는 "일본 정부는 독도에 대한 부당한 주장을 반복하는 것이 미래지향적 한일 관계 구축에 어떠한 도움도 되지 않는다는 점을 분명히 자각해야 할 것"이라고 말했다. 이어 "**일본 정부의 부당한 주장이 대한민국 고유 영토인 독도에 대한 우리 주권에 어떠한 영향도 미치지 못한다**"는 것을 재차 분명히 하며, 독도에 대한 어떠한 도발에 대해서도 단호하게 대응해 나갈 것임을 밝히는 바"라고 덧붙였다.

하야시 외무상은 이날 시작된 정기국회 외교연설에서 독도와 관련해 "역사적 사실에 비춰 봐도, 국제법상으로도 일본 고유의 영토"라며 "이러한 기본적인 입장에 근거해 의연하게 대응하겠다"고 말했다.

기시다 후미오 현 총리가 외무상이던 2014년 외교 연설에서 "일본 고유의 영토인 시마네현 다케

시마(竹島 : 일본이 주장하는 독도의 명칭)"라고 말한 뒤 일본 외무상은 10년째 독도가 일본 땅이라는 주장을 반복하고 있다.

하야시 외무상은 이번 연설에서 "사도광산의 세계유산 등재를 위해 확실히 역할을 다할 것"이라고도 했다. 일본은 조선인 강제노역 현장인 니가타현 사도광산을 세계유산에 등재하기 위한 정식 추천서를 지난 1월 19일 유네스코 세계유산사무국에 제출한 바 있다.

우리 외교부는 하야시 외무상이 연설에서 사도광산의 유네스코 세계유산 등재를 거론한 데 대해서도 "2015년 일본 근대산업시설 세계유산 등재 시 일본 스스로 약속한 후속 조치와 세계유산위원회의 거듭된 결정부터 조속히 이행할 것을 재차 촉구한다"고 밝혔다.

➕ **독도가 기록된 사료**

독도는 우리나라 사료에서 우산도, 가지도, 삼봉도, 석도 등 다양한 이름으로 등장한다. 울릉도와 독도의 존재가 처음 등장하는 가장 오래된 문헌은 『삼국사기』 중 지증왕 13년 6월 기록이다. 이 기록에 따르면 울릉도와 독도는 당시 우산국이라는 이름으로 신라 영토에 편입돼 독자적인 소국으로 존재했다. 이후 『고려사』와 조선 초기 『세종실록 지리지』에서도 독도가 고려나 조선에 속해 있었음을 확인할 수 있다.

일본이 만든 지리지에서도 울릉도와 독도는 한국 땅이었다. 임진왜란 당시 조선 침략에 참고하려 제작된 일본의 『조선국리지리도』에서는 울릉도와 독도를 한국식 표기를 사용해 조선 영토로 기록했다. 일본이 러시아 지도를 참고해 만든 『조선동해안도』와 『태정관 지령』 등에서도 독도는 조선의 영토다.

역사 기록이 한반도의 울릉도와 독도 영토권을 명시하고 있음에도 불구하고 한반도의 정세가 불안할 때마다 일본은 두 섬을 드나들며 약탈했다. 이에 조선 정부는

1900년 10월 울릉도와 죽도, 독도 등 주변의 도서들을 울도군으로 승격하고 강원도에 편입시켜 조선 땅임을 명확히 했다.

일본 학계는 그동안 "조선 정부의 공도정책(空島政策: 섬 거주민들을 본토로 이주시키는 정책)으로 조선 사회는 울릉도 및 독도를 망각했으며, 17C 안용복과 일본의 충돌, 19C 일본의 한반도 침략으로 인해 비로소 조선인들이 울릉도·독도를 재발견했다"고 주장해 왔다.

KF-21 전투기 첫 초음속 비행 성공...비행 6개월 만에

▲ 국산 전투기 KF-21

우리 전투기 '보라매'(**KF-21**) 시제 1호기가 처음으로 초음속 비행에 성공했다. 방위사업청은 1월 17일 "KF-21이 오후 3시 15분 첫 초음속 비행을 성공적으로 수행했다"고 발표했다. KF-21 시제 1호기는 이날 오후 2시 58분 경남 사천 공군 제3훈련비행단에서 이륙, 남해 상공에서 약 4만ft(12.192km) 고도를 비행하며 음속(마하 1.0·약 1224km/h)을 돌파했다.

한국항공우주산업(KAI) 소속 이동규 수석은 첫 초음속 비행에서 조종간을 잡았다. KF-21 시제 1호기는 이륙 후 56분간 비행하고 오후 3시 54분에 착륙했다. KF-21은 2022년 7월 첫 비행 이후 지금까지 80여 차례 비행을 통해 고도·속도 같은 비행영역을 확장했고 이날 처음으로 초음속 비행에 성공했다.

우리 기술로 개발한 항공기의 음속 돌파는 처음이다. 앞서 **2003년 음속을 돌파한 국산 초음속 고등훈련기 T-50**(골든이글)**은 미국과 기술협력으로 개발**됐다. KF-21은 향후 음속 영역에서 고도·속도를 더 높여가면서, 초음속 구간에서의 비행 안정성을 점검·검증하고 체계개발에 반영할 계획이다.

이종섭 국방부 장관은 "수많은 이들의 헌신과 노고 덕에 드디어 국내 기술로 개발한 최초의 초음속 항공기를 보유하는 역사적인 성과를 거둘 수 있게 됐다"며 "공군 및 방위사업청 관계자와 한국항공우주산업(KAI) 소속의 개발진 및 시험비행 조종사 등 그동안 애써준 모든 사람에게 진심 어린 감사의 인사를 전한다"고 말했다.

또 "우리 군은 초음속 비행 성공을 통해 과학기술 강군 건설의 토대를 더 공고히 했을 뿐 아니라, 4대 방산 수출국으로 한 걸음 더 나아가는 쾌거를 거둘 수 있게 됐다"고 평가했다.

▪ KF-21

KF-21은 국산 초음속 전투기로 노후 전투기인 F-4와 F-5를 대체하기 위해 2015년부터 개발이 시작된 초대형 국책사업의 결과물이다. 2028년까지 약 8조원을 투입해 기반 전력으로 활용할 4.5세대급 전투기를 개발한다. KF-21은 한국형 전투기의 고유 명칭으로 '21C 한반도를 수호할 국산 전투기'라는 뜻을 담고 있다. KF-21은 세계에서 8번째로 개발한 초음속 전투기다.

KF-21은 최고 속도 2200km/h로 음속 1.8배에 달하며 7.7톤의 무장을 탑재할 수 있다. 여기에 최첨단 AESA 레이더로 목표물을 실시간 추적할 수 있으며 적 미사일 등을 신속히 포착하는 적외선 추적장치 등이 탑재되어 있다. 또 지상 목표물을 정밀 조준하는 전자광학 표적추적장비와 레이더 탐색을 교란하는 내장형 전자전 장비 등이 장착된다.

2022년 7월 19일 성공적인 1차 시험비행에 이어 7월 29일 이뤄진 2차 시험비행 또한 성공했다. 방위사업청은 2026년까지 약 2200회의 시험 비행을 통해 KF-21의 성능을 검증해 개발이 완료되면 2032년까지 총 120대를 도입해 F-4와 F-5 등 노후 전투기를 우선 교체한다는 계획이다.

"北이 잘 준비한 연극"... CNN이 평한 브이로그 정체는?

▲ 북한 유튜버 유미 (채널 화면 캡처)

자체 영상 콘텐츠 조회 수가 8만 회에 육박하는 북한 유튜버가 등장해 이목을 끌었다. '유미(YuMi)'라는 이름의 이 북한 유튜버는 '먹방'(먹는 방송)과 브이로그 등 영상을 통해 북한의 모습을 소개한다. 이에 대해 외신과 북한 전문가는 "체제 선전용 영상"이라고 해석했다. '올리비아 나타샤·유미 스페이스 DPRK 데일리' 채널은 2월 10일 기준 구독자 수 1만1000명에 달하고 영상 누적 조회 수는 45만6000여 회를 기록하고 있다.

이 채널은 유미라는 이름의 북한 여성이 자신의 일상을 통해 북한을 소개한다. 한 영상에서 유미는 '음료 상점'이라는 간판이 달린 가게에 들어가 냉장고를 살피더니 아이스크림을 하나 집어 들어 "(포장이) 그림이 너무 귀엽다", "이건 복숭아 맛이다" 등의 이야기를 한다. 최다 조회 수를 기록한 영상은 평양의 한 피트니스 센터에서 유미가 운동하는 모습을 담은 콘텐츠다. 해당 콘텐츠는 7만7000 조회 수를 기록했다.

유미뿐만 아니다. 지난해 유튜브 채널 '샐리 파크스'에는 평양에 거주하는 11살 여자아이 '송아'가 등장해 '북한 키즈 유튜버'로 주목받기도 했다. 송아는 영상에서 '해리포터'를 가장 좋아하는 책이라고 말했으며, 북한의 문수물놀이장을 방문하는 모습을 보이기도 했다.

이 같은 북한 유튜브에 대해 외신과 북한 전문가들은 '체제 선전용 영상'이라고 평가했다. CNN은 북한에서는 인터넷 접속이 제한되고, 책이나 영화 등 해외 콘텐츠 접근도 금지돼 있어 유튜브 사용 자체가 제한적이라고 짚었다.

➕ **북한 유튜버 출현 배경**

북한은 지난 10여 년 동안 유튜브에 여러 종류의 선전물을 게시해 왔다. 과거 소련 스타일의 호전적 포스터, 행진하는 군대와 미사일 실험 영상, 백마를 탄 김정은의 이미지가 단골 소재였다. 하지만 이들 영상은 플랫폼 서비스 약관과 커뮤니티 가이드라인 위반으로 종종 유튜브에 의해 차단되기 일쑤였다. 그래서 북한이 유미와 송아를 내세워, 유튜브에 의해 삭제되지 않으면서 자연스럽게 북한 체제를 선전할 수 있는 '소프트 랜딩'을 시도한 것으로 보인다.

분야별
최신상식

문화
미디어

절도로 국내 반입한
고려불상 소유권 日로

■ **유네스코 (UNESCO)**
유네스코(유엔교육과학문화기
구)란 국제연합(UN) 전문 기관
의 하나로, 교육, 과학, 문화의
보급과 국제 교류 증진을 통한
국제사회의 이해와 세계 평화
를 추구한다. 유네스코는 1972
년, 이집트의 아스완 하이 댐
건설로 인하여 수몰 위기에 놓
인 고대 누비아 유적들을 보호
하기 위하여 '유네스코의 세계
문화 및 자연 유산 보호 협약'
사업을 시작하였다.

2심 원고패소로 뒤집혀

일본에 있다가 절도범에 의해 국내로 들어온 고려시대 금동관음보살좌상
(이하 불상)에 대해 2심 법원이 일본에 돌려줘야 한다고 판결했다. 대전고법
민사1부(박선준 부장판사)는 2월 1일 서산 부석사(사진)가 국가(대한민국)를
상대로 낸 유체동산(불상) 인도 청구 항소심에서 1심 판결을 뒤집고 원고의
청구를 기각했다.

재판부는 "1330년 서주(서산의 고려시대 명칭)에 있는 부석사(사진)가 이 사
건 불상을 제작했다는 사실관계는 인정할 수 있으며, 왜구가 약탈해 불법
반출했다고 볼만한 증거도 있다"면서도 **"당시 부석사가 현재의 부석사와 동
일한 종교단체라는 입증이 되지 않아 소유권을 인정하기 어렵다"**고 밝혔다.

이어 "1527년 조선에서 불상을 양도받았다는 일본 간논지(觀音寺) 측 주장
역시 확인하기 어려우나 1953년부터 불상이 도난당하기 전인 2012년까지
60년간 평온·공연하게 점유해 온 사실이 인정된다"며 "이미 취득시효(20년)
가 완성된 만큼 소유권이 인정된다"고 강조했다. 재판부는 "다만 민사소송
은 단지 소유권의 귀속을 판단할 뿐이며, 최종적으로 문화재 반환 문제는

게 38.6kg의 불상은 한국인 절도범들이 2012년 10월 일본 간논지에서 훔쳐 국내로 들여왔다. 현재는 대전 국립문화재연구소 수장고에 보관돼 있다. 서산 부석사는 '서주에 있는 사찰에 봉안하려고 이 불상을 제작했다'는 불상 결연문을 토대로 "왜구에게 약탈당한 불상인 만큼 원소유자인 우리에게 돌려줘야 한다"고 주장하며 소송을 제기했다.

2017년 1월 26일 1심은 여러 증거를 토대로 '왜구가 비정상적 방법으로 불상을 가져갔다고 보는 게 옳다'는 취지로 부석사 측 손을 들어줬으나, 국가를 대리해 소송을 맡은 검찰은 '불상과 결연문의 진위를 명백히 밝혀야 한다'며 항소했다.

▪ **유네스코** 협약이나 국제법에 따라 결정해야 할 것"이라고 덧붙였다.

부석사 측 반발, 판결은 대법원으로

▲ 고려시대 금동관음보살좌상

1심 이후 6년 만에 받아든 원고 패소 판결에 부석사 측은 즉각 반발했다. 부석사 측은 1심과 달리 원고 패소 결정을 내린 대전고법의 항소심 판결에 불복해 2월 10일 상고장을 제출했다.

부석사 전 주지인 원우 스님은 "용기 있는 대한민국 판사가 있었으면 어땠을까 하는 아쉬움이 남는다"면서 "이후 법적 절차는 변호사와 상의해 결정하겠다"고 말했다.

이 사건의 소유권 다툼 대상인 높이 50.5cm·무

POINT 세 줄 요약

❶ 일본에 있다가 절도범에 의해 국내로 들어온 고려시대 금동관음보살좌상(불상)에 대해 2심 법원이 일본에 돌려줘야 한다고 판결했다.

❷ 재판부는 "당시 부석사가 현재의 부석사와 동일한 종교단체라는 입증이 되지 않아 소유권을 인정하기 어렵다"고 밝혔다.

❸ 부석사 측은 2월 10일 원고 패소 결정을 내린 대전고법의 항소심 판결에 불복해 상고장을 제출했다.

연이은 논란 해인사
"심려 끼쳐 죄송"

▲ 해인사

주지스님 성추문 논란을 받고 있는 경남 합천 ▪**해인사**가 1월 20일 사과문 성격의 참회문을 발표했다. 해인사는 이날 "해인**총림**(叢林 : 선원·강원·율원 등을 모두 갖춘 사찰)과 불교계의 위상을 크게 추락시키는 일이 발생했다"며 "해인총림 사부대중은 모든 종도와 국민 앞에 진심으로 두 손 모아 합장하며 참회문을 올린다"고 전했다.

해인사는 1월 26일 대한불교조계종 총무원에 의견서도 전달했다. "방장 벽산 원각 스님은 금번 해인총림의 일로 총무원장 스님과 종단에 심려를 끼쳐드린 것에 대해 깊은 사과와 유감의 뜻을 먼저 전했다"고 밝혔다.

해인사는 주지를 맡았다가 최근 성추문 의혹이 불거진 현응 스님이 1월 12일 사직서를 제출했고, 1월 16일 해인총림 임회에서 현응 스님의 책임을 물어 ▪**산문출송**(계율을 위반한 승려를 절에서 내쫓는 것)의 징계를 결의했다. 이후 총림법에 따라 1월 17일 원타 스님을 후임 주지로 진우 스님에게 추천한 상황이다.

사찰 내 물리적 충돌까지 벌어지면서 논란이 확산하는 가운데 해인사는 "사직한 현응 스님 후임 주지 임명과 현응 스님에 대한 종단 차원의 징계 문제는 분리해서 처리돼야 종단과 불교계의 문제로까지 비화한 현재의 사태를 조기에 종식할 수 있다"고 했다. 진우 스님에게 현재 상황에 대한 도움을 요청한 해인사는 주지 임명과 관련한 법률자문의견서도 함께 전했다.

다만 조계종의 입장은 의견서와는 결이 다르다. 해인사의 문제가 단순히 사찰 내부뿐만 아니라 불교계 전체와 관련한 상황인 만큼 주지는 임면권자인 총무원장 스님이 임명하고 면직할 수 있는 사안이라는 것이다.

그러나 조계종 총무원은 절차상의 이유로 해인총림이 추천한 원타 스님을 반려했다. 조계종은 해인사의 새 주지로 조계종 교육원장인 혜일 스님을 임명했다고 2월 16일 밝혔다. 전 주지였던 현응 스님이 추문 논란으로 직무가 정지된 지 13일 만이다. 해인총림은 기존의 추천을 철회하고 전날 2월 15일 임회에서 혜일 스님을 만장일치로 추천했다. 혜일 스님은 총무원 기획실장, 문화부장 등 조계종 총무원 요직을 거쳤다.

▪ **해인사 (海印寺)**

▲해인사는 대한민국 경상남도 합천군 가야면 치인리 가야산 중턱에 있는 사찰로서 ▲양산 통도사(불보사찰) ▲순천 송광사(승보사찰)와 더불어 한국 삼보사찰[三寶寺刹 : 불(통도사)·법(해인사)·승(송광사)을 상징하는 불교 건축물]로 불린다. 해인사에 있는 팔만대장경은 세계기록유산으로 지정됐고 팔만대장경을 보관하는 장경판전은 세계문화유산으로 지정됐다. 대한불교 조계종 제12교구 본사로 150여 개의 말사(末寺)를 거느리고 있다. 불교의 삼보사찰 중 법보(法寶) 사찰로 유명하다.

■ 산문출송 (山門黜送)

산문출송이란 승려들이 큰 죄를 지었을 경우 승권(僧權)을 빼앗고 절에서 내쫓는 제도를 의미한다. 산문출송은 비구의 경우 4바라이(四波羅夷, 四重罪)를 범했을 때 적용되며, 비구니는 8바라이를 범했을 때 적용된다. 4바라이는 ▲음행하는 것 ▲사람을 죽이는 것 ▲훔치는 것 ▲큰 거짓말을 하는 것이며, 이것은 비구와 비구니에게 모두 해당된다.

비구니(여자 승려)는 이 네 가지에 좋지 못한 생각을 지닌 남자와 몸을 서로 비비는 것, 좋지 못한 생각을 지닌 남자와 여덟 가지 짓(八事)을 하는 것, 다른 비구니가 바라이죄를 범한 줄 알면서 숨겨 두는 것, 파계한 비구(남자 승려)를 따르는 것 등을 범할 때 산문출송하게 된다.

TBS 이사회, '서울시 지원 중단' 조례에 행정소송 결정

서울시가 TBS 지원을 중단하도록 한 조례를 통과시킨 데 대해 TBS 이사회가 ■**행정소송**을 하기로 했다. TBS 이사회는 지난 1월 12일 이사회를 열고 서울시의 TBS 지원 중단 조례에 대한 행정소송 여부를 표결한 결과 이사진 10명 가운데 7명이 동의해 소송을 제기하기로 했다고 1월 31일 밝혔다.

서울시는 지난해 11월 29일 '서울특별시 미디어재단 티비에스(TBS) 설립 및 운영에 관한 조례 폐지조례'를 통과시켰다. 이 조례에 따르면 TBS는 1년의 유예 기간을 거쳐 2024년 1월 1일부터 **전체 예산의 70%에 달하는 서울시 출연금 지원을 받지 못하게 된다.**

유선영 이사장은 이사회에서 "**행정소송은 90일 이내에 해야 한다는 시간적 제약**이 있다. 더는 미룰 수 없어 이사장의 권한에 따라 행정소송안건을 부의했다"며 "(TBS를 지원하는) 조례 폐지는 부당하고, 이에 법적 대응이 필요하다는 판단이 이사회의 입장"이라고 말했다.

서울시가 언급한 'TBS가 직면한 위기'는 오세훈 서울시장이 취임한 이후 촉발돼 TBS를 출연기관에서 퇴출하는 상황까지 치달았다. TBS 대표 프로그램 '김어준의 뉴스공장'을 진행하던 김어준 씨의 편파성을 비판한 오 시장은 'TBS 교육방송 전환' 구상을 꺼냈다. 지난해 지방선거 결과로 국민의힘이 장악한 서울시의회는 TBS 출연금 대폭 삭감, '지원 폐지' 조례안을 밀어붙였다.

방송 제작이 불가능할 정도로 출연금이 줄어든 TBS는 올해부터 김어준 씨 등 간판 진행자들이 모두 하차하고, 교통정보와 음악만 내보내고 있다.

■ 행정소송 (行政訴訟)

행정소송은 공법상의 권리에 관한 국민의 권리구제 차원에서 그 손실을 보상하기 위해 규정한 소송이다. 행정소송은 행정쟁송이라는 점에서 행정심판과 같지만, 위법성만을 쟁송으로 한다는 점과 법원에서 정식의 소송절차로 진행되어야 한다는 부분에서 행정심판과 구별된다. 행정소송은 법률에 특별한 규정이 없는 한 처분을 행한 행정청을 피고로 하여 제기한다.

"국내 미술 경매시장 24년간 1830배 성장"

지난 24년간 국내 미술품 경매시장이 1830배 성장한 것으로 나타났다. 사단법인 한국미술시가

감정협회와 아트프라이스가 IMF 외환위기(1998) 시기부터 코로나19(2022) 시대까지 국내 미술품 경매시장 추이를 분석한 결과 총 미술품 낙찰 총액이 약 2조5354억원으로 집계됐다. 출품 작품은 30만4846점, 낙찰 작품 19만4044점이다.

지난 24년간 국내 미술품 경매시장은 1998년 약 1억8000만원을 시작점으로 살펴볼 때, 고점은 2007년 약 1859억원, 2018년 약 2130억원, 2021년 약 3257억원의 변동 추이를 보였다. 반면 저점은 2009년 약 659억원, 2013년 약 724억원, 2020년 약 1163억원, 2022년 약 2361억원 등이다.

경매시장은 전 세계를 강타한 2019년 코로나19 사태에도 불구하고 빠른 속도로 회복세를 보였다는 점이 주목된다. 특히 2021년 4월 **고(故) 이건희 삼성그룹 회장이 평생 모은 미술품 2만 3000여 점을 공공기관에 기증한 이른바 '이건희 컬렉션 신드롬'**이 호재로 작용했다.

불황을 맞았던 이전과 가장 달라진 점으로 미술품 유통소비에 대한 인식의 긍정적인 변화와 수요층의 확대와 잠재고객 증가 등이 꼽힌다. 1998년부터 2022년까지 낙찰총액 기준 100순위 작가를 비교해 보면 수요층의 변화에 따른 작가

군 선호도 역시 크게 변화했음을 알 수 있다.

2022년 기준 낙찰총액 100순위를 분석해보면, 국내외 작가 포함 작고작가는 36명, 생존작가 64명으로 큰 차이를 보였다. 생존 작가 중에서도 국내 작가(35명)가 해외(29명)보다 많았다.

"미술시장 규모 1조 넘겼지만 올해 하락 예상"

한편, 문화체육관광부와 예술경영지원센터는 2023년 1월 4일 '2022년 미술시장 규모 및 추산 결과'라는 제목의 정책자료를 발표하면서 2022년 한국 미술시장 규모가 처음으로 1조원을 넘겨 총 1조377억원을 기록했다고 발표했다.

■**아트페어** 매출액이 3020억원을 기록한 것을 비롯해 화랑을 통한 직접 판매액이 5022억원, 경매를 통한 거래액이 2335억원에 달한 것으로 잠정 집계됐다. 예술경영지원센터는 아트페어의 폭발적 성장세가 미술시장을 견인한 원동력이라고 분석했다.

지난 2021년부터 불붙기 시작한 이른바 '아트페어 빅뱅'은 2022년 9월 세계 3대 아트페어의 하나인 영국 프리즈(Frieze)가 국내서 처음 열리면서 정점을 찍었다. 이에 힘입어 아트페어 매출은 지난 2021년 1889억원에서 2022년 3020억원으로 59.8% 급증했다.

그러나 시장에서는 정점을 찍은 2022년 6~7월 이후 국내 미술시장이 급속히 냉각되고 있다고 보고 있다. 글로벌 경기침체로 각종 지표가 나빠지면서 시장을 뜨겁게 달궜던 신규 고객의 진입이 일시에 멈췄다는 게 대체적인 분석이다.

■ **아트페어 (Art fair)**

아트페어는 여러 갤러리가 연합하여 미술품을 전시. 판매하는 행사이다. 갤러리들이 그 해의 트렌드를 반영하여 개최하는 아트페어는 일종의 견본 시장으로 1913년 뉴욕의 아모리 전시회를 최초의 아트페어로 여긴다.

현대적 아트페어는 1967년 독일의 쾰른에서 열린 아트 쾰른을 시초로 전 세계 160여 개 나라에서 해마다 열리고 있다. 미술시장에서 기존의 아트페어로는 스위스 바젤. 미국 마이애미 등이 중심으로 운영되었으나 2000년 이후 비약적으로 확대되었다. 런던의 프리즈 아트페어. 뉴욕의 아모리 쇼. 중국 상하이와 베이징의 아트페어와 같은 큰 규모의 아트페어들이 운영되고 있다.

넷플릭스 계정공유 금지 '공식화'... "같이 안 살면 금지 대상"

글로벌 OTT(온라인동영상서비스) ■**넷플릭스**가 가구 구성원 외 타인 간 계정공유 금지를 공식화했다. 2월 1일 업계에 따르면 넷플릭스는 최근 자사 고객센터 홈페이지를 통해 앞으로 가구 구성원 외 타인 간 계정 공유에 대해 금지한다고 안내했다.

자세한 내용을 살펴보면, **계정 소유자와 함께 거주하지 않는 이용자는 모두 금지** 대상에 해당한

다. 한 가구에 거주하는지는 계정 소유자가 로그인한 디바이스의 IP 주소와 디바이스 ID 및 계정 활동과 같은 정보 등에 의해 판별된다.

계정 소유자의 거주지와 다른 주소에서 로그인을 시도하는 경우 '디바이스 인증' 절차가 요구된다. 계정 소유자의 이메일 주소 혹은 전화번호로 넷플릭스가 링크를 전송, 이용자는 15분 이내에 해당 링크로 접속해 4자리 인증 코드를 입력해야 한다.

계정 소유자의 경우 거주지를 이탈해도 별도의 디바이스 인증 절차가 요구되지 않는다. 하지만 장기간 외부에서 머무는 경우, 디바이스를 인증하라는 메시지가 종종 표시될 수 있다는 것이 넷플릭스 측의 설명이다.

이 가운데 넷플릭스는 수수료를 받고 타인에게도 계정을 공유할 수 있도록 할 것이 유력하다. 넷플릭스는 이미 지난해 칠레와 코스타리카, 페루 등에서 가족 외 타인과 계정을 공유하는 경우 추가 요금을 지불하도록 하는 테스트 기능을 도입해 이용자가 약 3000원의 수수료를 내고 최대 2개의 하위 계정을 추가할 수 있도록 했다.

한편 넷플릭스는 서비스 약관상 가족 외 타인 간 계정 공유 행위를 금지해왔으나, 이를 묵인해왔다는 입장이다. 하지만 최근 대규모 가입자 이탈로 수익성이 악화하자, 계정 공유를 막아 수익모델을 개선하겠다는 계획을 밝혔다.

넷플릭스 가입자 2억2300만 명 가운데 현재 계정을 공유하고 있는 가입자는 1억 명이 넘을 것으로 추정되는 가운데, 미국 투자은행 코웬앤코

(Cowen&Co.)의 보고서에 따르면 넷플릭스가 가족 외 타인 간 계정 공유금지를 하는 경우 최소 16억달러(약 1조9536억원)를 더 벌어들일 수 있을 것으로 봤다.

■ 넷플릭스 (Netflix)
넷플릭스란 인터넷 등을 통해 영화나 드라마를 볼 수 있는 미국의 온라인 동영상 스트리밍 서비스(OTT) 회사를 말한다. 넷플릭스는 1997년 비디오와 DVD를 우편·택배로 배달하는 서비스로 시작하다가, 2007년부터 온라인 스트리밍 서비스를 시작했다. 넷플릭스는 월 사용료를 지불하면 영화나 드라마 등을 볼 수 있는 방식을 채택하고 있다. 2013년 넷플릭스 자체 드라마 '하우스 오브 카드'의 흥행으로 사업이 확장됐으며, 오늘날 세계 최대 유료 동영상 스트리밍 서비스로 자리잡았다.

"그래미 어워즈" 수상 올해도 좌절 BTS

▲ 방탄소년단(BTS)

그룹 방탄소년단(BTS)이 결국 미국 최고 권위의 시상식 ■ **그래미 어워즈**의 높은 벽을 넘지 못했다. 후보에 오른 3개 부문에서 모두 수상이 불발돼 아쉬움을 자아냈다.

2월 6일(현지시간) 제65회 그래미 어워즈가 미국 로스앤젤레스 크립토닷컴 아레나에서 개최됐다. 이날 방탄소년단은 베스트 뮤직비디오 부문에 이

어 팝 듀오/그룹 퍼포먼스 부문에서도 수상이 불발됐다. 올해의 앨범상 후보로 오른 콜드플레이의 '뮤직 오브 더 스피어스'를 통해 후보 자격을 얻었으나 이마저도 수상에는 실패했다.

먼저 방탄소년단은 콜드플레이와 함께한 '마이 유니버스'로 '베스트 팝 듀오/그룹 퍼포먼스' 후보로 올라 아바 '돈트 셧 미 다운', 카밀라 카베요-에드 시런의 '뱀뱀', 포스트 말론과 도자 캣의 '아이 라이크 유(어 해피어 송)', 샘 스미스와 킴 페트라스의 '언홀리' 등과 경합을 펼쳤다. 이날 트로피는 '언홀리'에 돌아갔다.

또한 '옛 투 컴'으로 베스트 뮤직비디오 부문 후보에도 올랐으나 트로피는 테일러 스위프트의 '올 투 웰'에게로 돌아갔다. 콜드플레이와의 협업곡 '마이 유니버스' 등이 수록된 앨범 '뮤직 오브 더 스피어스'로 4대 본상 '제너럴 필즈' 가운데 하나인 올해의 앨범상 후보에도 올랐으나 수상에는 실패했다. 이 부문의 수상자는 해리 스타일스에게로 돌아갔다.

그럼에도 **방탄소년단은 K팝 가수 최초 3년 연속 그래미 후보 지명, 3개 부문 노미네이트**라는 새 역사를 썼다. 미국 레코드 예술과학아카데미(NARAS)에서 주최하는 대중음악 최고 권위 시상식인 그래미 어워즈는 미국 현지에서 활동하는 가수들에게도 유난히 벽이 높은 시상식으로 유명하다.

각 멤버들의 솔로 활동과 '군백기(군대+공백기)'를 보내고 있는 방탄소년단이 그래미 수상의 기회를 얻게 될 날은 이들이 완전체로 돌아올 2025년 이후가 될 것으로 보인다.

■ 그래미 어워즈 (Grammy Awards)

그래미 어워즈는 축음기란 뜻의 '그래머폰(Gramophone)'에서 비롯된 말로, 전미국레코드예술과학아카데미(NARAS)에서 주최하는 음악 시상식이다. 미국 음악 산업계에 뛰어난 업적을 남긴 예술가들을 축하하고 산업의 진흥과 지원을 목적으로 시작됐다. 아티스트 측이 원하는 분야에 후보로 제출하면, 시상식을 주최하는 레코딩 아카데미 회원 사이의 1차 비밀투표와 최종 비밀 투표를 진행해 최종 수상작을 결정하는 구조다. 그래미 어워즈는 총 80개가 넘는 부문을 시상하며, 구체적인 트로피 개수는 매년 바뀐다. 이 가운데 그래미 어워즈의 4대 본상은 '올해의 앨범', '올해의 레코드', '올해의 노래', '신인상'이 해당하며 해당 부문을 수상한 아티스트가 가장 주목을 받는다.

장제원 아들 "전두환 시대였다면 바로 지하실" 논란에 SNS 폐쇄

▲ 래퍼 노엘 (glitched_company 인스타그램 캡처)

국민의힘 장제원 의원의 아들인 래퍼 노엘(본명 : 장용준·23세)이 1월 16일 자작 랩 가사 논란을 일으키며 자신의 SNS 계정을 폐쇄했다.

가요계에 따르면 최근 노엘은 지난 1월 13일 **음원 공유 플랫폼 사운드 클라우드**에 '강강강?'이라는 곡을 공개했다. 이 노래에는 '전두환 시대였다면 네가 나 건드리면 가지 바로 지하실'이라는 가사가 등장해 논란이 일었다.

진중권 광운대 교수는 이날 페이스북에 노엘의 가사 논란을 다룬 기사의 링크를 공유하며 "'실은 울 아빠가 이 나라 대통령이야, 전두환 시절이었으면 너희들 다 죽었어' 뭐, 이런 얘기"라고 지적하기도 했다.

'강강강?'은 또 다른 래퍼 플리키뱅(이재학)이 노엘을 저격한 곡 'SMOKE NOEL'에 대해 노엘이 맞대응한 이른바 **■ 디스**곡'이다. 다만 해당 노래에서 '전두환 시대'를 언급하면서 민주주의를 폄훼한다는 비판이 제기됐다.

무면허 운전, 경찰에게 폭언 등을 한 혐의로 실형을 살다 나온 노엘은 지난 1월 3일 인스타그램에 공개한 신곡 가사를 두고 기초적인 문해력이 떨어진다는 지적을 받기도 했다. 'Like you'라는 곡의 가사 일부에는 '하루 이틀 삼일 사흘 일주일이 지나가'라고 적었는데 이는 사흘과 나흘을 혼동한 것으로 보인다.

■ 디스 (diss)

디스(diss)는 '존중하지 않는다' 는 뜻의 단어 'disrespect'에서 따온 말로서, 힙합계에서 경쟁자나 타 그룹, 사람 혹은 사회 현상 등을 랩을 통해 폄하하거나 비판하는 것을 의미한다. 최근에는 스스로를 디스하며 희화화한다는 의미로 셀프(self) 디스라는 말도 유행하고 있다.
힙합계에서 디스는 '게임' 혹은 '문화'처럼 여겨지며 래퍼들 간의 실력을 경쟁하며 음악 수준을 높일 기회가 되기도 한다. 하지만 디스 문화가 '노이즈 마케팅'의 일환으로 변질되고 있다는 부정적 시각도 있다.

분야별 최신상식

과학 IT

애플 "애플페이 한국 출시" 공식 발표

■ NFC (Near Field Com-munication)

NFC(근거리무선통신)이란 무선태그(RFID) 기술 중 하나로 13.56MHz 대역의 주파수를 이용해 10cm 이내의 가까운 거리에서 다양한 무선 데이터를 주고받는 비접촉식 통신 기술이다. 통신거리가 짧아 상대적으로 보안이 우수하고 정보 이용자를 확실하게 파악할 수 있어 맞춤형 서비스를 제공하기 용이하다. 스마트폰에 NFC 기술이 탑재되면서 지갑을 가지고 다니지 않아도 스마트폰 하나만으로도 신용카드, 교통카드, 쿠폰 등 다양한 서비스를 이용할 수 있게 됐다.

삼성페이 독점 깨지나

애플이 근거리무선통신(■NFC) 결제 서비스 '애플페이'의 한국 출시를 2월 8일 공식 확인했다. 애플은 이날 이메일 공지를 통해 한국에서의 애플페이 출시를 발표했다. 이로써 국내 아이폰 이용자들도 애플페이 서비스를 이용할 수 있게 됐다. **사실상 삼성페이 독점 체제였던 휴대전화 단말기를 활용한 결제 서비스에 경쟁 구도**가 형성됐다.

애플페이 서비스가 시행되는 구체적인 시기는 확정되지 않았지만, 업계에서는 3월 초가 유력하다고 전망한다. 본격적인 서비스는 애플페이 결제에 필요한 NFC 단말기를 갖춘 곳부터 시작될 것으로 보인다.

앞서 금융위원회는 2월 3일 애플페이의 국내 서비스가 가능하다는 해석을 내렸다. 지난해 10월 말 금융감독원이 애플페이 약관심사를 마무리하며 시장에선 이르면 지난해 말 서비스가 개시될 것이란 전망이 나왔다. 하지만 금감원의 약관 심사와 별개로 금융위가 추가적인 검토가 필요하단 입장을 밝히면서 애플페이의 국내 상륙이 미뤄졌다.

삼성페이의 점유율을 넘기는 게 힘들 것이란 분석도 나온다. 이미 보편화된 결제 수단이 있는 상황에서 애플페이 도입이 스마트폰을 바꾸기 위한 큰 동기 부여가 되기 어렵고, 현대카드를 발급받으면서까지 애플페이를 사용하려는 사람들은 많지 않을 것이라는 분석이다.

수수료 문제도 난관이다. 애플페이는 미국에서 결제 건당 0.15% 수준의 별도 수수료를 카드사나 은행에 부과한다. 반면 삼성페이는 별도의 수수료를 부과하지 않는다.

애플페이 국내 초기 정착 "사실상 어렵다"

2014년 출시된 애플페이는 전 세계 74개국 약 5억 명의 사용자를 확보한 간편 결제 서비스다. 애플은 애플페이를 한국에 도입하기 위해 2015년부터 협상을 벌였지만 그때마다 NFC 단말기 보급, 카드 결제 수수료, 해외 결제 승인 및 처리 등의 문제에 부딪혔다.

결국 금융 당국이 애플페이의 국내 서비스가 가능하다는 해석을 내리며 애플페이의 국내 상륙이 확실시됐다. 현대카드는 '독점 계약'은 포기했지만 애플과 1년 독점 계약으로 애플페이의 단독 국내 출시를 성사시켰다.

그럼에도 애플페이가 국내에 정착하는 데 결제방식은 걸림돌로 남는다. **애플페이의 NFC 결제방식은 한국에서 현재 널리 쓰이지 않아 급속히 확산되기가 쉽지 않아 보인다.** 현재 한국의 가맹점 중 NFC 단말기의 보급률은 10% 미만이다. 만약 가맹점이 애플페이 결제를 지원하려면 NFC 결제를 지원하는 단말기를 새로 설치해야 한다.

➕ 애플페이와 삼성페이의 차이점은?

애플페이와 삼성페이는 둘 다 비접촉 간편결제 서비스지만 이용하는 기술이 서로 다르다. 애플페이는 NFC 방식만 지원하는 반면, 삼성페이는 NFC 방식과 MST(Magnetic Secure Transmission·마그네틱보안전송) 방식을 모두 지원한다. 삼성페이의 MST 방식은 마그네틱 카드를 긁어서 결제하는 기존 단말기에서도 비접촉 결제가 가능하다. 반면 애플페이는 EMV(Europay Mastercard Visa) 규격을 채택해 오프라인 결제를 위해 NFC 단말기를 반드시 필요로 한다. EMV는 비자, 마스터카드, 유로페이 등 글로벌 신용카드사들이 모여 수립한 결제 표준이다. 애플페이, 구글페이, 글로벌 버전 삼성페이도 EMV Contactless(EMV 비접촉결제) 방식을 사용하고 있다.

POINT   세 줄 요약

❶ 애플페이의 국내 상륙이 본격화됐다.

❷ 현대카드는 애플과 1년 독점 계약으로 애플페이의 단독 국내 출시를 성사시켰다.

❸ NFC 결제 방식, 수수료 문제 등으로 애플페이의 국내 정착이 쉽지 않을 것이란 전망이 나온다.

삼성전자, 갤럭시S23 공개... 발열 문제 개선 해법 제시

▲ 갤럭시23 시리즈 (자료 : 삼성전자)

삼성전자가 최신 스마트폰 갤럭시S23 개발·제조 과정에서 전작에 불거졌던 발열 문제를 개선하는데 주력했다. 2월 2일 삼성전자와 통신용 반도체 전문회사 퀄컴에 따르면 신제품 갤럭시S23 시리즈 전 제품에 퀄컴의 프리미엄 갤럭시용 스냅드래곤8 2세대 모바일 플랫폼이 탑재됐다.

스냅드래곤8 2세대는 퀄컴이 만든 **스마트폰의 두뇌 역할을 하는 애플리케이션 프로세서**(AP)로, 전력 효율을 최대 40% 향상하는 등 발열 문제를 개선했다. 더 커진 베이퍼 챔버도 S23 시리즈 전 모델에 탑재됐다. **베이퍼 챔버는 기기 내부의 열을 빠르게 분산시키는 부품**으로 고사양 게임을 장시간 구동해도 발열을 조절한다.

이처럼 삼성전자가 새 AP와 커진 베이퍼 챔버를 S23의 모든 라인에 적용한 것은 지난해 S22 시리즈에서 제기됐던 발열 이슈와 발열을 막고자 추가했던 게임최적화서비스(**▪GOS**) 기능이 야기한 논란을 막겠다는 의지로 해석된다.

지난해 삼성전자는 갤럭시S22에 GOS 기능을 포함하고 활성화를 강제했으나 소비자에게 이를 제대로 알리지 않았다는 논란으로 홍역을 치렀다. GOS는 고성능 연산이 필요한 게임 등을 실행할 경우 GPU 성능을 조절해 화면 해상도를 낮추는 등 성능을 인위적으로 낮추고 연산 부담을 줄여 스마트폰 과열을 막는 기능이다.

하지만 GOS 기능 탓에 갤럭시S22 이용자는 게임 등을 실행할 때 제한된 성능 환경을 느낄 수밖에 없었다. GOS가 강제로 활성화됐다는 사실을 뒤늦게 안 고성능 지향 이용자들은 불만을 터뜨렸고, 이는 소비자 집단 소송으로까지 이어졌다.

이에 삼성전자는 공식으로 사과하고, 업데이트를 통해 이용자가 원하면 GOS를 끄도록 하는 조치를 내놨다. 이러한 문제들의 근원적 발단으로 지적된 AP 개선을 위해 삼성전자는 MX(모바일 경험) 사업부 내에 'AP 솔루션 개발팀'을 신설하는 등 갤럭시 전용 칩 개발에 나섰다.

한편 통신 3사는 2월 7일부터 13일까지 갤럭시S23 시리즈 사전예약에 돌입했다. **갤럭시S23은 삼성전자가 역대 갤럭시S 시리즈 중 최고라고 자부한 새 플래그십 스마트폰이다.** 2억 화소 카메라를 갖춘 울트라 모델에 관심이 집중된 가운데 전작의 2배 웃도는 사전예약 판매량으로 흥행 가도를 달리고 있다.

▪ GOS (Game Optimizing Service)

GOS(게임최적화서비스)란 고성능 게임 등 스마트폰의 높은 컴퓨팅 자원을 요하는 서비스를 안정적으로 제공하기 위해 삼성전자 갤럭시 시리즈 스마트폰에 탑재한 시스템 소프트웨어(SW)이다. 스마트폰의 발열을 관리하는 방식에는 SW를 활용해 일부 발열에 영향을 주는 일부 성능을 제한하는 것과 방열판과 냉각제 등 하드웨어(HW)를 활용하는 방식이 있다. GOS는 SW에 해당하는 방식으로, 게임 앱 해상도를 비롯한 초당 프레임 수, 화면 밝기, 그래픽 품질, 연산장치(CPU), 그래픽 처리 장치 성능 등을 조정해 발열을 해소한다.

정부, LG유플러스 접속 오류 '디도스 공격'으로 결론

정부가 최근 잇달아 발생한 LG유플러스 인터넷 접속 오류가 해커 집단의 **디도스(DDoS·분산 서비스 거부 공격)** 공격 때문이라고 결론을 내렸다. 2월 6일 과학기술정보통신부는 '특별조사점검단'을 주축으로 점검 회의를 개최하는 등 추가 피해를 방지하기 위한 대응에 나섰다.

LG유플러스는 지난 2월 4일 디도스 공격 추정으로 인한 일시적인 네트워크 접속 오류가 발생했으며 긴급 조치를 통해 복구가 완료됐다고 공지했다. 이날 오후 5시경부터 약 59분 동안 일부 지역에 2차례 인터넷 접속 오류가 발생했으며 이에 앞서 지난 1월 29일에도 새벽부터 총 3차례 약 63분간 오류가 발생했다.

과기정통부는 해커 집단이 새로운 유형의 공격을 시도하고 공격 유형을 실시간으로 변경하는 과정에서 방어 체계가 뚫려 접속 오류가 발생한 것으로 보고 있다. 당시 다른 통신사 등으로부터 신고된 피해 사례는 없었다.

이번 오류로 LG유플러스 유선인터넷망을 전용회선으로 사용하는 PC방 등 자영업자들과 초고속인터넷 사용자들이 적잖은 피해를 입었다. 또한 2021년 기준 정보보호 공시에 따르면 LG유플러스의 정보보호 투자금액과 인력은 KT와는 3배 이상 차이가 나 **LG유플러스의 부실한 정보보호 체계와 시스템이 연쇄적인 디도스 공격을 자초했다**는 비판도 나오고 있다.

LG유플러스는 올해 들어 이용자 정보 유출 사고도 많이 일으켰다. LG유플러스가 2월 14일까지 파악한 개인정보 유출 피해자는 모두 29만 명이다. 중복 유출 등으로 피해 건수는 59만 건으로 파악된다. **개인정보보호위원회**는 LG유플러스 관련 조사관을 더 늘리는 등 정확한 유출 규모와 경위를 파악할 예정이다. 개인정보보호법 위반 시 과태료·과징금 등 행정 처분을 내릴 계획이다.

■ 디도스 (DDoS, Distributed Denial of Service)
디도스(DDoS)는 여러 대의 공격자를 분산 배치해 동시 동작하게 하여 특정 사이트를 공격하는 해킹 방식 중 하나로 '분산 서비스 거부 공격'이라고 한다. 공격 목표 사이트의 컴퓨터 시스템이 감당할 수 없는 엄청난 분량의 패킷을 보내 네트워크 성능을 저하하거나 시스템을 마비시키는 수법이다.

■ 개인정보보호위원회 (個人情報保護委員會)
개인정보보호위원회는 개인정보 처리 및 보호 정책을 심의·의결하는 국무총리 소속 합의제 행정기관이다. 2011년 12월 정식으로 출범했으며 매 3년마다 개인정보보호기본계획을 수립하고 이에 따른 정부의 시행계획을 매년 심의·의결한다. 또한 매년 개인정보 보호시책의 수립 및 시행에 관한 보고서를 작성하여 국회에 제출한다. 위원장과 부위원장은 국무총리 제청으로 대통령이 임명한다.

"中, 美 제재로 반도체 기술 수십 년 뒤처질 것"

미국의 견제로 중국의 반도체 기술 수준이 수십 년 뒤처질 수 있다는 분석이 나왔다. 홍콩 사우스차이나모닝포스트(SCMP) 신문은 2월 5일(현지시간) 중국이 최신 반도체 칩 제조 기술을 손에 넣지 못하도록 미국이 밀어붙인다며 중국의 반도체 산업 경쟁력을 우려했다.

홍콩 SCMP는 "지난주 네덜란드·일본이 미국과 함께 중국의 특정 첨단 반도체 제조 장비에 대한 접근을 제한하기로 합의하면서 중국의 희망을 없애버렸다"며 "외국 기술이 없으면 중국이 잃어버린 반도체 기반을 되찾는 데 최소 20년이 걸릴 수 있다"고 전했다.

칩4를 중심으로 '반도체 블록 경제'를 선언한 미국 행정부는 지난해 10월 중국이 첨단 반도체를 군사적으로 이용하는 것을 막겠다며 ▲18nm(나노미터) 이하 D램 ▲128단 이상 낸드플래시 ▲14nm 이하 로직 칩을 생산하는 중국 기업에 반도체 장비를 수출하는 것을 통제했다.

그러면서 최근 세계 5대 반도체 장비 업체가 있

는 일본과 네덜란드에 동참을 요구한 것이다. 네덜란드 반도체 장비 회사 ASML의 최첨단 극자외선(EUV) 노광 장비 수출을 이미 금지한 데 이어 일부 심자외선(DUV) 노광 장비도 제한할 것으로 보인다.

지난 2020년 미국이 본격적으로 중국 반도체 산업 규제에 나선 이후로 중국은 이른바 비(非) 미국산 반도체 공급자들에게 눈을 돌렸다. 대표적인 곳이 네덜란드와 일본이었다. 하지만 미국이 압력을 넣으며 중국은 네덜란드와 일본 무역까지 막혀 첨단 반도체를 구하거나 자체 생산 능력을 확보하기 매우 어려워졌다. 중국은 미국에 맞서 공급망을 보호하고 무역을 개방할 것을 일본과 네덜란드에 촉구했다.

■ 칩4 (Chip4)

칩4란 미국 주도 한국, 대만, 일본 4개국이 반도체 공급망의 주도권을 잡기위해 추진 중인 동맹이다. 미국식으로 '팹4(Fab4)'라고도 한다. 미국은 인텔, 퀄컴, 엔비디아 등 팹리스, 대만과 한국은 각각 TSMC, 삼성전자가 파운드리 분야에서 시장을 주도하고 있으며 일본은 반도체 소재 분야에서 큰 비중을 차지하고 있다. 중국을 견제하고 동맹국들과 함께 안정적인 반도체 공급망을 형성하는 것이 목적이다. 미국으로선 칩4 동맹이 결성돼 잘 유지된다면 중국의 반도체 산업을 견제할 수 있을 것으로 기대한다.

➕ 반도체 EUV 공정이란?

반도체 산업에서 EUV 공정이란 반도체를 만드는 데 있어 중요한 과정인 포토공정에서 극자외선 파장의 광원을 사용하는 리소그래피(extreme ultraviolet lithography) 기술 또는 이를 활용한 제조공정을 말한다.
반도체 칩을 생산할 때 웨이퍼(wafer)라는 실리콘 기반의 원판, 즉 둥근 디스크는 감광물질로 코팅이 되고, 스캐너라고 하는 포토공정 설비로 들어가게 된다. 이 설비 안에서 회로 패턴을 새겨 넣기 위해 레이저 광원을 웨이퍼에 투사하는 노광(photolithography) 작업을 진행한다.

EUV 공정은 이러한 노광 단계를 극자외선 파장을 가진 광원을 활용해 진행하는 것을 말한다. 반도체 칩 제조 분야에선 웨이퍼 위에 극도로 미세한 회로를 새겨 넣는 것이 필수다. 그래야만 트랜지스터와 콘덴서 등 소자들을 지름 300mm의 제한된 웨이퍼 공간에 더 많이 집적하고, 성능과 전력효율 또한 높일 수 있기 때문이다. 그뿐만 아니라 기존엔 미세회로를 만들기 위해 수차례 노광 공정을 반복해야 했지만, EUV 장비는 공정 단계를 줄일 수 있어 생산성도 획기적으로 높일 수 있게 될 전망이다.

'게임 아이템 확률공개' 내년 의무화 전망...쟁점은 표시 방법

국회 상임위 문턱을 넘은 '■확률형 아이템 정보공개 의무화' 법안이 이르면 내년 시행을 앞두면서 조만간 시작될 시행령 논의에 게임 업계가 촉각을 곤두세우고 있다. 국회 문화체육관광위원회는 1월 31일 오후 전체 회의를 열고, 전날 법안소위를 통과한 게임산업진흥에 관한 법률(게임산업법) 개정안을 가결했다.

개정안은 본회의 통과 시점에서 1년 유예기간을 뒀다. 개정안이 법제사법위원회 심사를 거쳐 올

해 안에 본회의를 통과할 경우, 확률형 아이템 정보 공개는 내년부터 의무화될 전망이다.

개정안은 게임물을 제작·배급·제공하는 주체가 확률형 아이템 종류와 확률을 게임물과 홈페이지, 광고·선전물에 표시하도록 했다.

그러나 확률 표시 대상 게임물의 범위, 표시 방법 등 구체적인 내용은 게임산업법 시행령에 위임하도록 해 향후 문화체육관광부가 주도할 시행령 개정 논의 과정에서 진통이 예상된다.

시행령 논의의 핵심 쟁점은 '광고·선전물'에 확률 정보를 어떻게 표시할지다. 게임 내부나 홈페이지를 통한 아이템 확률 공개는 지금도 자율규제를 통해 활발히 이뤄지고 있지만, 광고에 구체적인 확률을 표시하는 경우는 국내는 물론 해외 게임업계를 통틀어도 찾아보기 어렵기 때문이다.

확률 공개 없이 국내 앱 마켓을 통해 게임을 서비스하고 있는 해외 게임사에 어떻게 강제할 수 있을지도 관건이다. 한국게임정책자율기구(GSOK)가 국회에 제출한 자료에 따르면 확률형 아이템 자율규제 준수율은 지난 10월 기준 국내 업체 99.1%, 해외 업체 56.6%로 나타났다.

게임사가 법령에 따라 공시한 확률 정보를 어떤 주체가 감시하는가도 관건이다. 개정안은 게임사가 확률 정보를 표시하지 않거나 거짓으로 표시할 경우 문체부가 시정 권고 및 시정명령을 내릴 수 있도록 했는데, 이를 잘 지키고 있는지 검증할 기관은 명시돼있지 않아 시행령을 통해 보완해야 할 전망이다.

■ 확률형 아이템

확률형 아이템은 게임 아이템의 일종으로, 게임 내부에서 특정 캐릭터나 무기 등을 정가에 판매하는 대신 뽑기 방식으로 판매하는 아이템을 말한다. 확률형 아이템은 유저들로 하여금 원하는 게임 아이템이 나올 때까지 반복해서 구매하도록 유도하고, 사행성을 조장한다는 문제점을 갖고 있다. 이에 2015년 7월부터 한국게임산업협회(K-GAMES)에 가입한 게임 회사들은 자율적으로 확률형 아이템 규제를 시행해 오고 있다.

적군 드론에 전자파 쏴 떨어뜨린다

▲ 협대역 전자기파 안티드론 기술의 시연 장면 (자료 : KAIST)

12월 26일 북한의 무인기가 서울 도심을 비행해 파문을 일으킨 가운데 국내 연구진이 **다른 전자·전기 장치에는 영향을 주지 않아 도심시설에 피해를 최소화하면서도 적 드론을 저격할 수 있는** ■<u>안티드론</u> 기술을 개발했다고 1월 31일 밝혔다.

한국과학기술원(KAIST) 전기및전자공학부 김용대 교수팀이 개발한 안티드론 기술은 좁은 대역의 전자기파를 원격에서 드론의 회로에 주입해 드론을 즉각적으로 무력화한다. 연구진은 실내 전자파 차폐 시설을 이용해 10m 거리에서 호버링 비행 중인 드론을 즉각적으로 추락시켰다.

연구진은 드론 제조사의 제어 유닛 보드가 전자파 주입에 따른 민감도가 다르다는 것을 이용해 드론 제조사별 수집된 민감도를 극대화한 주파수를 분석했다. 이를 통해 특정 드론에만 영향을 주는 주파수를 활용한 협대역 전자기파 안티드론 기술을 개발했다.

기존 안티드론 기술에서는 광대역 전자기파를 쓰는데 광대역 전자기파는 드론뿐만 아니라 주변의 전자·전기 장치에도 영향을 주기 때문에 도심에서 쓰기 어렵다는 문제가 있었다. 이번 기술에선 이를 보완했다.

이번 개발로 같은 제어 유닛 보드를 사용하는 드론들을 이용한 군집 드론 공격 시 이들 드론을 동시에 추락시킬 수도 있게 됐다. 아군과 적군의 드론이 함께 비행할 때 아군의 드론에는 영향을 주지 않으면서 적군의 드론을 모두 격추할 수도 있다. 한편, 이번 연구결과는 보안최우수학회 중 하나인 '네트워크 및 분산 시스템 보안(NDSS)' 심포지엄 2023에 채택됐다.

■ 안티드론 (anti-drone)

안티드론이란 사생활 침해, 테러 등 범죄 수단으로 이용되고 있는 드론을 무력화하는 기술을 말한다. 안티드론 기술의 핵심은 드론을 '탐지해 식별하고 무력화'하는 3단계로 구성된다. 드론을 이용한 범죄 및 테러가 빈번하게 발생하면서 미확인 드론을 탐지·추적해 무력화하는 안티드론 산업의 필요성이 커지고 있다.

中 해킹그룹,
국내 12개 학술기관 해킹

대한건설정책연구원을 해킹한 중국 사이버 공격

조직이 국내 학회 홈페이지를 추가로 공격한 것이 확인됐다. 당시 해킹 공격을 당한 홈페이지는 메인 화면이 바뀌었거나 접속이 불가능했다.

1월 25일 보안 업계 등에 따르면, 중국 해킹 조직은 1월 24일 우리말학회 등 국내 학회 11곳에 홈페이지 변조(■디페이스) 사이버 공격을 감행했다. 1월 22일 사이버 공격을 당한 대한건설정책연구원을 포함하면 일주일 사이 총 12개 기관이 해킹 피해를 보았다.

이 해킹 조직은 관련 내용을 '샤오치잉(Xiaoqiying)'이라는 이름의 텔레그램 채널에 게시했다. 해당 조직은 1월 7일 한국을 대상으로 하는 장기 데이터 유출 작전을 펼치겠다고 선전포고 한 뒤 1월 20일부터 본격적인 공격을 이어가고 있다.

이번 공격의 최초 인지는 대한건설정책연구원이었다. 해킹 조직은 대한건설정책연구원 웹사이트의 관리자 권한을 탈취한 뒤 자신들의 로고가 팝업창으로 나타나도록 화면 변조 공격을 했다. 또 기관 소속 직원의 이름과 연락처, 또 타 기관·기업 관계자의 이름과 기업명, 직책, 이메일 등도 유출했다.

이들은 대한건설정책연구원 홈페이지에 "우리는

계속해서 한국의 공공 네트워크와 정부 네트워크를 해킹할 것이고, 우리의 다음 조치를 기대하며, 우리는 광범위한 범위의 한국 내부 네트워크를 해킹할 것"이라는 메시지를 남겼다.

이후 해킹 조직은 ▲우리말학회 ▲한국교원대학교 유아교육연구소 ▲제주대학교 교육과학연구소 ▲한국학부모학회 ▲한국고고학회 ▲한국보건기초의학회 ▲한국사회과수업학회 ▲한국동서정신과학회 ▲한국시각장애교육재활학회 ▲한국교육원리학회▲대한구순개열학회 등 11개 기관을 추가 해킹했다.

샤오치잉의 해킹 이유에 대해서는 정확히 밝혀지지 않았으나 **한국에 나쁜 감정을 지닌 해커들이 과시용으로 사이버 공격을 감행한 것으로 추정**되고 있다.

해당 조직은 한국인터넷진흥원(KISA)을 비롯해 국내 정부 기관과 언론사 등 2000여 곳을 다음 타깃으로 지목한 상황이다. KISA는 해킹을 당한 단체들에 보안 위협 상황을 전달했다.

■ 디페이스(deface) 공격
디페이스 공격이란 해킹에서 해커가 홈페이지를 마음대로 바꾸고 해킹을 성공했음을 알리는 공격 형태이다. '화면 변조' 공격이라고도 부른다. 디페이스(deface)란 '외관을 훼손하다'는 뜻이다. 디페이스 공격은 주로 정치적 메시지를 전달하거나. 해킹을 성공했다는 실력 과시용으로 활용된다.

하이브, SM 전격 인수...
엔터 시장 '지각변동'

■ SM엔터테인먼트 (SM Entertainment)

SM엔터테인먼트는 가수 겸 방송 진행자 출신인 이수만이 1995년 설립한 연예기획사다. 이수만은 회사 설립 이후 27년간 SM 총괄 프로듀서를 맡았다. SM은 H.O.T를 필두로 신화, S.E.S, 동방신기, 보아, 소녀시대, 엑소 등 내로라하는 케이팝 스타를 배출한 국내 대표 연예기획사로 꼽혔으나 2010년대 후반부터 하이브의 BTS와 JYP의 트와이스를 필두로 한 3세대 아이돌 시장이 열리면서 업계 3위로 밀려났다.

'이수만 퇴진' 두고 SM 내분

■ **SM엔터테인먼트**가 '케이팝 대부'로 불리는 설립자 이수만 대주주의 퇴진을 두고 내분을 겪었다. SM에 17년간 몸담은 가수 겸 배우 김민종이 공개적으로 사측을 비판하고 나섰고, 이에 맞서 회사의 프로듀싱 개편안을 옹호하는 직원들의 목소리도 커졌다.

2월 6일 가요계에 따르면 김민종은 전날 SM 모든 직원에게 이메일을 보내 '이수만 프로듀싱 종료'를 골자로 2월 3일 이뤄진 사측의 'SM 3.0' 비전 발표를 맹비난했다. 김민종은 '이성수·탁영준 공동대표가 이수만과의 모든 대화를 두절하고, 내부와는 어떤 상의도 없이 일방적인 발표와 작별을 고했다'고 주장했다.

이성수·탁영준 공동대표는 지난 2월 3일 **"SM이 설립자 이수만 총괄 프로듀서의 독점 프로듀싱 체계에서 벗어나 5개의 제작센터와 내·외부 레이블이 독립적으로 음악을 생산하는 '멀티 프로듀싱' 시스템을 도입하겠다"**고 전격 발표하며 이 대주주의 퇴진을 공표했다.

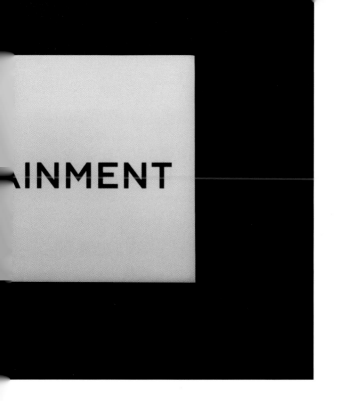

이성수 대표는 이 대주주의 처조카이고, 탁 대표는 매니저로부터 출발해 오랜 기간 이 대주주와 호흡을 맞춰온 인물이다. 김민종은 그런데도 이 대주주 측과 상의 없이 이번 프로듀싱 체계 개편을 발표했다며 비판한 것으로 보인다. 하지만 SM 내부에서는 이 대주주의 퇴진과 프로듀싱 개편안을 지지하는 목소리도 상당한 것으로 전해졌다.

하이브, 이수만 지분 4228억에 전격 매입

이 가운데 현 SM 경영진은 이수만 대주주를 배제하며 카카오와 손을 잡았다. 카카오는 2월 7일 공시를 통해 SM의 지분 9.05%를 확보해 2대 주주로 올라섰다고 발표했다. 엔터테인먼트 사업 부문 강화를 위해 SM을 인수하려던 카카오와, 이 대주주의 영향력을 줄이려는 현 경영진의 이해관계가 일치한 결과였다. 카카오는 SM이 제 3자 배정 **유상증자**(기업이 주식을 추가로 발행해 자본금을 늘리는 것) 형태로 발행하는 신주를 인수하고 전환사채 인수를 통해 114만 주(보통주 전환 기준)를 확보하는 방식으로 SM의 지분 9.05%를

확보했다고 공시했다. 이 대주주는 그만큼 지분 가치가 줄어들게 된다.

이 대주주도 가만히 있지 않았다. 이 대주주의 서울대 동문 후배이기도 한 방시혁 하이브 의장이 ▪**백기사**로 나섰다. 이 대주주는 하이브에 자신의 SM 지분 18% 중 14.8%를 넘기기로 했다. 아울러 2월 10일 하이브는 3월 1일까지 SM 소액주주들이 보유한 보통주 지분 최대 25%(595만 1826주)를 공개매수를 통해 확보하겠다고 공시했다. 주당 매수가는 12만원으로 필요 자금 규모는 7140억원을 웃돌 것으로 추산된다.

공개매수까지 성공적으로 이뤄지면 하이브는 지분 39.8%를 확보하게 돼 단숨에 SM 최대 주주로 올라선다. 그러나 SM 경영진이 이 대주주의 역외탈세 의혹을 제기하는 등 SM 경영권을 둘러싼 진흙탕 싸움이 이어지고 있다.

▪ **백기사 (白騎士)**

백기사란 적대적 인수·합병(M&A) 대상 기업 경영자에게 우호적인 기업 인수자를 뜻한다. M&A 대상이 된 기업이 적당한 방어수단이 없을 경우 적대 세력을 피해 현 경영진에 우호적인 제3의 매수 희망자를 찾아 매수 결정에 필요한 각종 정보와 편의를 제공해 주고 경영권을 넘긴다. 이때 백기사는 M&A 매수 대상 기업을 인수하거나 적대 세력의 경영권 공격을 차단해 주는 역할을 한다.

POINT	세 줄 요약

❶ SM엔터테인먼트가 이수만 대주주의 퇴진을 두고 내분을 겪었다.

❷ 현 SM 경영진이 카카오에, 이 대주주는 하이브에 지분을 넘겼다.

❸ 공개매수까지 이뤄지면 하이브는 단숨에 SM 최대 주주가 된다.

오현규 셀틱 입단...
수원 삼성 한국인 최고 이적료

▲ 셀틱 FC에 입단한 오현규 (자료 : 셀틱)

프로축구 K리그1 수원 삼성 공격수 오현규의 스코틀랜드 프리미어리그(SPL) 셀틱 FC행이 1월 25일 공식 발표됐다. 계약기간은 2028년 5월까지 5.5시즌이다. **기성용(2009~2012년), 차두리(2010~2012년)에 이어 한국인으로는 세 번째 셀틱 입단이다.**

셀틱은 SPL의 대표적인 명문구단으로, 역대 52차례 리그 우승을 기록했다. 1966-67시즌엔 영국 클럽 최초로 유럽축구연맹(UEFA) 챔피언스리그를 우승하기도 했다. 이적시장 전문매체 '트랜스퍼 마르크트'에 따르면 셀틱은 오현규 영입을 위해 280만유로(약 38억원)를 투자한다. 이는 수원 삼성 한국인 선수의 역대 최고 이적료다.

오현규는 전역 첫 시즌이던 지난해 K리그1 36경기에서 팀 내 최다인 13골(3도움)을 기록했다. FC 안양과의 승강 플레이오프 2차전에선 결승골을 넣어 수원의 1부 리그 잔류를 이끌었다. 2022 국제축구연맹(FIFA) 카타르 월드컵에선 예비 멤버로 발탁돼 카타르에서 국가대표팀과 함께 훈련했다.

K리그, 12년 '연속 아시아 최고 리그' 등극

한편, 대한민국 프로축구 K리그가 12년 연속 ▪**국제축구역사통계연맹(IFFHS)**이 선정한 '아시아 최고 리그'로 이름을 올렸다. 1월 27일 한국프로축구연맹에 따르면 IFFHS가 최근 홈페이지를 통해 공개한 전 세계 프로축구리그 순위에서 K리그는 18위에 올랐다.

아시아축구연맹(AFC) 소속 프로리그 중에선 순위가 가장 높다. 이로써 K리그는 2011년부터 12년 연속으로 IFFHS 선정 프로축구리그 순위에서 아시아 1위 자리를 지켰다. 아시아 리그 가운데는 K리그 다음으로 일본 J리그, 사우디아라비아의 사우디 프로페셔널리그, 우즈베키스탄 슈퍼리그가 뒤를 이었다.

▪ **국제축구역사통계연맹 (IFFHS)**
국제축구역사통계연맹(IFFHS, The International Federation of Football History and Statistics)은 1984년 설립된 세계 축구 관련 역사와 통계를 관리하는 연맹이다. 1991년 이후 IFFHS는 전 세계 축구 클럽들의 랭킹을 발표한다. 이 랭킹은 대륙 대회와 전 세계 대회 그리고 자국 리그의 결과를 토대로 정해진다. 대륙별 협회나 국제축구연맹(FIFA)가 주관하지 않는 경기는 고려되지 않는다.

블랙핑크, '세계 최고 걸그룹' 기네스 세계기록 6개 부문 추가 등재

4인조 걸그룹 블랙핑크(제니·지수·로제·리사)가 기네스 세계기록에서 6개 부문에 추가로 등재되며 글로벌 파급력을 증명했다. 1월 27일 소속사

▲ 블랙핑크 (자료 : YG엔터테인먼트)

YG엔터테인먼트에 따르면 블랙핑크는 **정규 2집 '본 핑크'**(BORN PINK)**가 영국 오피셜 차트와 미국 빌보드 차트에서 각각 1위**를 차지하면서 'K팝 여성 아티스트 최초 영국 앨범 차트 1위', 'K팝 여성 아티스트 최초 미국 앨범 차트 1위' 2개 부문에 공식 등재됐다.

또한 지난해 8월 개최한 **<u>인게임 콘서트</u>** '더 버추얼'(The Virtual)을 통해 'MTV VMAs(Video Music Awards) 베스트 메타버스 퍼포먼스 첫 번째 수상자'로 기네스북에 이름을 올렸다.

멤버 리사는 솔로 아티스트로서 3개 부문에 추가 등재됐다. 리사는 미국·유럽의 대표 음악 시상식인 'MTV VMAs와 EMA서 모두 수상한 최초의 K팝 솔로 아티스트', 개인 인스타그램 팔로워 수 8630만 명(1월 19일 기준)으로 'K팝 아티스트 인스타그램 팔로워 최다 보유자' 타이틀을 획득했다.

이미 수차례 기네스 신기록을 세우며 글로벌 인기를 끌고 있는 블랙핑크는 이로써 그룹으로서는 12개, 로제 2개, 리사 5개로 기네스북에 지금까지 총 19차례 이름을 올렸다. 기네스는 "블랙핑크는 현 음악 시장에서 가장 큰 성공을 거둔, 자타공인 세계 최고 걸그룹"이라며 "앞으로 블랙핑크가 새롭게 경신할 기록들도 매우 기대된다"고 밝혔다.

■ **인게임 콘서트 (in-game concert)**
인게임 콘서트란 특정 온라인 게임에서 여는 가상 콘서트다. 가수는 3D 아바타로 구현되며 가상 세계에서 입체적 사운드와 특별한 무대 효과를 즐길 수 있다. 모션 캡처를 통해 실제와 유사한 생동감을 전달한다. 코로나19로 대면 공연이 불가능해지자 온라인 공연 콘텐츠가 그 대안으로 떠올랐다. 게임 시장도 커지면서 게임 속에서 신곡 무대를 공개하며 홍보하기도 한다. 걸그룹 블랙핑크는 지난해 7월 '배틀그라운드 모바일'에서 케이팝 가수 최초로 인게임 콘서트를 펼쳤다.

아바타 42일 만에
국내 관객 1000만 명 돌파

제임스 캐머런 감독의 영화 '아바타 : 물의 길'(이하 '아바타2')이 1월 24일 1000만 관객을 돌파하며 올해 첫 1000만 영화에 등극했다. 역대 국내 개봉 영화 가운데 29번째이자, 외화로서는 9번째 1000만 달성이다. 2020년 코로나19 확산 이후로 보면 '범죄도시2'에 이어 두 번째로 1000만 고지를 넘은 작품이다.

1월 25일 영화관입장권통합전산망에 따르면 지난해 12월 14일 개봉한 아바타2가 상영 42일 만인 1월 24일 1000만 명을 돌파했다. 전작 '아바타'는 개봉 38일 만에 1000만 명을 넘었다. 이로써 '아바타2'는 외화로는 처음 1000만 관객을 돌파해 전편 '아바타' 1편과 함께 '쌍천만 클럽'에 가입하게 됐다.

'아바타2'의 흥행 요인으로 압도적 비주얼이 꼽힌다. 2009년 개봉한 '아바타' 1편은 3D 기술로 구현한 환상적인 비주얼과 세계관으로 국내 개봉 외화 사상 최초로 1000만을 넘겼다. 그로부터 13년 만인 지난해 12월 14일 개봉한 '아바타2'는 전편에 비해 한층 진보한 기술력으로 수중 세계를 실감나게 구현했다.

특수관·N차 관람 흥행
코로나19를 거치면서 온라인동영상서비스(OTT, Over The Top)가 발달하고 극장 관람료가 크게 오르면서 **관객들이 극장에서 봐야 하는 영화와 OTT로 봐야 할 영화를 구분하는 추세**가 나타나고 있다. '아바타2'는 환상적인 영상과 뛰어난 음향 효과 덕택에 극장에서 봐야할 이유가 확실한 작품으로 분류됐고 덕분에 1000만 흥행을 이룰 수 있었다.

단순 관람을 넘어 영화적 체험을 중시하는 관객들의 성향은 3D, 4D 등의 **특수관에 예매가 몰리는 현상**으로 나타났다. 관람객 중 다수가 특수 상영관에서 영화를 관람했고, 특수 상영관 매출액도 크게 늘었다.

다양한 특수 상영 포맷으로 **'N차 관람'**(동일한 영화를 2회 이상 보는 것)하는 관객들도 흥행에 큰

몫을 했다. CGV 집계에 따르면 '아바타2'를 N차 관람한 비율은 12.4%(티켓 수 기준)였다. 아바타2는 1월 24일까지 전 세계에서 20억2825만달러(약 2조5010억원)를 벌어 누적 매출 29억2370달러(약 3조6052억)를 기록해 역대 흥행 수익 1위를 달성한 '아바타'에 이어 20억달러 수익을 돌파했다.

다만 '아바타2'의 1000만 달성 속도는 전편에 비해서는 느린 편이다. 1편이 38일 만에 1000만을 돌파한 데 비해, 아바타2는 42일이 걸렸다. 1편에 뒤쳐지는 흥행 속도에 대해선 3시간 12분(192분)이라는 긴 러닝타임, 빈약해진 서사 등이 영향을 미쳤을 것이란 분석이 나온다.

▌**국내 역대 1000만 관객 돌파 영화**

순위	제목(개봉일)	순위	제목(개봉일)
1	명량(2014)	16	왕의 남자(2005)
2	극한직업(2019)	17	신과함께-인과 연(2018)
3	신과함께-죄와 벌(2017)	18	택시운전사(2017)
4	국제시장(2014)	19	태극기 휘날리며(2004)
5	어벤져스 : 엔드게임(2019)	20	부산행(2016)
6	겨울왕국2(2019)	21	해운대(2009)
7	아바타(2009)	22	변호인(2013)
8	베테랑(2015)	23	어벤져스 : 인피니티 워(2018)
9	괴물(2006)	24	실미도(2003)
10	도둑들(2012)	25	어벤져스 : 에이지 오브 울트론(2015)
11	7번방의 선물(2013)	26	기생충(2019)
12	암살(2015)	27	겨울왕국(2014)
13	범죄도시2(2022)	28	인터스텔라(2014)
14	알라딘(2019)	29	아바타2(2022)
15	광해, 왕이 된 남자(2012)		

BTS 동생 그룹 TXT, 빌보드 200 정상 올랐다

▲ TXT

방탄소년단(BTS)의 소속사인 하이브 소속 그룹인 TXT(투모로우바이투게더)가 다섯 번째 미니음반 '이름의 장 : 템프테이션(TEMPTATION)'으로 미국 빌보드 메인 앨범 차트 '빌보드 200' 1위에 올랐다. 빌보드는 2월 5일(현지시간) 차트 예고 기사에서 TXT가 '빌보드 200' 정상에 올랐다고 알렸다.

이에 따르면 TXT는 미국에서 16만1500장의 음반 판매고를 올렸다. '빌보드 200'은 실물 음반 등 전통적 앨범 판매량, 스트리밍 횟수를 앨범 판매량으로 환산한 수치(SEA), 디지털 음원 다운로드 횟수를 앨범 판매량으로 환산한 수치(TEA)를 합산해 앨범 소비량 순위를 산정한다.

역대 '빌보드 200' 1위를 밟은 한국 가수는 ▲BTS(방탄소년단·2018년) ▲SuperM(슈퍼엠·2019년) ▲Stray Kids(스트레이 키즈·2022년) ▲BLACK-PINK(블랙핑크·2022년)에 이어 ▲TXT가 다섯 번째다.

TXT의 '이름의 장 : 템프테이션' 앨범은 마치 피

터팬처럼 소년으로 남고자 하는 유혹에 맞선 청춘의 이야기를 풀어낸 앨범이다. 타이틀곡 '슈거 러시 라이드(Sugar Rush Ride)'를 비롯해 '데빌 바이 더 윈도우(Devil by the Window)', '해피 풀스(Happy Fools)', '네버랜드를 떠나며' 등 다섯 곡이 담겼다.

TXT의 이번 음반은 첫 주 판매량에서 200만 장을 넘기는 등 흥행몰이에 성공했다. 한편 TXT는 연준, 수빈, 범규, 태현, 휴닝카이 등 다섯 멤버로 구성됐다. 이들은 하이브가 내놓은 두 번째 보이 그룹으로 BTS의 동생 그룹으로 불리며 데뷔 때부터 관심을 모았다.

■ 역대 빌보드 200 차트 정상에 오른 한국 음악

순위	가수	앨범명
2018년	BTS(방탄소년단)	LOVE YOURSELF 轉 'Tear'
	BTS	LOVE YOURSELF 結 'Answer'
2019년	BTS	MAP OF THE SOUL : PERSONA
	SuperM	SuperM – The 1st Mini Album
2020년	BTS	MAP OF THE SOUL : 7
	BTS	BE
2022년	Stray Kids	ODDINARY
	BTS	Proof
	BLACKPINK	BORN PINK
	Stray Kids	MAXIDENT
2023년	TXT (투모로우바이투게더)	The Name Chapter : – TEMPTATION

2038 광주·대구 아시안게임 공동유치 '재점화'

▲ 2021년 광주광역시와 대구광역시가 아시안게임 공동유치를 선언했다. (자료 : 광주광역시)

시의회의 반대로 난관에 부딪혔던 2038 광주·대구 하계 ▪**아시안게임** 공동유치가 재점화됐다. 광주시의회는 2월 6일 제313회 임시회 본회의에서 **광주시가 제출한 2038 광주·대구 하계아시안게임 공동유치 동의안을 원안대로 의결**했다. 공동유치 동의안이 시의회를 통과함에 따라 공동유치 작업이 속도를 낼 전망이다.

공동유치의 파트너인 대구시도 오는 2월 16일 의회 본회의에서 동의안을 상정한 만큼, 두 도시의 공동유치 작업도 본격적으로 시작될 것으로 보인다. 광주시는 대구시와 함께 대한체육회에 국제종합대회 개최 계획서를 제출하는 등 본격적으로 유치 준비에 나설 계획이다.

국내 후보 도시로 확정되면 문화체육관광부 심의 및 사전 타당성 조사를 거쳐 기획재정부의 심의를 받아야 한다. 기재부의 최종 심의를 통과하면 이르면 2024년 하반기에 아시아올림픽평의회(OCA)에 공동유치 신청서를 제출할 계획이다. 2038년 유치를 추진 중인 광주·대구 하계아시안게임은 45개국에서 1만5000여명이 참가를 목표로 하고 있다.

앞서 **광주시의회는 지난해 10월 공론화 부족 등을 이유로 본회의 상정을 보류**한 바 있다. 행정사무감사에서도 광주전남연구원이 수행한 연구 용역이 부실하다는 지적이 제기돼 논란이 일었다. 광주전남연구원은 논란이 일었던 여론조사를 다시 하는 등 보고서를 보완해 1월 26일 시민보고회를 여는 등 공론화 작업에 나섰다.

광주시의회는 이날 본회의에 앞서 전체 의원 간담회를 열어 공동유치 동의안 처리 여부를 논의했다. 강기정 광주시장은 "시의회에서 보완 요구했던 부분을 부족하나마 보완했고, 그 결과 아시안게임 공동유치 동의안이 통과돼서 감사드린다"며 "아시안게임은 경제성만 따질 게 아니고 대구와 광주가 같이 한다는 점까지 봐줘야 한다고 생각한다"고 밝혔다.

▪ **아시안게임 (Asian Games)**
아시안게임은 4년마다 열리는 아시아의 국가들을 위한 종합 스포츠 대회이다. 현재 아시안게임은 아시아 올림픽평의회(OCA)가 국제올림픽위원회(IOC)의 감독 아래 주관하고 있다. 각 종목마다 메달이 수여되고 있으며, 1950년에 시작된 전통을 따라 1등은 금메달, 2등은 은메달, 3등은 동메달이 선수에게 수여된다. 대륙별 대회 중 유일하게 짝수 해에 개최한다.

MBC가 만든 넷플릭스 예능... '피지컬 : 100' 떴다

지상파 채널인 MBC가 전문 프로덕션과 손잡고 제작한 예능물 '피지컬 : 100'이 넷플릭스 TV쇼

▲ 넷플릭스 예능 '피지컬 : 100'
(자료 : 넷플릭스)

부문에서 글로벌 1위에 올랐다. 2월 9일 글로벌 온라인동영상서비스(OTT) 순위 집계 사이트 플릭스 패트롤에 따르면 '피지컬 : 100'은 넷플릭스 TV쇼 부문에서 전 세계 1위를 차지했다. **한국 예능이 넷플릭스에서 TV쇼 1위에 오른 건 '피지컬 : 100'이 처음**이다.

'피지컬 : 100'은 국내 최고의 육체를 가진 100명의 참가자들이 '최고의 몸'을 찾기 위해 서바이벌 게임을 벌이는 내용의 리얼리티 예능이다. 성별, 나이, 체급을 따지지 않고 경쟁에 이긴 최후의 1인에게는 상금 3억원이 수여된다.

'피지컬 : 100'은 복잡한 규칙 없이 단순한 게임으로 구성돼 언어 장벽에 대한 우려 없이 세계 시청자들에게 인기를 끌었다. 기존 프로복싱, 종합격투기 등 격한 스포츠 못지않은 데스매치 특유의 긴장감은 '피지컬 : 100'의 인기 요인이다.

양학선(체조), 윤성빈(스켈레톤), 니퍼트(야구), 추성훈(종합격투기) 등 전현직 스타플레이어 외에도 에이전트 H(전직 군인), 심으뜸(유튜버), 오스틴 강(셰프) 등 다양한 분야에서 인지도 있는 친숙한 인물들이 참가한 것도 눈길을 끌었다. 넷플릭스 드라마 '오징어게임'을 실사판으로 옮겨놓은 듯한 긴장감 넘치는 구성도 글로벌 인기몰이에 한몫했다.

'피지컬 : 100'은 특이하게도 **MBC TV 시사·교양물 'PD 수첩'을 연출한 장호기 PD가 연출**했다. 장 PD는 "지상파 위기 속에서 돌파가 필요했다"라며 "MBC라고 꼭 TV에만 내고, 교양 PD라고 교양만 하기보다 도전하고 싶었다"고 기획 의도를 밝혔다.

한편, '피지컬 : 100'이 흥행에 성공하면서 성 대결의 공평성, 일부 참가자의 도핑 의혹 등으로 논란이 일기도 했다. 장 PD는 이에 대해 "운동 경기가 아닌 예능으로 봐 달라"고 부탁했다. 또한 참가 여성 중 한 명이 학교폭력(학폭) 가해자였다는 네티즌의 제보가 쏟아지면서 송혜교 주연 **학폭 소재 드라마인 '더 글로리'**를 방송하는 넷플릭스가 학폭 가해자를 예능에 출연시킨 것이 문제가 있다는 비판도 있었다.

➕ **문화할인율 (cultural discount rate)**

문화할인율은 특정 문화권의 문화상품이 다른 문화권으로 진입했을 때 언어나 사고방식 등 문화적 차이로 인해 의미가 제대로 전달되지 않아 문화상품으로의 가치가 떨어지는 현상. 즉 문화적 할인의 비율을 의미한다. 음악이나 스포츠 등 문화할인율이 낮은 콘텐츠는 다른 문화권에서도 쉽게 공감할 수 있어 수출에 유리하다.

소프트파워(soft power)가 강한 나라의 문화는 수출될 때마다 수용자에게 익숙해져 문화할인율을 낮추므로 다른 문화권에 쉽게 진출할 수 있다. 전 세계에서 흥행하는 할리우드 영화나 케이팝을 그 예로 들 수 있다.

분야별
최신상식

인물
용어

콘고지신

콘고지신은 '옛것을 익히고 새로운 것을 안다'라는 뜻의 사자성어 '온고지신 (溫故知新)'과 '콘텐츠(contents)'의 합성어로, **과거의 콘텐츠를 활용해 새로운 수요를 창출하는 전략을 의미**한다. 한국콘텐츠진흥원이 발표한 '2023년 콘텐츠 산업 전망 키워드 10가지' 중 하나다. 공개 당시에만 인기를 끄는 단발성 콘텐츠가 아니라 꾸준한 수익을 내는 콘텐츠를 의미한다. 이러한 콘텐츠를 개발하려면 다양한 장르나 형식으로 기획·활용할 수 있는 전략이 중요하다. 대표적인 콘고지신의 예로 '슬램덩크'가 있다. '슬램덩크'는 1996년 완결된 만화로 27년 만인 2023년 1월 극장용 애니메이션인 '더 퍼스트 슬램덩크'로 제작됐다. '더 퍼스트 슬램덩크'는 3040세대 만화 팬들의 추억을 자극해 개봉 한 달여 만에 200만 관객을 돌파했다.

캐릭터 산업에서는 포켓몬스터를 예로 들 수 있다. 포켓몬스터는 1998년 선풍적인 인기를 끌었는데 지난해 포켓몬 스티커가 들어있는 빵이 품절사태를 겪으며 열풍을 일으켰다. 이후 해당 캐릭터가 부착된 다양한 상품이 등장하기 시작했고 1월 말 국내에서 처음으로 포켓몬 오케스트라 공연이 열리기도 했다. 2000년 초기 '엽기토끼'로 불리며 등장했다가 잊힌 국산 토끼 캐릭터인 '마시마로'도 도약하고 있다. 이 캐릭터는 토끼해를 맞아 커피·맥주·의류 회사 등과 협업하며 화려하게 부활했다.

기후 시나리오 분석
CSA, Climate Scenario Analysis

기후 시나리오 분석(CSA, Climate Scenario Analysis)
은 **기후 변화 때문에 발생할 수 있는 인적·물적
피해가 은행이 보유한 특정 자산에 미칠 영향 등
을 평가하는 것**이다. 지난 1월 미국연방준비제도
(Fed)는 CSA 시범사업을 개시하면서 관련 세부
지침을 공개했다. CSA 시범사업에는 미국 6대
은행인 ▲뱅크오브아메리카 ▲씨티그룹 ▲골드
만삭스 ▲JP모건체이스 ▲모건스탠리 ▲웰스파
고가 참여한다. 6대 은행은 기후 변화에 따른 물
리적 리스크 및 이행 리스크와 관련한 시나리오
분석을 진행한다.

이번 분석의 목적은 기후 리스크 관리 관행 및 과
제를 확인하고, 기후 변화와 관련한 금융위험의
식별·측정·모니터링 및 관리 능력을 제고하는 것
이다. 물리적 리스크 시나리오를 점검할 때는 각
기 다른 강도의 기후 시나리오가 미국 북동부의
주거·상업용 부동산 포트폴리오에 미치는 영향
등을 분석한다. 이행 리스크 시나리오 과제로는
기업대출 및 상업용 부동산 포트폴리오에 미치는
영향 분석이 있다. CSA는 감독 당국과 은행들이
새로운 기후 관련 금융위험을 분석·관리하는 능
력을 높일 것으로 기대된다.

사도광산
佐渡鑛山

▲ 사도광산 (홈페이지 캡처)

사도광산은 **일제강점기 조선인 강제노역이 대규
모로 이뤄졌던 일본 니가타현 사도시의 사도가섬
에 위치한 금광이다.** 이곳에서 1939년 2월부터
약 1200여 명의 조선인 강제동원이 이뤄졌다는
사실이 자료로 입증돼 있다. 1월 20일 외교부는
일본 정부의 사도광산 유네스코 세계유산 등재
재신청에 유감을 표명했다. 일본 정부는 지난해
2월에 이어 올 초 1월 또다시 파리 유네스코 세
계유산사무국에 사도광산을 세계유산에 등재하
기 위한 추천서를 제출했다.

더불어민주당 안민석 의원은 일본 정부에 사도광
산 유네스코 세계유산 등재 철회를 요구하는 국
회결의안을 대표발의 했다고 1월 30일 밝혔다.
안 의원은 "2015년 일본 정부가 군함도 등 근대
산업시설을 유네스코 세계유산에 등재할 때 조
선인 강제노동의 역사를 알리겠다고 약속한 바
있지만 이행하지 않고 있다"며 "사도광산의 세
계유산 등재를 추진하면서 유산의 대상 기간을
16~19C 중반으로 한정해 일제강점기 사도광산
에 1000여 명이 넘는 조선인 강제노동을 의도적
으로 배제했다"고 지적했다.

김치의 날
Kimchi Day

▲ '김치의 날'을 소개하는 런던 킹스턴구 웹사이트 (화면 캡처)

김치의 날은 **김치의 영양학적 가치와 우수성을 알리고 김치 산업의 진흥 및 김치 문화를 계승·발전하기 위해 제정된 법정기념일로, 매년 11월 22일이다.** 2020년 2월 '김치산업 진흥법' 신설조항에 따라 이날로 정해졌으며 김치 재료 하나하나(11월)가 모여 22가지(22일)의 효능을 나타낸다는 뜻을 담았다.

영국 런던 남서부의 자치구인 킹스턴구는 올해부터 11월 22일을 '김치의 날'로 지정해 매년 기념할 것이라고 1월 30일(현지시간) 밝혔다. 킹스턴구에는 유럽 최대 한인 거주지역인 뉴몰든이 있다. 킹스턴구는 미국에서 김치의 날을 기념하는 주가 늘고 있다며, 한국과 미국에 이어 유럽에서는 처음으로 매년 김치의 날을 기념할 것이라고 밝혔다. 미국에선 캘리포니아, 버지니아, 뉴욕 등 7개 주가 매년 김치의 날을 기념하고 있다. 이어 뉴저지주 하원에서도 김치의 날 지정 결의안이 1월 26일(현지시간) 통과해 미국에서 8번째로 김치의 날을 공식 기념하는 자치단체가 될 것으로 보인다.

줄리 터너
Julie Turner

▲ 2017년 탈북 여성을 인터뷰하는 줄리 터너 북한인권특사 지명자(오른쪽) (자료 : 미 국무부 민주주의·인권·노동국)

줄리 터너 국무부 민주주의·인권·노동국 동아시아·태평양 담당 과장은 **6년간 공석이었던 북한인권특사**(대사급)**로 지명된 인물이다.** 북한인권특사는 2004년 10월 발효된 '북한인권법'에 따라 신설된 직책으로서 북한 인권정책 수립과 집행 전반에 관여한다. 1월 23일 조 바이든 미국 행정부는 줄리 터너 과장을 북한인권특사로 지명했다. 이 자리는 버락 오바마 행정부 때 로버트 킹 전 미 하원 외교위원회 국장이 7년간 재임하고 2017년 1월 퇴임한 이후 6년간 공석이었다.

터너 지명자는 한국계이며 한국어와 불어에 능통한 외교관으로 알려졌다. 국무부 인턴을 시작으로 민주주의·인권·노동국에서 16여 년 근무했고 북한 인권문제를 주로 다뤘다. 한국 정부와 북한 인권 문제에 대해 실무급에서 오랜 기간 협의한 경험이 있다. 북한인권특사 사무실 특별보좌관을 지내고 국가안보회의(NSC)에서 동남아시아 업무를 담당했다. 터너 과장을 특사에 임명함에 따라 미국은 인권 문제를 제기하며 대북 압박 수위를 높일 것으로 보인다.

미스터 비스트
MrBeast, 1998~

미스터 비스트(본명 : 지미 도널드슨)는 세계에서 가장 많은 구독자를 보유한 개인 유튜버로, 구독자 수 약 1억 3000만 명을 보유했다. 미스터 비스트의 유튜브 채널의 주요 콘텐츠는 기발하고 무모한 챌린지로, 정글 같이 열악한 환경에서 하루를 버티는 '24시간 챌린지', 특정 상황에서 가장 오래 버틴 사람에게 상금을 지급하는 'N만 달러 챌린지' 등이 대표적이다. 콘텐츠 수입으로 노숙자에게 집을 사주는 등 통 큰 자선가이기도 하다. 그의 영상은 폭발적 반응을 얻어 구독자가 4년 만에 1억 명을 넘었다. 현재 전 세계에서 구독자 1억 명 이상인 유튜브 채널은 7개뿐이다.

미스터 비스트는 지난해 11월 넷플릭스의 한국 드라마 '오징어게임'을 재현한 영상으로 국내에서도 유명해졌다. 한편, 지난 1월 29일(현지시간) CNN에 따르면 미스터 비스트는 최근 비영리 단체 '씨(SEE : 보다)인터내셔널'과 협업해 전 세계 시각장애인 1000명의 안과 수술을 무료로 도왔다. 선행을 칭찬하는 반응 속에서 일각에서는 그의 자선 행위가 순전히 이목을 끌기 위해 제작된 '쇼'라고 비판했다.

윤정희
尹靜姬, 1944~2023

▲ 고(故) 윤정희

윤정희는 1960년대 문희, 남정임과 함께 '1세대 여배우 트로이카(3인방)'를 이뤘던 배우다. 10여 년간 알츠하이머로 투병하다 지난 1월 19일 파리 외곽의 한 병원에서 향년 79세 일기로 별세했다. 장례는 고인이 반평생을 살아온 프랑스 파리 인근 벵센의 한 성당에서 치러졌다. 고인은 1973년 홀연히 프랑스 유학을 떠나 1976년 유명 피아니스트 백건우와 결혼했고 프랑스 파리3대학에서 예술학 석사 학위를 받았다. 다만 문희, 남정임과 달리 영화계를 은퇴하지 않고 배우 활동을 이어갔다.

당대 최고 '은막(銀幕 : 영화 스크린)의 스타'였던 윤정희는 1967년 영화 '청춘극장'으로 데뷔한 후 90년대까지 약 300편의 영화에 출연하며 대종상, 청룡영화상, 백상예술대상 등에서 수상했다. 1994년 대종상 여우주연상을 받은 영화 '만무방' 출연 이후 사실상 활동을 중단했다. 이후 16년 만인 2010년 이창동 감독의 영화 '시'로 스크린에 복귀해 알츠하이머 환자 미자 역을 연기했다. '시'가 칸 영화제에 진출하며 레드카펫을 밟았다.

제프 벡
Jeff Beck, 1944~2023

▲ 고(故) 제프 벡

제프 벡은 에릭 클랩튼, 지미 페이지와 함께 한국에서 이른바 세계 3대 기타리스트라고 불리는 영국 기타리스트다. 지난 1월 10일 별세했다. 향년 78세. 그는 록 역사상 가장 테크닉이 뛰어났고, 많은 이들에게 존경을 받은 기타리스트 중 한 명이다. 블루스, 재즈, 로큰롤, 오페라까지 장르의 경계를 뛰어넘는 연주를 펼쳤다. 에릭 클랩튼·지미 페이지·지미 헨드릭스와 함께 살아있는 가운데 '록 기타리스트 만신전(Pantheon)'에 오르기도 했다.

고인은 1965년 전설적인 블루스 록 밴드 '야드버즈(Yardbirds)'의 기타리스트 에릭 클랩튼의 후임으로 발탁되며 본격적인 음악 활동을 시작했다. 이 팀에는 이후 또 다른 세계적 기타리스트 지미 페이지가 베이시스트로 합류하기도 했다. 1967년 야드버즈에서 탈퇴한 이후 '제프 벡 그룹(The Jeff Beck Group)'을 결성해 큰 성공을 거뒀다. 1975년 첫 솔로 앨범 '블로 바이 블로(Blow By Blow)'는 미국에서 연주 음반 사상 처음으로 빌보드 메인 앨범차트 '빌보드 200' 4위에 올랐다. 그래미상을 8번 수상했으며, 1992년과 2009년 로큰롤 명예의 전당에 야드버즈 멤버와 솔로로 헌액됐다.

제시카법
Jessica's Law

▲ 안산시 여성단체가 성범죄자 조두순의 안산 퇴거를 요구하는 시위를 벌이고 있다.

제시카법은 **2005년 미국 플로리다주에서 제정된, 성범죄 전과자가 학교와 공원의 2000ft(약 610m) 안에 살 수 없도록 제한하는 법의 별칭**이다. 2005년 일어난 아동 성폭행 살해 사건의 피해자인 제시카 런스포드의 이름을 따서 만들어졌다. 현재 미국 30개 이상 주에서 시행 중이다. 법무부는 지난 1월 26일 고위험 성범죄자의 주거지를 제한하는 이른바 '한국형 제시카법'을 추진한다고 밝혔다. 재범 위험성이 높은 성범죄자가 출소한 후 학교나 유치원 등 보육시설 주변 500m 안 지역에서 살지 못하게 하는 게 핵심이다.

조두순·김근식·박병화 등 고위험 성범죄자가 출소할 때마다 주거지를 둘러싸고 증폭되는 사회적 논란과 국민 불안을 해소하려는 차원이다. 한동훈 법무부장관은 제시카법 도입에 대해 "불특정 다수를 사냥하듯 (성폭행)하는 괴물들에 적용할 것"이라고 밝혔다. 이를 두고 출소한 성범죄자들이 인구가 밀집한 수도권에 거주할 곳이 없는 만큼 지방으로 몰려 게토(ghetto : 격리지역)화될 것이란 우려도 나온다.

2나노 전쟁

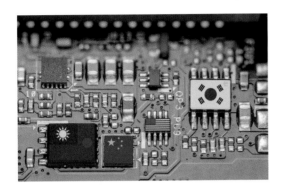

2나노 전쟁이란 **반도체 업계에서 최첨단 파운드리**(foundry : 반도체 위탁생산) **공정 기술 개발을 둘러싼 경쟁을 말한다.** 나노(nm·10억분의 1m)는 반도체 회로 선폭을 의미하는 단위로, 선폭이 좁을수록 소비전력이 감소하고 처리 속도가 빨라진다. 삼성전자가 지난해 세계 최초로 3나노 양산을 시작하자 글로벌 1위 파운드리 업체인 대만의 TSMC도 곧바로 3나노 양산에 돌입했다. 이에 미국 인텔과 일본 기업이 2나노 제품을 생산하겠다고 밝히며 4파전 양상으로 치달았다.

이에 글로벌 반도체업계에서 최첨단 파운드리 공정인 2나노 이하 기술개발 경쟁이 치열해졌다. 게다가 네덜란드와 일본이 미국의 대중국 반도체 수출 통제에 동참하기로 하면서 반도체 산업을 둘러싼 국가 간 이해관계가 더욱 복잡해질 것으로 보인다. **네덜란드의 세계 1위 반도체 노광장비 기업 ASML의 극자외선**(EUV) **노광장비** 수출은 물론, 일본의 반도체 장비 기업인 니콘과 도쿄일렉트론 등의 중국 수출 제한이 가해질 수 있다. EUV 노광장비가 없으면 첨단 반도체 생산이 불가능해 중국으로서는 타격이 클 수밖에 없다.

크리에이터 이코노미
creator economy

크리에이터 이코노미란 **크리에이터**(제작자)**가 자신의 창작물로 수익을 내는 산업을 말한다.** '창작자 경제'라고 한다. 유튜브, 틱톡, 인스타그램, 트위치 등 온라인·모바일 플랫폼을 활용해 누구나 콘텐츠를 손쉽게 제작해 올릴 수 있게 되면서 시장이 커졌다. 특히 짧은 동영상 플랫폼 '쇼츠'를 운영하는 유튜브가 크리에이터 이코노미를 급성장 시키는 데 영향을 끼쳤다. 크리에이터는 팔로워가 늘고 콘텐츠 조회 수가 올라가는 만큼 돈을 받거나 시청자 후원금, 광고 등으로 이익을 얻는다.

기존 산업에서는 기업이 소비자에게 콘텐츠를 일방적으로 제공하는 구조였다. 반면 크리에이터 이코노미에서는 누구나 창작자가 되어 손쉽게 콘텐츠를 제작해 올리고 이를 통해 수익을 내는 생태계가 조성됐다. 기술기업들은 온라인·모바일 콘텐츠 창작자를 끌어들이는 데 열을 올리고 있다. MZ세대 등 젊은 층이 활발하게 콘텐츠를 올려야 플랫폼의 경쟁력이 강화된다는 사업적 판단 때문이다. 미국 실리콘밸리에서도 관련 기업에 투자금이 몰리는 등 크리에이터 이코노미가 주요 관심 사업으로 떠올랐다.

리치세션
richcession

리치세션은 **부자를 의미하는 '리치(rich)'와 경기 침체를 의미하는 '리세션(recession)'을 합친 말**로 통상적인 침체와 달리 경기의 악화가 저소득층 보다 고소득층에게 더 큰 타격을 주는 현상을 의미한다. 최근 월스트리트저널(WSJ)이 제시한 신조어다. WSJ는 "일반적으로 경기 침체는 저소득층에게 큰 타격을 주고 중산층에게는 나쁜 것으로 인식되며 고소득층에게는 불편한 정도에 그쳤지만 이번에는 이전과 다르게 고소득층이 더욱 어려움을 겪을 것"이라고 전망했다. 저소득층이 집중된 대면 서비스 직종은 인력 부족으로 임금이 오르는 반면 고소득층은 주식과 부동산 등 자산 가격 하락이 발생하기 때문이다.

실제로 미국 연방준비제도(Fed)에 따르면 지난해 3분기 상위 20%의 가계 순자산은 2021년 대비 7.1% 감소했고, 같은 기간 하위 20%의 순자산은 17% 증가했다. 작년 11월 기준 상위 25% 근로자의 월평균 임금 상승률의 12개월 이동평균은 4.8%에 그쳤지만 소득 하위 25%의 임금 상승률은 7.4%로 물가 상승률(7.1%)을 웃돌았다.

지구 종말 시계
Doomsday Clock

▲ 자정까지 90초로 당겨진 지구 종말 시계

지구 종말 시계는 미국 핵과학회(BSA)의 캠페인으로, **핵 전쟁의 위기 정도를 상징하는 시계다.** '운명의 날 시계'라고도 한다. 알베르트 아인슈타인 등이 주축이 돼 1945년 창설한 BSA는 지구 멸망 시간을 자정으로 설정하고, 핵 위협과 기후변화 위기 등을 종합적으로 고려해 1947년 이래 매년 지구의 시각을 발표해 왔다. 1947년 자정 7분 전으로 시작한 시계는 미국과 소련이 경쟁적으로 핵실험을 하던 1953년에 종말 2분 전까지 임박했다가 미소 간 전략무기감축협정이 체결된 1991년 17분 전으로 가장 늦춰진 바 있다.

지구 종말 세계는 이란과 북한의 핵 프로그램 등을 이유로 2020년 자정 전 100초로 이동한 뒤 그 자리를 지켜왔다. BSA는 1월 24일(현지시간) 지구 종말 시계의 초침을 파멸의 상징인 자정 쪽으로 10초 더 이동했다. 이로써 지구 종말까지 남은 시간은 90초로 줄어들었다. BSA는 러시아의 우크라이나 침공 이후 전술핵 사용 우려가 고조되며 경고 수위를 높였다.

신재생에너지 의무공급비율
RPS

신재생에너지 의무공급비율(RPS, Renewable energy Portfolio Standard)이란 **대규모 발전 사업자에게 신·재생에너지를 이용한 발전을 의무화한 제도다.** 500MW 이상 발전 설비를 보유한 사업자가 총 발전량의 일정 비율 이상을 태양광, 풍력 등 신재생에너지를 사용해 전기를 생산하도록 의무화한다. 직접 생산하지 못하면 다른 신재생에너지 발전사업자로부터 신재생에너지 공급인증서(REC, Renewable Energy Certificate)를 구매해야 한다. 이 산화탄소 배출 저감목표와 할당량을 직접 연계해 정책을 시행할 수 있다는 장점이 있다.

한편 정부가 주요 발전사의 연도별 RPS를 재생에너지 보급 목표와 현실적인 상황에 맞춰 하향 조정한다. 지난 1월 13일 산업통상자원부는 이러한 내용의 '신에너지 및 재생에너지 개발·이용·보급 촉진법' 시행령 일부 개정안을 입법 예고한다고 밝혔다. 제10차 전력수급기본계획에서 30%이던 2030년 신재생에너지 발전 비중 목표가 21.6%로 낮아지면서, RPS도 하향 조정된 것이다. 일각에서는 재생에너지 사용을 중시하는 세계적인 추세를 맞추지 못하면 한국의 수출경쟁력에도 문제가 생길 수 있다고 우려한다.

차터스쿨
charter school

▲ 이주호 사회부총리 겸 교육부 장관

차터스쿨이란 **정부 예산이 투입되는 것은 일반 공립학교와 똑같지만 교육 당국의 규제에 얽매이지 않고 자율적으로 운영되는 미국식 자율형 공립학교다.** 학생은 교육비를 내지 않고, 학교마다 교육 내용이 달라 학생과 학부모의 선택권을 보장한다는 차터스쿨은 학교 간 경쟁이 발생하고 공교육의 질이 올라간다는 장점도 있다. 하지만 규제가 없기에 일부 학교는 오히려 일반적 수준을 밑돌 수도 있다. 미국 공립학교의 7.5%가 차터스쿨이다.

한편, 이주호 사회부총리 겸 교육부 장관이 미국식 차터스쿨을 한국에 도입하겠다고 밝혔다. 이 장관은 1월 16일 **한국판 차터스쿨인 '협약형 공립고등학교'**(가칭)를 2024년부터 혁신도시를 중심으로 시범운영한다고 밝혔다. 혁신도시의 정주여건을 높이는 방편이자 기초학력 미달 학생이 많아지는 현상에 대한 처방이기도 하다. 김천혁신도시에 한국도로공사 고교, 원주혁신도시에는 한국관광공사 고교 등이 생기는 식이다. 이에 대해 유사 자사고(자립형 사립고교)를 키워 고교 줄세우기를 할 수 있다는 비판이 제기됐다.

네버랜드 신드롬
Neverland syndrome

네버랜드 신드롬이란 **나이보다 어리게 사는 것이 미덕이 되는 현상**을 말한다. 매년 소비 트렌드를 예측하는 『트렌드 코리아 2023』에 등장한 키워드다. 네버랜드 신드롬은 ▲포켓몬빵 같은 아이템을 구매하는 등 어린 시절로 돌아가고 싶어 하거나 ▲외모 유지를 넘어 승진을 마다하면서까지 현 상태에서 더 나이 들지 않으려 하거나 ▲아이들처럼 쉽고 재밌고 명랑하게 노는 것을 좋아하는 것 등 세 유형으로 나뉜다.

이런 특징들은 단순히 개인의 취향이 아닌 사회 전체의 사고방식 및 생활양식이 되고 있다. 미래가 불안정한 상황에서 어린 시절에 대한 향수에 젖어 위안을 얻기 위한 것이라는 해석도 있다. 하지만 근본적인 원인은 인간의 수명이 길어지면서 청춘의 기간이 길어지고, 다양화된 생애과정에서 어른이라 부를 수 있는 전형적인 모습이 사라진 것이라고 볼 수 있다. 네버랜드 신드롬을 활력이 넘치는 사회 변화로 보는 긍정적 시각도 있지만, 자기중심적인 주장의 강요, 문제 발생의 원인을 자신이 아닌 타인과 사회·정부의 탓으로 돌리거나, 지나치게 자기 취향에 몰두하는 아동기적 행태 등이 문제점으로 지적되기도 한다.

베케플레이션
vacaflation

베케플레이션은 **휴가를 뜻하는 베케이션**(vacation)**과 물가 상승을 뜻하는 인플레이션**(inflation)**의 합성어**다. 고물가로 인해 휴가에 들어가는 비용이 커지는 현상을 말한다. 코로나19의 감염 위험성이 낮아지고 사회적 거리두기가 완화되며 여행 수요가 증가한 반면 여행 인프라 공급 부족과 소비자물가 상승으로 항공권료·숙박비·주유비 등 휴가 관련 경비가 폭등하며 베케플레이션이 나타났다.

지난해부터 유럽 국가들을 비롯해 세계 각국에서 마스크 의무 착용 폐지, 입국 제한 해제 등 방역 조치가 완화되며 해외여행객이 크게 늘었다. 지난 설 연휴 인천국제공항 이용객은 62만 명으로 추산됐다. 이는 작년보다 14배 증가한 수치다. 해외여행 수요가 코로나19 유행 이전으로 돌아오는 가운데 아직 항공편 수가 수요에 미치지 못해 항공 운임이 높아졌다. 1월 16일 기준 설 연휴 저비용항공사(LCC)의 인천과 나리타 간 노선 왕복 최저가는 71만원으로 코로나19 유행 이전에 비해 2배가량 높은 수준이었다.

고향사랑기부제

▲ 고향사랑e음 홈페이지 (화면 캡처)

고향사랑기부제란 **개인이 지방자치단체에 기부하면 일정 비율 세액공제 혜택과 함께 지역특산품을 답례로 제공하는 제도**다. 일본에서 2008년 도입된 고향납세(후루사토납세) 제도에서 착안했다. 기부금으로 저출산과 고령화, 인구유출로 열악해진 지방재정을 확충하고 답례품 시장 형성을 통해 지역경제를 활성화시키는 것이 제도의 목적이다. 기부자는 자신의 주민등록 주소지 제외 전국 모든 지자체에 기부할 수 있으며 기부 상한액은 1인당 연간 500만원까지다. 기부한 지자체로부터 기부금 30% 이내의 답례품을 받을 수 있고 기부금 10만원까지는 전액, 10만원 초과분에 대해서는 16.5% 공제를 받는다.

'고향사랑 기부금에 관한 법률'이 2021년 제정된 이후 올해 1월부터 고향사랑기부제가 시행되었다. 이에 각 지자체에서 방송인이나 정치인 등 사회 각계 명사들의 '1호 기부자' 홍보에 나섰다. 윤석열 대통령, 방탄소년단 제이홉, 축구선수 손흥민 등도 동참했다. 다만 시행 한 달을 맞이한 2월 기준 모금 실적은 부진한 편이다.

특례보금자리론

특례보금자리론이란 **연 4%대의 낮은 고정금리로 시행되는 주택담보대출**이다. 고금리 시기에 서민 주택 실수요층이 시중은행 주택담보대출보다 저렴한 금리로 이자 상승 불안 없이 자금을 이용할 수 있도록 지원하는 정책금융상품이다. 기존 정책금융상품인 보금자리론·적격대출·안심전환대출을 통합해 1년 동안 한시적으로 운영된다. 대출금은 내집마련·기존대출 상환·전세금 반환 등 다양한 용도로 활용할 수 있다.

정부는 최근 금리 급등에 따른 부동산 시장 위축을 막고 서민과 실수요자의 주거금융 비용 부담을 줄이기 위해 지난해 특례보금자리론 도입을 발표했다. 이후 한국주택금융공사(HF)가 1월 30일부터 특례보금자리론 접수를 시작했다. 특례보금자리론은 기존 보금자리론에서 연 7000만원 이하였던 소득 요건이 없어지고 대상 주택가격 상한도 6억원에서 9억원으로 늘었다. 대출 한도가 3억6000만원에서 5억원으로 확대되고 총부채원리금상환비율(DSR) 규제도 적용되지 않기 때문에 투자자들의 큰 관심을 받았다.

순차침체
rolling recession

순차침체(롤링 리세션)는 **한꺼번에 경제 전반이 위축되는 것이 아니라 경제의 다양한 부문이 잇달아 침체를 겪는 현상**을 말한다. 국내총생산(GDP) 성장률이 몇 분기에 걸쳐 마이너스(-)가 나오지는 않지만, 주택이나 제조업, 기업 이익 등 경제의 각 부분이 마치 침체에 빠진 것처럼 느껴진다는 것이다. 미국 경제전문 매체인 CNBC는 순자침체가 과거 미국 경제에서는 보지 못했던 현상이라고 지적했다.

로욜라 메리마운트대학의 손성원 금융경제학 교수는 "과거처럼 모든 것이 동시에 하락하는 노골적인 침체가 관측되지 않을 수 있다"면서 "앞으로 우리는 순차침체를 경험할 것으로 예상한다"고 말했다. 2022년 1분기와 2분기에 미국 경제는 마이너스 성장률을 기록한 바 있다. 통상 2개 분기 연속 마이너스 성장률을 나타내면 '침체'로 정의한다. 2022년에는 고물가 속에 고용시장이 견조하고 소비자들이 회복력을 보이면서 경제는 가라앉지 않고 유지됐다. 2023년에는 이런 모습에 변화가 예상된다고 경제학자들은 진단했다.

식집사
植執事

식집사란 반려동물을 키우듯 식물을 가족같이 돌보며 애정을 쏟는 사람들을 의미한다. 중년층의 취미로 여겨졌던 원예 문화가 코로나19를 경험하면서 2030 젊은 세대에게도 인기를 끌면서 생겨난 신조어다. 코로나 기간 동안 단절을 경험하면서 정서적으로 의지하고자 하는 대상이 식물로 확대된 것으로 풀이된다. 실제로 농촌진흥청의 조사에 따르면 반려 식물을 기르는 목적으로 '정서적 교감 및 안정(55%)'이 가장 많이 꼽혔다. 2018년 한국환경과학회지의 연구에서도 반려 식물을 3개월간 돌본 사람이 그렇지 않은 사람에 비해 우울 증상이 더 적었다.

이런 추세를 반영해 경기도의회는 전국 최초로 반려식물에 대한 정의를 정립하고, 관련 산업을 발전을 위한 조례안을 의결했다. 조례안에 따르면 **반려식물은 과거 화초로만 인식됐던 식물에 '반려'라는 개념을 합친 신조어**로, 반려동물을 가족구성원처럼 키우는 것과 같이 정서적으로 교감하고 재배를 통해 위안을 얻을 수 있는 모든 식물을 말한다.

COP28

▲ 술탄 아자비르 COP28 의장

COP28이란 아랍에미리트연합의 두바이에서 열릴 예정인 유엔의 제28차 기후변화협약 당사국총회를 의미한다. COP는 당사국총회를 뜻하는 'Conference of the Parties'의 약자다. 본 협약 자체는 각국의 온실 가스 배출에 대한 어떤 제약을 가하거나 강제성을 띠고 있지는 않다는 점에서 법적 구속력은 없다. 대신 협약은 시행령에 해당하는 의정서(protocol)를 통해 의무적인 배출량 제한을 규정하고 있다.

아랍에미리트(UAE)**가 2023년 11월말부터 12월 중순까지 열릴 COP28 의장으로 술탄 알자비르 아부다비국영석유회사**(ADNOC) **회장을 지명**했다. 그는 UAE의 산업 및 첨단기술 담당 장관이기도 하다. ADNOC은 전세계 온실가스 배출량의 71%를 차지하는 100대 기업 가운데 하나다. 2015년에는 세계에서 8번째로 배출량이 많은 기업으로 지목됐다. 알자비르의 COP28 의장 지명에 대해서 발표 직후부터 거센 비판이 제기됐다. 원유를 생산하는 국영 석유업체의 대표가 기후위기 회의를 주재하는 것은 명백한 이해 충돌이라는 것이다.

퀴어베이팅
queerbaiting

퀴어베이팅은 '성소수자(queer)를 낚는다(baiting)'는 사전적 의미로서 미디어에서 성소수자를 재현하는 듯한 모습을 보이지만 실제로는 그렇지 않는 것을 뜻한다. 퀴어 소비자의 관심을 낚지만 실제로 퀴어를 재현하지 않음으로써, 성소수자를 존중하는 척 하면서 혐오 세력들의 비난은 피하려는 방법이다. 미국에서는 **월트디즈니**(이하 디즈니)**가 미디어와 사회 활동 안팎에서 행하는 결정들이 퀴어 베이팅이란 지적**을 듣고 있다.

디즈니는 다양한 문화권을 바탕으로 인종·민족·종교·성(性) 차별 등의 편견을 경계하는 태도를 강조해왔다. 이른바 '정치적 올바름'(PC, Political Correctness)을 중요한 가치로 내세웠고 '이터널스' 등 작품 속에서도 캐릭터나 스토리텔링에 LGBTQ(성소수자)에 대한 친화적인 자세를 취해왔다. 그러나 디즈니가 플로리다주 의원들에게 정치자금 30만달러(약 3억7000만원)를 기부했다는 소식이 알려졌다. 플로리다주는 2022년 초 공립학교 유치원생부터 초등학교 3학년생에는 성적 지향이나 성 정체성에 대해 교육하지 못하도록 하는 법을 통과시켰다. 이 법은 소수자에게 상처를 줄 수 있다는 비판이 일었다.

앵커 주파수

앵커(anchor) 주파수란 신호제어 및 과금 등에 이용되는 주파수를 말한다. 최소 20MHz 이상 대역폭이 필요하다. 주 대역에 대한 보조 역할로, 무선망 접속을 돕는다. 대표 사례로 정부가 공급하고 있는 5세대(5G) 이동통신 특화망에서 28GHz 대역은 초고속·초저지연 데이터 전송을 위한 주파수다. 4.7GHz 대역은 무선 데이터망 설정 등을 위한 앵커 주파수로 공급된다. 현재까지 상용화된 5G 표준기술로는 28GHz 대역의 경우 단독으로 무선망에 접속해서 데이터를 전송할 수 없다. 6GHz 이하(서브6) 대역의 보조를 받아야 한다. 5G 단말기가 서브6 대역을 활용해서 무선망에 접속하도록 기본 설정값과 데이터 경로 등을 설정하면 28GHz 대역의 넓은 초광대역 폭을 활용해 데이터가 전송되는 방식으로 작동한다.

과학기술정보통신부는 KT와 LG유플러스 할당이 취소된 28GHz 대역으로의 신규 사업자 진입을 추진하며, 앵커 주파수도 함께 공급할 계획이다. 장비·단말 조달 측면에서 활용성이 좋은 700MHz 대역과 1.8GHz 대역 등을 후보 대역으로 검토하고 있다. 최종 대역은 추후 후보 신규 사업자 의견을 고려해서 확정할 계획이다.

한국판 버핏과의 식사

한국판 버핏과의 식사는 전국경제인연합회(전경련)가 마련한 국민 소통 프로젝트다. 미국 뉴욕 맨해튼에 있는 스테이크 전문점에서 '오마하의 현인' 워렌 버핏 버크셔 해서웨이 회장과 식사를 하는 '버핏과의 점심 식사' 행사는 다양한 주제로 버핏과 자유롭게 이야기를 나눌 수 있어 해마다 경쟁률이 치열하다. 이 행사로 얻은 수익금은 샌프란시스코 비영리 단체(공익을 목적으로 하는 단체)인 글라이드 재단에 기부된다. 20년 간 누적된 기부금은 약 5300만달러(약 686억원)에 이르는 것으로 알려졌다.

전경련이 기획한 한국판 버핏과의 식사는 참가자에게 돈을 받지 않는다. 대신 참가 희망자가 3개월 내 재능기부를 하는 것으로 점심값을 내면 된다. 전경련은 재능기부 계획을 참가신청서로 받아 심사를 통해 참가자를 뽑을 방침이다. 점심 자리에는 전경련 회장단 안팎의 대기업 총수들과 전문 경영인, 성공한 스타트업 창업자 등 3인의 경영인이 30명의 MZ세대(1980년대 초반~2000년대 초반 출생)들과 마주 앉아 점심을 먹으며 소통한다. 이는 '국민 속으로 들어가 국민과 함께 호흡하는 전경련으로 환골탈태하겠다'는 국민 소통 과제를 전격 실행하기 위해서다.

김장하
金章河, 1944~

▲ 김장하 명신고 전 이사장 (자료 : MBC경남)

김장하는 한약사이자 명신고등학교의 전 이사장이다. 경남 사천의 가난한 집안에서 태어나 19세 최연소의 나이로 한약업사 자격을 얻어 1963년 사천시 용현면 석거리에 한약방을 개업했다. 김장하는 한약방을 운영해 번 돈으로 일평생 나눔을 실천했다. 대표적인 사례로 1983년 학교법인 남성학숙을 설립했고 이듬해 100억원이 넘는 사재를 들여 명신고등학교를 설립해 체육관과 도서관 등 모든 학교시설을 완비한 후에 1991년 국가에 기부채납한 일이 있다.

그는 20대 젊은 시절부터 가정 형편이 어려운 학생들을 위해 남몰래 장학금을 주었고, 지금까지 김장하의 장학금을 받은 사람이 1000명을 웃도는 것으로 알려지고 있다. 그의 지원은 교육뿐만 아니라 사회, 문화, 예술, 역사, 여성, 인권 등 지역사회 모든 영역에 걸쳐 있다. 김장하는 재단 해산(2021년) 당시 남은 기금 34억원을 경상대학교 발전기금재단에 기탁하며 사회에 환원했다. 김장하는 많은 후원을 하면서도 좀처럼 자신을 드러내지 않았으나 최근 **MBC경남** 다큐멘터리 '**어른 김장하**'를 통해 전국적으로 이름이 알려졌다.

히트 쇼크
heat shock

히트쇼크란 **기온의 변화가 심한 시기에 온천 또는 목욕을 이용 시 혈압이 급변하여 쓰러지는 증상**이다. 급격한 온도변화에 의해 일어나는 신체의 악영향으로 혈압이 급하강할 때 실신하거나 급상승할 때 심근경색, 뇌경색 등을 일으켜 돌연사의 원인이 될 수 있는 현상이다. 젊고 건강한 혈관을 가지고 있을 경우에는 혈압이 상승·하강할 때에는 단순히 가벼운 현기증 등 만을 느낄 수 있다. 그러나 고령자 및 고혈압, 당뇨, 고지혈증 등 혈관 질환을 앓고 있을 경우에는 주의가 필요하다.

최근 설 연휴 기간 일본 홋카이도로 패키지여행을 떠난 70대 남성 이 모 씨가 온천욕을 하다가 숨졌다. 원인은 히트쇼크다. 이 씨처럼 일본 여행 중 히트쇼크로 숨진 우리나라 국민은 2022년 10월부터 2023년 2월 5일까지 규슈 벳푸에서 1명, 벳푸와 홋카이도 삿포로에서 각각 1명씩 세 명이다. 일본에서 히트쇼크 사고는 주로 추운 11월~2월에 발생한다. 히트쇼크 증상에 따른 응급신고는 해마다 약 1만7000건 정도 접수되고 있는 것으로 알려졌다. 여기에는 가정집 욕조 내에서의 사망자도 포함된다. 한국인도 히트쇼크 사고를 주의할 필요가 있다.

SNS 톡! 톡!

해야 할 건 많고, (이거 한다고 뭐가 나아질까) 미래는 여전히 불안하고 거울 속 내 표정은 (정말 노답이다) 무표정할 때!
턱 막힌 숨을 조금이나마 열어 드릴게요. "톡!톡! 너 이 얘기 들어봤니?" SNS 속 이야기로 쉬어가요.

#이 정도는 알아야 #트렌드남녀

메타버스 SNS 플랫폼 '본디'...2030세대 사이 인기 ● ● ●

▲ 본디(Bondee) (본디 홈페이지 캡처)

메타버스 기반 SNS 플랫폼 '본디(Bondee)'가 최근 2030세대 사이에서 유행하고 하고 있다. 본디는 싱가포르의 IT스타트업 '메타드림(Metadream)'이 작년 11월 런칭한 피규어 스타일 아바타 메신저 앱이다. 이용자들은 자신의 아바타와 공간을 직접 꾸미며 기분과 상태를 표시할 수 있으며, 최대 50명의 친구와 방에 쪽지를 남기거나 채팅을 하며 소통할 수 있다.

@ 메타버스 (metaverse)
웹과 인터넷 등의 가상세계(meta)가 현실세계(universe)에 흡수된 형태를 의미한다.

#본디가_뭔디 #찐친들의_메타버스_아지트

"형제의 나라에 깊은 애도"...튀르키예 울린 일러스트 ● ● ●

▲ 명민호 작가의 그림 (명민호 작가 인스타그램 캡처)

만화 일러스트레이터 명민호 작가가 2월 10일 자신의 SNS에 튀르키예 지진에 애도를 표현하는 두 장의 일러스트를 공개했다. 일러스트에는 73년 전 한국전쟁 당시 전쟁고아를 돌봐주는 튀르키예 군인의 모습과 이번 지진 상황에서 튀르키예 아이들을 돕고 있는 한국 긴급구조대의 활동 모습이 나란히 그려졌다. 2월 13일 기준 해당 게시물의 '좋아요'는 34만개가 넘었다. 그림에 감동한 튀르키예 네티즌들도 '고맙다'며 댓글을 남겼다.

@ 튀르키예 (Türkiye)
터키(Turkey)의 새 국호로 2022년 6월 유엔(UN)의 승인을 받은 후 국제사회에서 공식적으로 사용되고 있다.

#pray_for_Türkiye #pray_for_Syria

웹툰 '여신강림' 작가 야옹이 탈세 의혹

● ● ● ●

▲ 웹툰작가 야옹이 (야옹이 작가 인스타그램 캡처)

웹툰 '여신강림'으로 유명세를 얻은 작가 야옹이(본명 : 김나영)가 탈세 혐의를 받았다. 앞서 2월 9일 국세청은 탈세가 의심되는 연예인, 운동선수, 유튜버, 웹툰작가 등 84명에 대해 세무조사를 벌이겠다고 밝혔다. 국세청은 웹툰 연재를 면세 신고해 탈루한 소득으로 고가 사치품을 구매하고 가족에게 가공 인건비를 지급한 인기 웹툰작가 사례를 공개했다. 사례에 언급된 웹툰작가가 야옹이라는 의혹이 제기되었고, 야옹이 작가는 2월 11일 자신의 SNS에 입장문을 올려 세무조사를 받은 사실과 일부 혐의를 인정했다.

@ 헌법상 국민의 의무
헌법상 규정된 국민의 6대 의무는 국방, 납세, 교육, 근로, 공공복리에 적합한 재산권 행사, 환경보전의 의무다.

#납세의_의무는 #성실하고_정직하게

'온라인 특가판매' 육회 먹고 복통 호소

● ● ● ●

▲ 육회 (사진은 기사 내용과 직접 관련 없음)

인터넷 쇼핑몰에서 특가로 판매된 육회를 먹고 최소 수십 명이 배탈을 호소했다. 2월 4일 온라인 커뮤니티 에펨코리아 등에서 온라인에서 주문한 육회를 먹은 뒤 설사와 구토, 복통 등에 시달렸다는 게시물과 댓글이 여러 건 올라왔다. 이 제품은 온라인 커뮤니티의 특가 상품을 소개하는 게시판을 통해 입소문을 탄 한 이커머스 플랫폼에서만 모두 2550건이 판매됐다. 제품 구매자 중에서 식중독 피해를 신고한 사람은 모두 75명이다. 판매 플랫폼은 2월 5일 판매를 중단했고 육회 제조업체는 제품의 성분검사를 의뢰할 예정이라고 밝혔다.

@ B2C (Business to Customer)
기업 대 소비자 간의 전자상거래를 의미하며 인터넷 쇼핑몰이 대표적인 예시다.

#날_음식 #식중독_조심

페이스북에서 이벤트도 참여하세요.

• 페이스북
facebook.com/
eduwillnet

• 에듀윌 도서몰
book.eduwill.net

• 시사상식 App
에듀윌 시사상식

구글 플레이스토어 or 애플 앱스토어에서 에듀윌 시사상식을 검색하세요.

* **Cover Story**와 분야별 **최신상식**에 나온 중요 키워드를 떠올려보세요.

01 대지진을 일으킨 튀르키예 동남부 지역은 아라비아판과 어떤 판이 교차하는 곳에 위치하고 있는가?   p.9

02 천연가스를 −162℃의 상태에서 냉각하여 액화시킨 뒤 부피를 600분의 1로 압축시킨 것으로 현재 도시가스로 주로 사용되는 것은?   p.14

03 1개의 선거구당 1명의 당선자를 선출하는 선거 방식으로 가장 많이 득표한 사람을 선출한다는 뜻에서 다수대표제라고도 하는 것은?   p.22

04 반도체 설계 디자인 전문 기업으로부터 제조를 위탁받아 반도체를 생산하는 기업을 의미하는 것은?   p.33

05 특정 투자 상품의 가치를 쪼개 여러 투자자가 함께 상품에 투자하고 이익을 배분받는 투자 방식은?   p.39

06 자원 절약과 재활용을 통해 지속가능성을 추구하는 친환경 경제 모델은?   p.52

07 특정 집단에 대한 편견이나 혐오, 비하, 적대감, 증오 등을 동기로 하는 범죄는?   p.53

08 저명한 기업인·정치인 등이 모여 세계 경제에 대해 토론하고 연구하는 국제 민간회의이자 스위스 다보스에서 열려 다보스포럼이라고도 하는 것은? p.56

09 1949년 출범한 미국과 유럽 국가 간 국제 군사 기구는? p.62

10 핵확산 방지를 위해 동맹국 간 신뢰를 바탕으로 핵무기를 보유한 국가가 그렇지 않은 동맹국의 안전을 핵무기를 통해 보장하는 것은? p.66

11 한국 삼보사찰 중 법보사찰로서 팔만대장경을 보관하는 장경판전이 있는 곳은? p.74

12 해커가 홈페이지를 마음대로 바꾸고 해킹을 성공했음을 알리는 공격 형태는? p.87

13 4년마다 열리는 아시아의 국가의 종합 스포츠 대회는? p.94

14 기온의 변화가 심한 시기에 온천 이용 또는 목욕 시 혈압이 급변하여 쓰러지는 증상은? p.109

정답　**01** 아나톨리아판　**02** LNG(액화천연가스)　**03** 소선거구제　**04** 파운드리　**05** 조각투자　**06** 순환경제　**07** 혐오범죄　**08** 세계경제포럼(WEF)　**09** 북대서양조약기구(NATO)　**10** 핵우산　**11** 해인사　**12** 디페이스 공격　**13** 아시안게임　**14** 히트 쇼크

이미 끝나버린 일을 후회하기보다는
하고 싶었던 일들을 하지 못한 것을 후회하라.

– 탈무드(Talmud)

에듀윌, 지난해 환급금 '사상 최대' 78억원 기록... 공인중개사만 54억원

종합교육기업 에듀윌이 2022년 공인중개사 등 시험 합격자들 가운데 환급 대상자들에게 환급금을 지급한 금액이 총 78억원을 넘겼다고 1월 27일 밝혔다.

정보다 더 빠르게 환급금을 지급할 수 있게 됐다"고 말했다.

이어 "업계 최대 규모로 관측되는 이번 성과를 만들 수 있도록 에듀윌의 커리큘럼과 교수진, 교재

지난해 에듀윌 출신 합격자 수와 환급금은 모두 '사상 최대' 기록을 경신했으며, 공인중개사 합격자만 따로 보더라도 역대 최대 규모에 해당하는 54억원을 환급하게 됐다. 이는 업계 최대 규모의 환급금으로 기록될 것으로 확실시된다. 에듀윌은 사상 최대 환급 규모에도 당초 계획보다 1개월가량 앞당긴 1월 27일에 환급금 전액의 조기 지급을 완료했다.

등 합격 시스템을 믿고 최선을 다한 모든 합격자들에게 다시 한번 축하와 감사의 인사를 드린다"고 덧붙였다.

한편, 에듀윌은 2016년에 KRI 한국기록원으로부터 단일 교육기관 공인중개사 한 회차 최대 합격자 배출을 공식 인증 받은 바 있으며, 현재까지 7년간 합격자 수 최고 기록을 유지하고 있다.

에듀윌이 지난해 합격자 수와 환급금 모두 사상 최대 기록을 달성할 수 있었던 배경에는, 합격생 빅데이터를 연구해 개발한 학습 커리큘럼과 과목별 1타 교수진, 매년 베스트셀러 1위를 지켜온 독보적인 교재가 있었다고 회사 측은 설명했다.

에듀윌 관계자는 "지난해는 에듀윌을 통한 합격자가 창립 이래 가장 많이 배출된 역사적인 한 해로, 아무도 예상하지 못했던 놀라운 결과에 정말 기쁜 마음을 갖고 있다"며 "이에 모든 직원이 보다 신속하게 업무를 처리해 당초 공지해드린 일

PART
03

취업상식
실전TEST

취업문이 열리는 실전 문제 풀이

최근 출판된 에듀윌 자격증·공무원·취업
교재에 수록된 문제를 제공합니다.

01 당 3역에 포함되지 않는 사람은?

① 원내대표
② 사무총장
③ 당 대표
④ 정책위의장

해설 당 3역(黨三役)은 정당에 중추적인 역할을 수행하는 ▲원내대표 ▲사무총장 ▲정책위의장(정책위원회 의장)을 말한다.

🗀 尹 대통령, 나경원 해임...국민의힘 당권투쟁 격화

▲ 윤석열 대통령(왼쪽)과 나경원 전 의원
(자료 : 제20대 대통령실)

윤석열 대통령이 1월 13일 나경원 국민의힘 전 의원을 저출산고령사회위원회 부위원장과 기후환경대사직에서 해임했다. 나 전 의원이 이날 부위원장 사직서를 서면으로 제출하자 사표 수리 대신 기후환경대사직까지 모두 해임한 것이다. 나 전 의원이 사표를 제출한 이유는 곧 있을 국민의힘 전당대회에서 당 대표 선거에 출마하기 위해서란 해석이 많았다.

그러나 나 전 의원의 행보로 당 대표 선출에 있어 내부 신경전이 벌어졌다. 당권 경쟁자인 이른바 윤핵관(윤 대통령 핵심 관계자) 측에서는 나 전 의원의 당 대표 선거 출마 움직임을 '반윤(반윤석열)적 태도'라며 비판했고 윤 대통령의 나 전 의원 해임은 이러한 비판에 가담하며 윤핵관에게 힘을 실어준 것으로 해석됐다. 나 전 의원은 결국 1월 25일 기자회견 형식으로 윤 대통령에게 사과하고 전당대회에 출마하지 않겠다고 밝히며 백기투항했다.

정답 ③

02 제2심 판결에 대하여 불복이 있어 대법원에 상소하는 것은?

① 상소
② 상고
③ 항소
④ 항고

해설 상고(上告)에 대한 설명이다.
① 상소 : 미확정 재판에 대하여 상급법원에 구제를 구하는 불복신청제도
③ 항소 : 제1심 판결에 대해 상급법원에 상소
④ 항고 : 법원의 결정에 대해 상소

🗀 정부 "재단이 日기업 대신 강제징용 판결금 지급 가능"

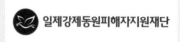

강제징용 해법 논의를 위한 공개토론회에서 정부가 배상 해법을 사실상 공식화했다. 2018년 대법원의 배상 확정판결을 받은 국내 강제징용 피해자들이 제3자인 일제강제동원피해자지원재단으로부터 판결금을 대신 변제받는 것이 가능하다고 밝힌 것이다. 정부는 1월 12일 공개토론회에 이어 1월 13일 한일 외교장관 간 통화, 1월 16일 일본 도쿄에서 국장급 협의를 개최하는 등 강제징용 배상 문제 해결에 박차를 가했다.

정부가 제시한 해법에 피해자 측은 "일본 전범 기업의 사죄와 배상이 빠졌다"라며 강하게 반발했다. 한일역사정의평화행동과 전국민중행동·일제강제동원시민모임 등 시민단체는 토론회가 진행된 1월 12일 국회 앞에서 기자회견을 열고 정부의 해법에 반대한다는 입장을 밝혔다. 이에 해법 마련에 난항이 이어질 전망이다. 한편, 지난 2019년 일본제철 주식회사는 일제강점기 징용 피해자들에게 1억원씩 배상하라는 2심 판결에 불복해 상고했다.

정답 ②

03 은행을 비롯한 금융기관들이 특정 사업을 담보로 대출을 해주고 그 사업의 수익금으로 되돌려 받는 금융기법은?

① 사모펀드
② 크라우드 펀딩
③ 매칭그랜트
④ 프로젝트 파이낸싱

해설 프로젝트 파이낸싱(PF, Project Financing)에 대한 설명이다.
① 사모펀드(PEF, Private Equity Fund) : 비공개로 모집한 소수의 투자자들로부터 대규모 자금을 모으는 펀드
② 크라우드 펀딩(crowd funding) : 온라인을 기반에 두고 익명으로 다수의 후원자들로부터 자금을 조달하는 방식
③ 매칭그랜트(matching grant) : 선진국형 사회공헌기금 조성 프로그램

📂 **국내 최대 재건축 단지 '둔촌주공' 정당 계약률 70% 선방**

▲ 둔촌주공 조감도 (자료 : 강동구청)

서울 강동구 둔촌주공 재건축 일반분양(4768채) 정당 계약률이 계약 마감일인 1월 17일 70%에 육박했다고 건설업계가 발표했다. 정당 계약이란 청약 당첨자를 대상으로 한 분양 계약을 뜻한다.

둔촌주공은 국내 최대 규모 재건축 단지로서 올해 3만2000여 채가 예정된 서울 부동산 분양시장의 바로미터가 될 것이라는 평가를 받았다. 그러나 금리 상승과 부동산 시장 침체의 영향으로 미분양이 속출할 것이라는 우려가 존재했다.

정부는 1월 초 대대적인 부동산 규제 정책 완화 조치를 발표했다. 둔촌주공의 경우 강동구가 규제지역과 분양가 상한제에서 해제되면서 전매제한 기간이 8년에서 1년으로 줄고, 실거주 2년 의무도 사라져 계약을 망설이던 청약 당첨자들의 마음을 돌릴 수 있게 됐다. 비록 미분양 가구가 6만 가구가 넘지만 건설사 측은 "계약률이 40%도 되지 않을 것이라는 비관적인 예측에 비하면 선방했다"고 설명했다.

정답 ④

04 중앙은행이 통화를 시중에 직접 공급하여 경기 위축을 방어하고 신용경색을 해소하고자 하는 통화 정책은?

① 양적완화
② 공개시장운영
③ 지급준비율조정
④ 대출한도제

해설 양적완화(QE, Quantitative Easing)에 관한 설명이다. 기준금리가 0에 가까운 상황에서 금리를 낮추기 어려울 때 쓰는 이례적인 정책이다.
② 공개시장운영 : 중앙은행이 보유하고 있는 유가증권을 매매하는 방식으로 시장에 참여
③ 지급준비율조정 : 은행이 예금 중 중앙은행에 의무적으로 적립해야 하는 비율을 조정
④ 대출한도제 : 중앙은행이 자금의 용도별 또는 예금은행별로 대출의 규모를 한정

📂 **무비자·엔저로 일본 여행 인기**

전자상거래업체 인터파크가 일본 무비자 자유여행이 허용된 지난해 10월 11일부터 올해 1월 11일까지 3개월 동안 일본 노선 항공권과 패키지 상품 판매 실적이 크게 증가했다고 밝혔다. 특히 항공권의 경우 발권 인원이 전년 동일 기간에 비해 3만7943% 폭증했고, 코로나 이전인 2019년에 비해서는 384% 증가했다고 전했다. 일본정부관광국(JNTO)에 따르면 지난해 11월 일본에 입국한 외국인은 93만4500명으로 집계됐다. 이중 한국인이 31만5400명(33.8%)를 차지했고, 방일객 국가별 순위에서도 한국이 1위를 기록했다.

이처럼 일본 여행 수요가 급격히 증가한 이유로 근거리·일본 양적완화 지속에 따른 엔저 효과를 꼽는다. 리오프닝(re-opening : 코로나19 이후 경제활동 재개) 시기를 맞아 억눌렸던 여행 욕구를 해소하고자 하는 심리와 지리적·경제적 조건이 맞아떨어지면서 한국인들 사이에 일본 선호도가 높아졌다고 볼 수 있다.

정답 ①

05 네트워크에 불법적으로 침입해 사용자의 시스템 권한을 획득한 뒤 정보를 빼가는 해킹 수법은?

① 피싱
② 파밍
③ 스푸핑
④ 스니핑

해설 스푸핑(spoofing)에 대한 설명이다.
① 피싱(phishing) : 전자 우편이나 메신저를 통해 불법적인 방법으로 개인의 신용정보를 알아 낸 후 이를 이용하는 사기 수법
② 파밍(pharming) : 고객이 인터넷 뱅킹 위조 사이트에 자동 접속하도록 만들어 예금을 탈취하는 해킹 수법
④ 스니핑(sniffing) : 네트워크상에서 지나가는 사용자의 아이디와 비밀번호를 도청하는 행위

□ '연말정산' 이메일 잘못 열었다간 보이스피싱

연말정산이 본격적으로 시작되면서 국세청을 사칭한 이메일 등 보이스피싱이 기승을 부렸다. 정보보안업체 안랩에 따르면 사기범들은 국세청 홈페이지에 로그인을 시도하는 이용자에게 비밀번호가 만료될 것이라는 경고 이메일을 발송한 후 이메일 속 URL 클릭을 유도해 이용자의 정보를 탈취하는 방식을 사용했다. 국세청도 '국세청 세무조사 출석요구 안내통지문' 등의 문구가 포함된 악성 이메일이 유포되고 있다며 납세자들에게 주의를 기울일 것을 당부했다.

정보보안업체 안랩은 보이스피싱 범죄를 미연에 방지하기 위해 "신뢰하지 않는 수신인으로부터 발송된 메일 열람과 출처가 불분명한 URL 접속을 자제해야 한다"고 강조했다. 만에 하나 피해가 발생한다면 신속하게 금융회사와 금융감독원 콜센터에 전화해 해당 계좌 지급정지를 요청하고 피해 구제를 신청해야 한다.

정답 ③

06 유해폐기물의 국가 간 교역을 규제하는 국제 협약은?

① 몬트리올의정서
② 바젤협약
③ 람사르협약
④ 런던협약

해설 바젤협약(Basel Convention)에 대한 설명이다. 바젤협약은 1989년 3월 스위스 바젤에서 세계 116개국 대표가 참석한 가운데 채택되었다.
① 몬트리올의정서 : 오존층 파괴 물질의 사용을 규제하는 국제 협약
③ 람사르협약 : 국제적으로 중요한 습지와 습지의 자원을 보전하기 위한 국제 협약
④ 런던협약 : 폐기물이나 기타 물질의 해양투기로 인한 해양오염을 방지하기 위한 국제 협약

□ 페페트병 '물리적 재생원료' 최초 인정...재활용 활성화 기대

식품의약품안전처(식약처)가 식품용기 제조 시, 식품용 투명 페페트병을 재활용한 '물리적 재생원료' 사용을 허가했다고 1월 17일 발표했다. 우리나라에서 폐페트병을 재활용한 물리적 재생원료가 인정받은 것은 최초다. 물리적 재생원료는 이미 사용된 플라스틱 제품을 분쇄 및 세척 작업을 통해 불순물을 제거 후 화학적 변화 없이 재생한 원료다. 이는 가열 등 화학반응을 통해 플라스틱에서 불순물을 제거하고 원료 물질로 되돌리는 기존의 '화학적 재생' 방식보다 비용이 절감된다는 장점이 있다.

식약처는 이번 물리적 재생원료 인정이 재활용의 활성화, 새 플라스틱 사용 절감을 통한 환경보호에 기여할 것으로 기대했다. 또한 식약처는 "재활용 원료로 제조된 식품 용기의 안정성을 위해 물리적 재생원료 인정 심사를 철저히 할 것"이라며 "자원순환 촉진과 환경보호 측면에서 물리적 재생원료 안전 기준을 지속적으로 확대·마련하겠다"고 밝혔다.

정답 ②

07 이란·이라크·사우디아라비아 등의 산유국이 모여 1960년 국제 석유 자본에 대항하기 위해 설립한 기구는?

① OPEC
② APEC
③ OECD
④ FTA

해설 석유수출국기구(OPEC, Organization of Petroleum Exporting Countries·오펙)에 대한 설명이다.
② APEC(Asia—Pacific Economic Cooperation) : 환태평양 국가들의 경제·정치 결합 국제기구
③ OECD(Organization for Economic Cooperation and Development) : 경제발전과 세계무역 촉진을 위한 국제기구
④ FTA(Free Trade Agreement) : 국가 간 상품의 이동을 자유롭게 하기 위해 무역 제한 조건을 완화하거나 제거하는 협정

🗂 UAE와 총 48건 MOU 체결...제2 중동 붐 기대

▲ 윤석열 대통령(왼쪽)과 UAE 총리 (자료 : 대통령실)

윤석열 대통령이 1월 14일부터 8일간 아랍에미리트(UAE)와 스위스를 순방했다. 윤 대통령의 UAE 국빈 방문을 계기로 양국 간에 총 48건의 양해각서(MOU)와 계약이 체결됐다고 대통령실이 밝혔다. 양국 정상 회담 중 체결된 MOU 13건, 개별적으로 체결된 MOU 11건, 한-UAE 비즈니스 포럼을 통해 체결된 MOU와 계약 24건 등이다.

윤 대통령의 이번 UAE 순방과 관련해 제2의 중동 붐이 가능할 것이라는 관측이 나오고 있다. 중동 붐이란 1973년 삼환기업이 사우디아라비아에서 처음으로 건설 사업을 수주한 것을 기점으로 1970~1980년대 초반까지 수많은 한국 기업이 중동에 투입되어 자본을 축적하고 기술발전을 이루었던 건설 특수를 말한다. 이 수석은 UAE 순방 성과에 대해 "신(新) 중동 붐 원년을 향한 첫걸음을 내디뎌 수출과 해외 시장 진출로 복합 위기를 극복하는 계기가 됐다"고 말했다.

정답 ①

08 '세계의 지붕'이라고 불리는 산맥의 명칭은?

① 안데스 산맥
② 로키 산맥
③ 알프스 산맥
④ 히말라야 산맥

해설 히말라야 산맥에 대한 설명이다. 히말라야 산맥은 총 길이 2400km로 인도와 티베트 사이에 위치하고 있다. 에베레스트산을 비롯한 14개의 8000m 봉우리가 모두 이곳에 모여 있어, 히말라야 산맥은 '세계의 지붕'이라고 일컬어진다.

🗂 네팔 항공기 추락...외교부 "한국인 추정 시신 2구 확인"

▲ 여객기 추락사고 희생자를 추모하는 점등식

지난 1월 15일(이하 현지시간) 네팔 포카라에서 발생한 여객기 추락 사고와 관련해 한국인 탑승자로 추정되는 시신 2구가 1월 16일 확인됐다. 사고 당일 현지 언론 카트만두 포스트에 따르면 이날 오전 네팔 카트만두에서 포카라로 향하던 네팔 예티항공 소속 ATR72기가 네팔 카스키 지구에서 추락했다. 이 여객기에는 승객 등 72명이 탑승하고 있었다. 최소 68명이 사망했을 것으로 추정되는 가운데 주네팔대사관 영사는 소지품 및 유류품을 통해 한국 국민으로 추정되는 2구의 시신을 확인했다고 전했다.

네팔 경찰은 1월 16일 사망자 26명의 신원 확인 명단을 밝혔는데 이 명단에 한국인 탑승자 40대 유 모 씨의 이름이 포함됐다. 전남 장성군에 따르면 유 씨는 현역 육군 간부이자 지난해 김한종 장성군수로부터 모범 군민상을 받은 인물로, 방학을 맞은 10대 아들과 함께 히말라야 등반을 떠났다가 이번 사고를 당했다.

정답 ④

09 국내 기술로 개발한 3단 액체로켓의 명칭은?

① KSR-I
② 아리랑 2호
③ 나로호
④ 누리호

해설 누리호(KSLV-II)는 첫 국산 우주발사체(로켓)으로서 개발 단계에서 가장 고난도였던 1단부 최종 연소시험에 성공하면서 우리나라는 사실상 세계에서 7번째로 독자적 우주발사체 기술 확보국이 되었다.

🗁 KF-21 한국형 전투기 첫 초음속 비행 성공

▲ KF-21 (자료 : 방위사업청)

한국형 전투기 '보라매'(KF-21) 시제 1호기가 1월 17일 첫 초음속 비행에 성공했다. 방위사업청(방사청)은 KF-21이 이날 오후 3시 15분 첫 초음속 비행을 포함해 총 3차례의 초음속 비행 시도에 모두 성공했다고 발표했다. KF-21은 이날 오후 2시 58분 사천의 공군 제3훈련비행단에서 이륙해 남해 상공에서 고도 약 4만ft(약 1만2200m)로 비행하면서 음속(마하 1.0·약 1224km/h)을 돌파했다. 전투기는 56분간 비행을 수행하고 오후 3시 54분에 착륙했다.

국내 기술로 독자 개발한 항공기가 음속을 돌파한 것은 처음이다. 2003년 국산 초음속 고등훈련기 T-50(골든이글)이 음속을 돌파한 사례가 있으나, T-50은 미국과 기술협력으로 개발된 기종이다. 방사청에 따르면 앞으로 KF-21은 음속 영역에서의 고도·속도를 더욱 높여 나가면서, 초음속 구간에서의 비행 안정성을 점검·검증하고, 이를 체계개발에 지속 반영할 계획이다.

정답 ④

10 이른바 세계 3대 영화제에 포함되지 않는 것은?

① 베니스 국제영화제
② 보스턴 국제영화제
③ 칸 국제영화제
④ 베를린 국제영화제

해설 세계 3대 영화제로 베니스·칸·베를린 국제영화제가 꼽힌다.

🗁 넷플릭스, 올해 라인업에 한국 콘텐츠 '역대 최다' 34개 작품

글로벌 OTT(Over The Top·온라인동영상서비스) 넷플릭스가 올해 역대 최다 수준인 34편의 한국 콘텐츠를 방송할 예정이라고 미국 NBC, CNN 뉴스 등이 1월 17일(현지시간) 보도했다. 올해 공개되는 한국 작품은 드라마 시리즈 21편과 리얼리티쇼 5편, 영화 6편, 다큐멘터리 2편 등이다. 신작에는 인기 웹툰을 원작으로 한 로맨스 드라마, 일제강점기를 배경으로 한 퓨전 사극, 칸 국제영화제, 아카데미상 수상자 봉준호 감독에 대한 다큐멘터리까지 다양한 작품이 포함돼 있다.

넷플릭스의 한국 콘텐츠를 총괄하는 강동한 VP(Vice President)는 "지난해 한국 드라마와 영화는 90개국 이상에서 정기적으로 글로벌 TOP10에 올랐고 넷플릭스에서 가장 많이 본 프로그램 중 3개가 한국에서 제작됐다"고 말했다. 2021년 '오징어 게임', 2022년 '이상한 변호사 우영우' 등 성공적인 한국 콘텐츠가 플랫폼의 성장에 견인하면서 이에 대한 투자 역시 늘고 있는 것으로 관측된다.

정답 ②

11 장기간에 걸쳐 안정적인 수익을 내고 건전한 재무구조를 가져 가치가 높다고 평가되는 기업의 주식을 일컫는 말은?

① 블루칩
② 레드칩
③ 블랙칩
④ 옐로칩

해설 블루칩에 대한 설명이다. 블루칩은 시가총액이 높은 대형 우량주를 의미하기도 한다.
② 레드칩 : 홍콩 시장에 상장된 우량주
③ 블랙칩 : 석탄·석유를 비롯한 에너지 시장의 우량주
④ 옐로칩 : 블루칩보다 한 단계 위상이 낮지만 안정적이고 성장여력이 남아있는 회사

📁 갈 길 먼 '애플페이' 국내 상용화

지난해 11월 도입될 것으로 기대를 모았던 애플의 간편 결제 시스템 '애플페이'의 정식 서비스 지원이 해를 넘어 지연됐다. 단말기 보급 리베이트 여부, 결제 관련 개인정보 국외 유출 가능성 등을 살피는 금융 당국의 심사가 길어졌기 때문이다. 1월 17일 금융권에 따르면 애플페이는 금융감독원의 약관심사 절차를 거쳐(2022년 12월 5일) 현재는 금융위원회 금융정책과·중소금융과·전자금융과 등 3개 부서에서 국내 규제에 적합한 지 서비스 검토를 받았다. 정부는 2월 3일 애플페이의 국내 사용을 허용했다. 그러나 상용화까지 갈 길이 멀다.

애플페이는 근접무선통신(NFC)을 이용한 비접촉 결제 방식인 'EMV contactless'(EMV)를 사용한다. 유럽, 미국 등 해외에서는 EMV가 대세로 자리 잡은 반면 국내에서는 MST(마그네틱보안전송)가 주로 사용되고 있다. 때문에 국내카드사가 애플페이를 도입하기 위해서는 새로운 단말기 보급, 보안 인프라 구축 등 절차가 따라야 하고 이 과정에서 국내법에 저촉되지 않는지도 확인해야 한다.

정답 ①

12 2026년 제23회 FIFA 월드컵 개최국은?

① 브라질
② 러시아
③ 북중미
④ 카타르

해설 2026년 제23회 FIFA(국제축구연맹) 월드컵 축구대회는 북중미 3개국(캐나다·멕시코·미국)에서 공동으로 개최된다. 밴쿠버, 멕시코시티, 뉴욕 등 16개 도시에서 진행될 예정이다.

📁 박항서 감독, 베트남서 2022 최고의 외국인 스포츠 지도자 선정

▲ 박항서 감독 (자료 : VN익스프레스)

박항서 베트남 축구 국가대표팀 감독이 1월 11일 (현지시간) 베트남 하노이에서 열린 '빅토리 컵 (Victory Cup)' 시상식에서 외국인 감독상을 수상했다. 빅토리 컵은 베트남 스포츠 당국이 주관하는 시상식으로 스포츠 전 종목을 통틀어 한 해 가장 크게 공헌한 선수, 감독, 팀을 뽑는다. 박 감독은 "제게는 5년 동안의 베트남 대표팀과 동행을 마지막으로 끝내는 한 해다. 귀중한 상을 받게 해주셔서 감사드린다"고 수상 소감을 전했다.

동남아 중위권 팀으로 분류됐던 베트남은 2017년 박 감독의 부임 이후 역내 강호로 급부상했다. 베트남은 2018년 '동남아의 월드컵'이라 불리는 스즈키컵(현 미쓰비시컵) 우승으로 동남아 최강의 지휘를 굳혔고, 올해 미쓰비시컵에서도 준우승을 했다. 이 대회를 마지막으로 박 감독은 베트남과 5년의 동행을 마쳤다. 베트남 국영 항공사 베트남항공은 베트남 축구사를 새로 쓴 박 감독에게 한국-베트남 노선 평생 이용권을 선물하기도 했다.

정답 ③

01 다음 중 헌법이 규정하는 국민의 권리이자 의무에 해당하지 않는 것은?

① 교육

② 근로

③ 국방

④ 재산권 행사

해설 대한민국 헌법에서 규정하는 국민의 의무로는 납세의 의무, 국방의 의무, 교육의 의무, 근로의 의무, 재산권 행사의 의무, 환경보전의 의무가 있다. 이중에서 교육, 근로, 재산권 행사, 환경보전은 의무인 동시에 권리에 해당한다.

정답 ③

02 다음 중 불문법에 해당하지 않는 것은?

① 관습법

② 조례

③ 조리

④ 판례법

해설 조례(條例)는 문서의 형식을 갖춘 성문법에 해당한다. 불문법은 문장의 형식이 아닌 법으로 관습법, 판례법, 조리 등이 있다.

정답 ②

03 다음 중 자원 배분이 가장 효율적으로 이루어진 상태를 말하는 것은?

① 슈바베의 법칙

② 그레샴의 법칙

③ 파레토 최적

④ 부메랑 현상

해설 파레토 최적(Pareto optimum)은 어떤 사람의 효용을 감소시키지 않고서는 다른 사람의 효용을 증가시킬 수 없는, 자원 배분이 가장 효율적으로 이루어진 최적의 상태를 말한다.

정답 ③

04 소득 증가로 위스키 선호 현상이 나타나면서, 소주가 가격 하락에도 소비량이 줄었다면 소주는 무슨 재화인가?

① 기펜재
② 보완재
③ 독립재
④ 단용재

해설 기펜재(Giffen good)는 가격이 하락하면 도리어 수요가 감소하는 하급 재화를 말한다.

정답 ①

05 세율이 일정 수준을 넘으면 근로 의욕이 감소하여 세원 자체가 줄어들게 된다는 이론은?

① 래퍼곡선
② 필립스곡선
③ 로렌츠곡선
④ 무차별곡선

해설 래퍼곡선(Laffer curve)은 세율과 세수 간의 관계를 설명한 곡선이다.

정답 ①

06 아이가 있는 맞벌이 부부를 의미하는 말은?

① 딘트족
② 듀크족
③ 통크족
④ 딩크족

해설 듀크족(DEWK, Dual Employed With Kids)에 대한 설명이다.

① 딘트족(DINT, Double Income No Time) : 수입은 두 배이나 돈 쓸 시간이 없는 신세대 맞벌이 부부
③ 통크족(TONK, Two Only No Kids) : 손자·손녀를 돌보던 전통적인 할아버지와 할머니의 역할에서 벗어나 자녀들에게 부양받는 것을 거부하고 부부끼리 독립적으로 취미와 여가활동을 즐기는 노인세대
④ 딩크족(DINK, Double Income No Kids) : 사회적 성공이나 육아에 대한 부담 등을 이유로 의도적으로 자녀를 두지 않은 맞벌이 부부

정답 ②

07 어린이 납치사건이 발생했을 때 방송, 휴대전화 등을 통해 납치범을 공개 수배하는 시스템은?

① 엠바고 경고 시스템
② 앰버 경고 시스템
③ 클림비 경고 시스템
④ 제노비스 경고 시스템

해설 앰버 경고 시스템(amber alert system)은 1996년 미국 텍사스주(州)의 알링턴에서 납치되어 잔혹하게 살해된 9세 어린이인 앰버 허거먼의 이름에서 유래된 제도이다. 어린이 납치사건이 발생할 경우 고속도로의 전자표지판과 텔레비전·라디오·전자게시판·휴대전화 등을 이용해 전국적으로 관련 내용을 공개함으로써 국민들의 제보를 유도한다.

정답 ②

08 에어컨의 냉각수에서 증식하다가 물 분무 입자와 함께 사람의 호흡기를 통해 폐에 침투하여 감염되는 균은?

① 살모넬라균
② 브루셀라균
③ 시겔라균
④ 레지오넬라균

해설 레지오넬라균은 건물 냉방기의 냉각탑수나 배관시설의 오염된 물에서 증식하다가 호흡기를 통해 전파되는 균이다. 이 균에 감염되면 감기처럼 목이 붓고 고열·설사 등의 증세를 보이며 폐렴으로 발전하기도 한다.

정답 ④

09 가스 하이드레이트에 대한 설명으로 옳지 않은 것은?

① 천연가스가 물과 결합해 생긴 에너지원이다.
② 지구 온난화 현상을 해결할 미래 자원으로 주목받고 있다.
③ 불을 붙이면 타는 성질이 있어 '불타는 얼음'으로 불린다.
④ 동해 울릉분지와 독도 부근에 매장된 것으로 추정된다.

해설 가스 하이드레이트에 포함된 메탄은 지구 온난화에 악영향을 미치기 때문에 과학자들이 가스 하이드레이트 사용에 대해 우려하고 있다.

정답 ②

10 인터넷 사용을 스스로 통제하지 못하고 인터넷에 접속하지 않으면 불안감을 느끼는 의존 증상은?

① 루키즘
② 핵티비즘
③ 웨바홀리즘
④ 반달리즘

11 영국의 민주주의 발달과 관련한 사건을 시대적 순서에 맞게 배열한 것은?

① 마그나 카르타–청교도 혁명–권리장전–차티스트 운동
② 마그나 카르타–청교도 혁명–차티스트 운동–권리장전
③ 청교도 혁명–마그나 카르타–권리장전–차티스트 운동
④ 마그나 카르타–권리장전–청교도 혁명–차티스트 운동

12 인질이 인질범들에게 심리적으로 동화되는 현상을 가리키는 범죄심리학 용어는?

① 리마 증후군
② 꾸바드 증후군
③ 뮌하우젠 증후군
④ 스톡홀름 증후군

2023 보훈교육연구원

01 해트트릭의 뜻으로 옳지 않은 것은?

① 야구에서 공격 부문 타이틀을 3개 차지한 것
② 경마에서 기수가 3번 연속 경주에서 이긴 경우
③ 크리켓에서 3번의 공으로 3명을 아웃시키는 것
④ 축구에서 한 선수가 한 경기에 3골을 득점하는 것

해설 야구에서 해트트릭(hat trick)은 사이클링히트와 같은 의미다. 사이클링히트란 한 경기에서 한 선수가 1루타·2루타·3루타·홈런을 모두 기록하는 것이다.

02 정부나 의회에 의해 임명된 조사관이 시민들의 각종 민원을 수사하고 해결해주면서 공무원의 권력 남용 등을 조사·감시하는 권익 보호 제도는?

① 특별검사　　　　　② 옴부즈맨
③ 특별감찰반　　　　④ 고위공직자비리수사처

해설 옴부즈맨(Ombudsman)은 스웨덴어로 대리인 또는 대표자라는 뜻이며 위법·부당한 행정기관의 처분에 대한 감시·감찰 또는 고충을 처리하는 권익 보호 제도다. 1809년 스웨덴에서 처음 도입돼 많은 선진 민주 국가에서 이 제도를 채택하고 있다.

03 사회적 위험으로부터 국민을 보호하기 위한 다양한 제도적 장치를 포괄하는 개념은?

① 공공부조
② 사회안전망
③ 사회재난구호
④ 기초생활보장

해설 사회안전망(social safety nets)에 대한 설명이다. 국민건강보험·국민연금보험·산업재해보험·고용보험 등 4대 사회보험, 공공부조를 통한 저소득 빈곤계층의 기초생활 보장, 긴급구호가 필요한 자에 대한 최소한의 생계 및 건강 유지 등이 대표적인 사회안전망이다.

04 기업의 실적 발표 시 시장의 예상치를 훨씬 초과하는 깜짝 실적을 일컫는 말은?

① 블랙먼데이
② 블랙스완
③ 어닝쇼크
④ 어닝서프라이즈

해설 어닝서프라이즈(earnings surprise)에 대한 설명이다.
① 블랙먼데이 : 미국 뉴욕에서 주가 대폭락이 있었던 1987년 10월 19일 월요일
② 블랙스완 : 불가능하다고 인식된 상황이 실제 발생하는 것
③ 어닝쇼크 : 기업의 실적 발표 시 시장의 예상보다 저조한 실적을 발표하는 것

05 〈보기〉의 빈칸에 들어갈 말로 적당한 것은?

┤ 보기 ├

카카오는 판교 데이터 센터 화재 피해 보상안이 마련됨에 따라 지난해 10월 출범한 비상대책위원회를 해체하고 경영을 정상화 해나갈 방침이다. 카카오의 보상 금액 규모는 수천억원에 달할 가능성이 있는데 SK C&C 판교 데이터 센터에 입주한 업체들의 배상 책임 규모는 70억원에 그친다. 이에 카카오 측이 SK C&C를 상대로 (　　　)을(를) 행사하는 소송에 돌입할 것이란 전망이 있다.

① 물권　　　　　② 청구권
③ 구상권　　　　④ 재산권

해설 구상권(求償權)이란 '타인에 갈음하여 채무를 변제한 사람이 그 타인에 대하여 가지는 상환청구권'을 의미한다. 〈보기〉에서 카카오는 데이터 센터 화재 사고로 판교 데이터 센터 화재 관련 보상액 규모가 수천억원이 달할 가능성이 있다. 이에 데이터 센터 운영 주체인 SK C&C를 상대로 상환청구를 위해 구상권을 행사하고자 하는 것이다.

06 빅스텝은 기준금리를 몇 %p 인상하는 것을 말하는가?

① 0.25%p
② 0.30%p
③ 0.45%p
④ 0.50%p

해설 빅스텝은 사전적으로 '큰 발전'을 뜻하지만 경제 분야에서는 미국 중앙은행인 연방준비제도(Fed·연준)가 기준금리를 0.50%p 인상하는 것을 의미한다. 0.50%p가 빅스텝의 기준이 되는 까닭은 미국이 기준금리를 조정할 때 1987년부터 2006년까지 연준 의장을 지낸 앨런 그린스펀의 베이비스텝(baby step) 원칙을 따라 보통 0.25%p씩 조정했기 때문이다.

07 〈보기〉에 나타난 소비 행태를 추구하는 사람들을 일컫는 말은?

| 보기 |

의식주 전반에서 '가짜'를 바라보는 관점이 변화했다. 동물을 보호하고 모피를 반대하는 사회적 흐름에 따라 인조 모피가 실제 모피보다 더 주목을 받고 비거니즘의 열풍으로 식물성 고기 시장이 성장하는 등 진짜보다 더 멋진 가짜 제품을 소비하는 사람들이 늘고 있다.

① 리세슈머
② 페이크슈머
③ 안티슈머
④ 블랙컨슈머

해설 〈보기〉에서처럼, 진짜를 압도할 만큼 멋진 가짜 상품을 소비하는 추세를 클래시 페이크(classy fake)라고 한다. 이러한 클래시 페이크 상품을 적극적으로 소비하는 사람들을 일컬어 페이크슈머라고 한다.
① 리서슈머 : 자신이 관심 있는 소비 분야에 대해 지속적으로 리서치하는 전문가적 소비자
③ 안티슈머 : 소비 욕구와 흥미 자체를 상실해 소비를 회피하거나 거부하는 소비자
④ 블랙컨슈머 : 악성 민원을 고의적, 상습적으로 제기하는 소비자

08 휴대전화 사용자에게 문자 메시지(SMS)를 보내 악성코드가 깔린 웹사이트로 접속하도록 유도해 개인정보를 빼가는 사기 수법은?

① 피싱
② 파밍
③ 크래킹
④ 스미싱

해설 문자 메시지(SMS)와 피싱(phishing)의 합성어인 스미싱(smishing)에 대한 설명이다. 스미싱은 전화사칭 사기범죄인 보이스 피싱의 진화된 형태이다.
① 피싱 : 전자우편이나 메신저를 통해 불법적인 방법으로 개인의 신용정보를 알아낸 후 이를 이용하는 사기 수법
② 파밍 : 정상적인 방법으로 사이트에 접속해도 위조 사이트에 자동으로 이동하도록 만들어 예금을 탈취하는 수법
③ 크래킹 : 다른 사람의 컴퓨터 시스템·통신망에 정당한 권한 없이 침입해 파괴하는 행위

09 대기 중에 배출되는 탄소보다 더 많은 탄소를 제거한다는 개념은?

① 탈탄소
② 탄소 제로
③ 탄소 네거티브
④ 탄소 마이너스

해설 탄소 네거티브(carbon negative)란 한 해 배출되는 탄소보다 더 많은 탄소를 제거함으로써 순 배출량을 마이너스로 만드는 개념이다. 대기 중에 배출되는 탄소를 줄이는 것을 넘어 이미 누적된 탄소를 제거해 기후변화가 일어나기 전 상태로 돌리겠다는 것이다.

10 실제로는 친환경적이지 않지만 마치 친환경적인 것처럼 홍보하는 '위장환경주의'를 뜻하는 말은?

① 그린워싱
② 그린피스
③ 그린필드
④ 그린카드

해설 제품 생산 과정에서 발생하는 환경오염 문제는 축소하고 초록색 라벨이나 친환경, 유기농 등의 제품명으로 소비자를 기만하는 것이 대표적인 그린워싱(green washing)이다.

정답 01 ① 02 ② 03 ② 04 ④ 05 ③ 06 ④ 07 ② 08 ④ 09 ③ 10 ①

2022 부산대병원

01 다음 중 비경제활동인구는?

① 주부
② 군인
③ 재소자
④ 실업자

해설 비경제활동인구는 15세 이상 인구 중 조사 대상 주간에 취업도 실업도 아닌 상태에 있는 사람들로써 예컨대 집안에서 가사와 육아를 전담하는 주부, 대학생, 구직포기자 등이 비경제활동인구에 속한다.
②군인, ③재소자, 전투경찰은 노동가능인구에서 제외하므로 경제활동인구는 물론 비경제활동인구에도 포함되지 않는다.

❖ 경제활동인구와 비경제활동인구 구분

전체인구	15세이상인구	노동가능인구	경제활동인구	취업자	• 수입을 목적으로 1시간 이상 일함 • 18시간 이상 일한 무급 가족 종사자 • 일시 휴직자
				실업자	15일을 포함한 지난 1주 동안 수입을 목적으로 1시간도 일하지 않고 지난 4주간 일자리를 찾아 적극적으로 구직활동을 했던 사람으로서 일이 주어지면 곧바로 취업할 수 있는 자
			비경제활동인구		주부, 학생, 진학 준비자, 취업 준비생, 연로자, 심신장애자, 구직 단념자 등
			군인, 재소자, 전투경찰		
	15세미만 인구		근로기준법상의 노동력 제공이 불가능한 연령		

02 모럴 서베이의 주요 방법 가운데 태도조사법에 해당하는 것은?

① 관찰법
② 집단토의법
③ 실험연구법
④ 사례연구법

해설 모럴 서베이(moral survey)는 사기조사 또는 태도조사로서 종업원이 자신의 직무·직장·상사·승진·대우 등에 대해 어떻게 생각하고 있는지를 측정·조사하는 것이다. 모럴 서베이 방법으로는 ▲통계에 의한 방법(생산성, 지각, 조퇴, 이직률 등을 분석) ▲사례연구법(경영관리상 여러 가지 제도에 나타나는 사례에 대해 연구) ▲관찰법(종업원의 근무 실태를 계속 관찰하며 문제점을 찾아내는 방법) ▲실험연구법(실험 그룹과 통제그룹으로 나눠 자극을 주며 태도 변화를 조사) ▲태도조사법(질문지법, 면접법, 집단토의법, 투사법, 문답법 등으로 의견을 조사)이 있다.

03 국가가 채무불이행 상태에 빠질 경우 채무상환을 일정 기간 유예하는 것은?

① 파산
② 디폴트
③ 법정관리
④ 모라토리엄

해설 모라토리엄(moratorium)에 대한 설명이다.
① 파산 : 채무를 갚지 못하게 된 채무자의 재산을 법원의 선고에 따라 채권자에게 공평하게 변제해주기 위한 절차
② 디폴트 : 민간 기업이 공·사채나 은행융자 등의 이자 지불이나 원리금 상환이 불가능해진 상태, 국가 규모의 부도 상태
③ 법정관리 : 부도를 내고 파산 위기에 처한 기업이 회생 가능성을 보인다고 인정되는 경우 법원에서 지정한 제3자가 자금을 비롯한 기업 활동 전반을 대신 관리하는 제도

04 정기국회에 대한 설명으로 옳지 않은 것은?

① 예산을 심의·확정한다.
② 회기는 100일 이내이다.
③ 대통령이 요구 시에도 열 수 있다.
④ 매년 9월 1일 의무적으로 열어야 한다.

해설 정기국회는 매년 1회 9월 1일부터 열리며 회기는 100일 이내이다. 정기국회와 별도로 필요에 의해 소집되는 국회는 임시국회이다. 임시국회는 2월·3월·4월·5월 및 6월 1일과 8월 16일 열리며 대통령 또는 국회 재적의원의 4분의 1 이상이 요구 시에도 열 수 있다. 임시국회의 회기는 30일 이내이다.

05 〈보기〉는 무엇에 대한 설명인가?

---- 보기 ----

19C 중반 청나라의 문호 개방 이후 농민 생활이 피폐해지고 외세의 침략이 가속화되는 상황에서 홍수전이 상제회를 조직하고 광시성에서 봉기했다. 이들은 중국 전통 사상인 대동사상에 크리스트교를 결합하였으며 '멸만흥한'을 구호로 청 정부 타도와 한족 국가 수립을 주장하였다.

① 양무 운동
② 신해 혁명
③ 의화단 운동
④ 태평천국 운동

해설 홍수전, 한족 국가 수립 주장 등의 내용을 통해 태평천국 운동(1851~1864)에 대한 설명임을 알 수 있다.

06 경기침체 후 일시적으로 경기 회복이 되었다가 다시 불황에 빠지는 현상은?

① 더블딥
② 시퀘스터
③ 불황형 흑자
④ 스크루플레이션

해설 2중 경기침체를 뜻하는 더블딥(double deep)에 대한 설명이다. 더블딥은 W자형 경제구조라고도 한다.
② 시퀘스터(sequester) : 미국에서 재정 적자를 줄이기 위한 예산 강제 관리 규정
③ 불황형 흑자 : 경기 불황기에 수출 감소폭보다 수입 감소이 더 커지면서 흑자가 나타나는 현상
③ 스크루플레이션(screwflation) : 경제지표상으로는 회복을 하는 것처럼 보이지만 실질임금이 감소하고 물가는 상승하는 상황

07 〈보기〉는 어떤 물질에 대한 설명인가?

---- 보기 ----

폴리페놀 생체분자의 한 종류로, 섭취했을 때 쓴맛과 떫은맛을 낸다. 녹차, 와인, 커피나 포도, 자두, 밤, 도토리 등에 함유돼 있다. 이는 항산화 작용을 통해 세포 조직이 산화, 노화되는 것을 방지하고 고지혈증이나 심장 순환계 질환을 예방하는 효과가 있으나 과하게 섭취시 메스꺼움과 변비를 유발하는 부작용이 있다.

① 인
② 탄닌
③ 카테킨
④ 데아루비긴

해설 탄닌(tannin)은 떫은맛을 내는 폴리페놀 생체분자의 한 종류로, 단백질과 아미노산 및 알칼로이드를 포함한 다양한 유기 화합물에 결합해 침전시킨다. 수용성 탄닌은 입속의 침과 만나 녹으면서 혀의 단백질과 결합하고 그 과정에서 수분을 빼앗는데 이때 까끌까끌한 느낌이 우리가 느끼는 떫은맛이다. 즉 떫은맛은 맛이라기보다 일종의 촉감인 것이다.

08 다음 중 사물놀이 악기가 아닌 것은?

① 징
② 소고
③ 장구
④ 꽹과리

해설 사물놀이는 ▲징 ▲장구 ▲꽹과리 ▲북 등 네 가지 농악기로 연주하도록 편성한 음악이다.
사물놀이는 김덕수, 김용배, 이광수, 최종실 등으로 구성된 사물이 패가 농악의 가락을 토대로 발전시켜 1978년 처음으로 선보였다. 농악은 사물놀이 악기에 소고와 태평소가 추가되며, 실내에서 앉아 공연하는 사물놀이와 달리 넓은 공간에서 일어나 연주한다는 차이가 있다.

09 다음 중 국가 통화로 유로화를 사용하는 나라(유로존)로만 묶인 것은?

① 영국, 그리스
② 핀란드, 덴마크
③ 헝가리, 벨기에
④ 프랑스, 아일랜드

해설 유로화를 쓰지 않는 유럽 국가로는 ▲영국 ▲덴마크 ▲스웨덴 ▲불가리아 ▲체코 ▲헝가리 ▲폴란드 ▲루마니아 등이 있다.

❖ 유로존(Eurozone) 20개국

▲오스트리아 ▲벨기에 ▲키프로스 ▲에스토니아 ▲핀란드 ▲프랑스 ▲독일 ▲그리스 ▲아일랜드 ▲이탈리아 ▲라트비아 ▲리투아니아 ▲룩셈부르크 ▲몰타 ▲네덜란드 ▲포르투갈 ▲슬로바키아 ▲슬로베니아 ▲스페인 ▲크로아티아(2023년 1월 가입)

10 〈보기〉는 어떤 영양소에 대한 설명인가?

보기
칼슘의 흡수를 도와주며 뼈 건강에 매우 중요한 비타민으로 체내 칼슘 농도를 일정하게 유지하며 간, 췌장, 피부, 근육 지방 조직 등 체내 여러 세포 내 광범위하게 분포한다. 부족해지면 골다공증과 골연화증을 유발할 수 있고 갑상샘 질환, 충치, 두통, 근육통 등 통증에도 영향을 미칠 수 있다.

① 비타민 A
② 비타민 C
③ 비타민 D
④ 비타민 E

해설 〈보기〉는 비타민 D에 대한 설명이다. 비타민은 체내에서 합성되지 않거나 합성량이 부족해 따로 섭취가 필요한 영양소를 총칭하며 그 성질과 기능에 따라 알파벳 기호가 붙는다.

11 〈보기〉의 역사적 사건을 순서대로 바르게 나열한 것은?

보기
㉠ 한일 기본조약(한일협정) 조인
㉡ 5·16 군사 쿠데타
㉢ 4·19 혁명
㉣ 7·4 남북공동성명

① ㉠ - ㉡ - ㉢ - ㉣
② ㉢ - ㉡ - ㉠ - ㉣
③ ㉢ - ㉣ - ㉠ - ㉡
④ ㉢ - ㉠ - ㉡ - ㉣

해설 ㉢ 4·19 혁명(1960년) - ㉡ 5·16 군사 쿠데타(1961년) - ㉠ 한일 기본조약 조인(1965년) - ㉣ 7·4 남북공동성명(1972년)

12 〈보기〉는 어떤 화가에 대한 서명인가?

보기
• 바로크 시대를 대표
• '빛의 화가'라고 불림
• 100점 이상의 자화상

① 렘브란트
② 도나텔로
③ 미켈란젤로
④ 빈센트 반 고흐

해설 네덜란드의 거장 렘브란트(Rembrandt, 1606~1669)는 빛과 어둠을 대비시키는 키아로스쿠로(chiaroscuro) 기법을 그림에 접목했으며 빛과 어둠을 자유자재로 오가는 걸작으로 '빛의 화가'라고 불렸다. 그는 자화상을 많이 그린 것으로도 유명하다.
②도나텔로와 ③미켈란젤로는 르네상스 시대의 화가이며 ④빈센트 반 고흐는 후기 인상주의를 대표하는 화가다.

13 생산가능인구가 줄면서 경제 성장이 지체되는 현상을 일컫는 것은?

① 인구절벽
② 인구보너스
③ 인구오너스
④ 인구마이너스

해설 인구오너스(demographic onus)는 전체 인구에서 생산가능인구(15~64세)가 줄면서 노동력과 소비가 줄고 경제 성장이 지체되는 현상을 의미한다.
②인구보너스(demographic bonus)는 그와 반대 의미로 생산가능인구가 증가해 노동력과 소비를 늘리는 것이다.

14 태양의 황경(黃經)이 180도가 되는 절기는?

① 동지
② 하지
③ 춘분
④ 추분

해설 황도(지구에서 볼 때 태양이 하늘을 1년에 걸쳐 이동하는 경로) 좌표계는 적도 좌표와 마찬가지로 황경과 황위를 이용해 위치를 나타낸다. 황경은 황도 좌표의 경도이고, 황위는 황도 좌표의 위도에 해당한다.
태양의 황경은 춘분일 때 0도, 하지일 때 90도, 추분일 때 180도, 동지일 때 270도가 된다.

15 사용자의 현실 세계에 3차원의 가상물체를 겹쳐 하나의 영상으로 보여주는 기술은?

① AR
② VR
③ NFC
④ XR

해설 증강현실(AR, Augmented Reality)에 대한 설명이다.
②VR은 가상현실 ③NFC는 비접촉식 근거리 무선통신 ④XR은 확장현실을 말한다.

16 클라우드 컴퓨팅의 장점으로 볼 수 없는 것은?

① 강력한 정보 보안을 유지할 수 있다.
② 서버 호스팅에 비해 운영비용을 절감할 수 있다.
③ 사용자 데이터를 신뢰성 높은 서버에 보관할 수 있다.
④ 다양한 단말기를 통해 일치된 사용자 환경을 구현할 수 있다.

해설 클라우드 컴퓨팅은 민감한 데이터를 개인 사용자가 제어할 수 없고 사고가 발생했을 경우 그 피해가 모든 사용자에게 미칠 수 있으므로, 기업 기밀이나 개인정보 보안상의 문제점이 지적된다.

17 어떠한 일에 몰두하다가 결국 신체적·정신적 스트레스가 계속 쌓여 무기력증이나 심한 불안감과 자기혐오, 분노, 의욕 상실 등에 빠지는 상태는?

① 번아웃 증후군
② 파랑새 증후군
③ 리플리 증후군
④ 피터팬 증후군

해설 번아웃 증후군(burnout syndrome)에 대한 설명이다.
② 파랑새 증후군 : 급변하는 현대 사회에 발맞추지 못하고 현재의 일에는 흥미를 못 느끼면서 미래의 막연한 행복만을 추구하는 현상
③ 리플리 증후군 : 현실 세계를 부정하고 허구의 세계만을 진실로 믿으며 상습적으로 거짓된 말과 행동을 일삼는 반사회적 인격 장애
④ 피터팬 증후군 : 성인이 되어서도 현실을 도피하기 위해 스스로를 어른임을 인정하지 않은 채 타인에게 의존하고 싶어 하는 심리

01 밑줄 그은 '이 왕'의 업적으로 옳은 것은?

> 이것은 능산리 절터에서 발견된 석조 사리감입니다. 이 사리감에 새겨진 글을 통해 능산리 절터가 관산성에서 전사한 이 왕의 명복을 빌기 위하여 조성된 것임을 알 수 있습니다.

부여 능산리사지
석조 사리감

① 익산에 미륵사를 창건하였다.
② 동진으로부터 불교를 수용하였다.
③ 윤충을 보내 대야성을 함락하였다.
④ 고흥에게 서기를 편찬하게 하였다.
⑤ 진흥왕과 연합하여 한강 하류 지역을 되찾았다.

해설 자료에서 부여 능산리 절터의 석조 사리감이 제시되었고, 관산성에서 전사한 왕의 명복을 빌기 위하여 조성되었다는 사실을 통해 밑줄 그은 '이 왕'이 백제 성왕임을 알 수 있다.
성왕은 사비로 천도하여 백제의 중흥을 꾀하였으며, 신라와 연합하여 한강 유역을 일시적으로 회복하였다(551). 그러나 신라 진흥왕의 공격을 받아 한강 유역을 빼앗겼고, 이어 관산성 전투(554)에서 전사하였다.
⑤ 성왕은 신라 진흥왕과 연합하여 한강 하류 지역을 일시적으로 되찾았다.

오답 피하기
① 익산에 미륵사를 창건한 왕은 백제 무왕이다.
② 동진으로부터 불교를 수용한 왕은 백제 침류왕이다.
③ 윤충을 보내 신라의 대야성을 함락시킨 왕은 백제 의자왕이다.
④ 고흥에게 『서기』를 편찬하게 한 왕은 백제 근초고왕이다.

02 (가) 인물에 대한 설명으로 옳은 것을 보기에서 고른 것은?

> [가] 은/는 상주 가은현 사람이다. …… [왕의] 총애를 받던 측근들이 정권을 마음대로 휘둘러 기강이 문란해졌다. 기근까지 겹쳐 백성들이 떠돌아다니고, 여러 도적들이 봉기하였다. 이에 [가] 이/가 몰래 [왕위를] 넘겨다보는 마음을 갖고 …… 드디어 무진주를 습격하여 스스로 왕이 되었으나, 아직 감히 공공연하게 왕을 칭하지는 못하였다. …… 서쪽으로 순행하여 완산주에 이르니 그 백성들이 환영하였다.
> — 『삼국사기』 —

보기
ㄱ. 후당, 오월에 사신을 파견하였다.
ㄴ. 광평성을 비롯한 각종 정치 기구를 마련하였다.
ㄷ. 신라의 금성을 습격하여 경애왕을 죽게 하였다.
ㄹ. 정계와 계백료서를 지어 관리의 규범을 제시하였다.

① ㄱ, ㄴ   ② ㄱ, ㄷ   ③ ㄴ, ㄷ
④ ㄴ, ㄹ   ⑤ ㄷ, ㄹ

해설 자료에서 상주 가은현 출신으로 어려운 상황 속에서 무진주를 습격하고 왕이 되었다는 점, 서쪽으로 가 완산주에 이르니 백성들이 환영하였다는 점 등을 통해 (가) 인물이 완산주에 도읍하여 후백제를 건국한 견훤임을 알 수 있다.
ㄱ. 후백제의 견훤은 후당, 오월에 사신을 파견하는 등 외교적인 노력을 전개하였다.
ㄷ. 후백제의 견훤은 신라의 수도인 금성을 습격하여 신라 경애왕을 죽게 하였다.

오답 피하기
ㄴ. 후고구려의 궁예는 광평성을 비롯한 각종 정치 기구를 마련하였다.
ㄹ. 고려 태조(왕건)는 『정계』와 『계백료서』를 지어 관리의 규범을 제시하였다.

03 다음 장면에 등장하는 왕에 대한 설명으로 옳은 것은?

> 내 몸은 비록 궁궐에 있지만 마음은 언제나 백성에게 있노라. 지방 수령들의 눈과 귀를 빌어 백성의 기대에 부합하고자 한다. 이에 우서(虞書)의 12목 제도를 본받아 시행할 터이니, 주나라가 8백 년간 지속되었듯이 우리의 국운도 길이 이어질 것이다.

① 천수라는 독자적인 연호를 사용하였다.
② 관학을 진흥하고자 양현고를 설치하였다.
③ 독서삼품과를 실시하여 관리를 채용하였다.
④ 쌍성총관부를 공격하여 철령 이북을 수복하였다.
⑤ 최승로의 시무 28조를 받아들여 통치 체제를 정비하였다.

해설 자료에서 국왕이 지방 수령들을 통해 백성을 살펴보고자 하고, 12목 제도를 본받아 시행하려고 하는 점을 통해 해당 국왕이 고려 성종임을 알 수 있다.

고려 성종은 지방의 요지에 지방관을 두라는 최승로의 건의를 받아들여 전국에 12목을 설치하고 지방관을 파견하였다.
⑤ 고려 성종은 최승로의 시무 28조를 받아들여 유교 정치 이념을 확립하고 통치 체제를 정비하였다.

오답 피하기
① '천수'라는 독자적인 연호를 사용한 왕은 고려 태조이다.
② 사학의 융성으로 관학이 위축되자 양현고를 설치하여 관학을 진흥하고자 한 왕은 고려 예종이다.
③ 독서삼품과를 실시하여 유교 경전의 이해 정도에 따라 관리를 채용하고자 한 왕은 신라 원성왕이다.
④ 쌍성총관부를 공격하여 철령 이북의 땅을 수복한 왕은 고려 공민왕이다.

04 밑줄 그은 '이 시기'에 있었던 사실로 옳은 것은?

> 이곳은 김방경의 묘입니다. 그는 개경 환도 이후 몽골의 간섭이 본격화된 이 시기에 여·몽 연합군의 고려군 도원수로 일본 원정에 참여하였습니다.

① 삼수병으로 구성된 훈련도감이 창설되었다.
② 삼군부가 부활하여 군국 기무를 전담하였다.
③ 중서문하성과 상서성이 첨의부로 개편되었다.
④ 인재를 양성하기 위한 초계문신제가 시행되었다.
⑤ 국방 문제를 논의하기 위한 비변사가 설치되었다.

해설 자료에서 개경 환도 이후 몽골의 간섭이 본격화된 시기라고 하였으므로 밑줄 그은 '이 시기'는 원 간섭기임을 알 수 있다.

고려가 항복한 이후, 원은 일본 원정을 위해 고려에 정동행성을 설치하였다. 두 차례의 일본 원정이 실패로 돌아간 이후에도 정동행성의 부속 기구인 이문소를 남겨 두어 고려의 내정에 간섭하였다.
③ 원 간섭기에는 관제가 개편되어 중서문하성과 상서성이 첨의부로 격하되었다.

오답 피하기
① 삼수병으로 구성된 훈련도감이 창설된 것은 임진왜란 중인 1593년의 사실이다.
② 삼군부를 부활시켜 군국 기무를 전담하게 한 것은 고종 때 흥선대원군의 왕권 강화책 중 하나이다.
④ 인재 양성을 위한 초계문신제가 시행된 것은 조선 정조 때의 사실이다.
⑤ 조선 중종 때 3포 왜란(1510)이 일어나자 국방 문제를 논의하기 위해 비변사를 설치하였다.

정답 01 ⑤ 02 ② 03 ⑤ 04 ③

05 (가)~(마)에 들어갈 내용으로 옳은 것은?

한국사 과제 안내문

다음에 제시된 조선의 농업 서적 중 하나를 선택하여
보고서를 제출하시오.

책 이름	소개
구황촬요	(가)
금양잡록	(나)
농사직설	(다)
산림경제	(라)
임원경제지	(마)

◆ 조사 방법: 문헌 조사, 인터넷 검색 등
◆ 제출 기간: 2020년 ○○월 ○○일~○○월 ○○일
◆ 분량: A4 용지 3장 이상

① (가) – 목화 재배와 양잠 등 중국 화북 지방의 농법 소개
② (나) – 인삼, 고추 등의 상품 작물 재배법과 원예 기술 수록
③ (다) – 정초, 변효문 등이 우리 풍토에 맞는 농법을 종합하여 편찬
④ (라) – 농촌 생활을 위한 백과사전으로 서유구가 저술
⑤ (마) – 강희맹이 손수 농사를 지은 경험과 견문을 종합하여 서술

해설 자료에서 조선의 농업 서적이 제시되었다. 그중 『농사직설』은 세종 때 국왕의 명에 따라 우리 풍토에 맞는 농법을 농민들로부터 듣고 연구하여 편찬한 농서이다.
③ 『농사직설』은 정초, 변효문 등이 우리 풍토에 맞는 농법을 종합하여 편찬한 것이다.

오답 피하기
① 목화 재배와 양잠 등 중국 화북 지방의 농업을 소개한 것은 『농상집요』이다. 고려 후기에 이암이 원으로부터 수입한 농서이다.
② 인삼, 고추 등의 상품 작물 재배법과 원예 기술을 수록한 것은 홍만선의 『산림경제』이다.
④ 농촌 생활을 위한 백과사전으로 서유구가 저술한 것은 『임원경제지』이다.
⑤ 강희맹이 손수 농사를 지은 경험과 견문을 종합하여 저술한 것은 『금양잡록』이다.

06 (가), (나) 문서가 작성된 사이의 시기에 있었던 사실로 옳은 것은?

(가) 저들이 비록 왜인이라고는 하나 실은 양적(洋賊)입니다. 화친이 한번 이루어지면 사학(邪學)의 서책과 천주의 초상이 교역하는 속에 섞여 들어오게 되고, 조금 지나면 전도사와 신도가 전수하여 사학이 온 나라에 두루 가득 차게 될 것입니다.
　　　　　　　　　　　　　　　　　　– 지부복궐척화의소 –

(나) 지금 조정에서는 어찌 백해무익한 일을 하여 러시아가 없는 마음을 먹게 하고, 미국이 의도하지 않았던 일을 만들어 오랑캐를 끌어들이려 하십니까? 저 황준헌이라는 자는 스스로 중국에서 태어났다고 하면서도, 일본을 위해 말하고 예수를 좋은 신이라 하며, 난적의 앞잡이가 되어 스스로 짐승과 같은 무리가 되었습니다. 고금천하에 어찌 이런 이치가 있겠습니까?
　　　　　　　　　　　　　　　　　　– 영남 만인소 –

① 김기수가 수신사로 일본에 파견되었다.
② 영국이 거문도를 불법으로 점령하였다.
③ 평양 관민이 제너럴셔먼호를 불태웠다.
④ 거중 조정 조항을 포함한 조약이 체결되었다.
⑤ 양헌수 부대가 정족산성에서 프랑스군을 격퇴하였다.

해설 (가) 왜인의 실상이 양적이라고 하고 있는 점으로 보아 1876년 강화도 조약 체결 이전 일본의 개항 요구에 반대하는 최익현의 상소임을 알 수 있다. 당시 최익현은 일본과 교역하게 될 경우 조선에게 불리한 점을 언급하며 개항에 반대하는 의견을 제시하였다.
(나) 1881년에 제시된 영남 만인소이다. 제2차 수신사로 일본에 다녀온 김홍집이 청의 외교관인 황준헌(황쭌셴)이 저술한 『조선책략』을 가지고 들어왔다. 『조선책략』의 국내 유포에 반발하며 영남 지방의 유생들이 올린 상소가 영남 만인소이다. 이후 조선은 미국과 수호 통상 조약을 체결하였다.
① 김기수는 강화도 조약이 체결된 직후인 1876년에 제1차 수신사로 일본에 다녀왔다.

오답 피하기
② 영국이 거문도를 불법으로 점령한 것은 1885년의 사실이다.
③ 평양 관민이 제너럴셔먼호를 불태운 것은 1866년의 사실이다.
④ 거중 조정이 포함된 조약은 1882년에 체결된 조·미 수호 통상 조약이다.
⑤ 양헌수 부대가 프랑스군을 격퇴한 병인양요는 1866년의 사실이다.

07 (가) 교육 기관에 대한 설명으로 옳은 것은?

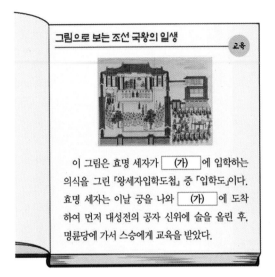

그림으로 보는 조선 국왕의 일생 교육

이 그림은 효명 세자가 (가) 에 입학하는 의식을 그린 『왕세자입학도첩』 중 「입학도」이다. 효명 세자는 이날 궁을 나와 (가) 에 도착하여 먼저 대성전의 공자 신위에 술을 올린 후, 명륜당에 가서 스승에게 교육을 받았다.

① 전문 강좌인 7재가 운영되었다.
② 전국의 부·목·군·현에 하나씩 설립되었다.
③ 중앙에서 교관인 교수나 훈도가 파견되었다.
④ 생원시나 진사시의 합격자에게 입학 자격이 부여되었다.
⑤ 한어(漢語), 왜어(倭語), 여진어 등 외국어 교육을 담당하였다.

해설 자료에서 세자가 입학하는 교육 기관이며, 궁을 나와서 대성전에 들르고 명륜당에 가서 스승에게 교육을 받았다는 사실을 통해 (가) 교육 기관이 조선의 최고 교육 기관인 성균관임을 알 수 있다.
④ 성균관은 생원시나 진사시의 합격자에게 입학 자격이 부여되는 조선의 최고 교육 기관이었다. 성균관에서 일정 기간 동안 학습한 이후 대과(문과)에 응시할 자격이 부여되었다.

오답 피하기
① 전문 강좌인 7재가 운영된 것은 고려 시대의 중앙 교육 기관인 국자감에 해당한다.
② 전국의 부·목·군·현에 하나씩 설립된 것은 향교이다.
③ 중앙에서 교관인 교수나 훈도가 파견된 곳은 향교이다.
⑤ 조선 시대에 외국어 교육을 담당한 곳은 사역원이다.

08 (가)에 들어갈 내용으로 옳은 것은?

색경을 편찬한 인물에 대해 이야기해 보자.

노론에 의해 사문난적으로 몰려 당시 학계에서 배척당했어.

(가)

① 청으로부터 시헌력 도입을 건의했어.
② 기기도설을 참고하여 거중기를 설계했어.
③ 무오사화의 발단이 된 조의제문을 작성했어.
④ 천체의 운행과 위치를 측정하는 혼천의를 제작했어.
⑤ 유학 경전을 주자와 달리 해석한 사변록을 저술했어.

해설 자료에서 『색경』을 편찬하였다고 한 점, 노론에 의해 사문난적으로 몰려 당시 학계에서 배척당했다는 점 등을 통해 해당 인물이 박세당임을 알 수 있다.
⑤ 박세당은 유교 경전을 주자와 달리 해석한 『사변록』을 저술하였다.

오답 피하기
① 청으로부터 시헌력 도입을 건의한 인물은 김육이다.
② 『기기도설』을 참고하여 거중기를 설계한 인물은 정약용이다.
③ 무오사화의 발단이 된 『조의제문』을 작성한 인물은 김종직이다.
④ 천체의 운행과 위치를 측정하는 혼천의를 제작한 인물은 홍대용이다.

01 밑줄 친 말의 뜻풀이로 옳지 않은 것은?

① 국으로 굿이나 보고 떡이나 먹어라. → 제 생긴 그대로. 또는 자기 주제에 맞게.
② 그 여자는 얼굴이 해사한 것이 여러 남자 울리게 생겼다. → 얼굴이 창백하고 파리하다.
③ 여인은 맛깔 있어 보이는 점심상을 본치도 좋게 들여왔다. → 남의 눈에 띄는 태도나 겉모양.
④ 병사는 어린애처럼 설레설레 머리를 가로저어 도리질을 했다. → 큰 동작으로 몸의 한 부분을 거볍게 잇따라 가로흔드는 모양.
⑤ 그 사람과는 너나들이하는 친한 사이다. → 서로 너니 나니 하고 부르며 허물없이 말을 건넴. 또는 그런 사이.

해설 어휘·어법

'해사하다'의 사전적 의미는 다음과 같다.
「1」 얼굴이 희고 곱다랗다.
　㉠ 그 여자는 눈이 크고 얼굴이 해사한 것이 귀염성 있고 순진하게 생겼다.
「2」 표정, 웃음소리 따위가 맑고 깨끗하다.
　㉠ 해사하게 웃다.
「3」 옷차림, 자태 따위가 말끔하고 깨끗하다.
　㉠ 나이는 어린 듯하나 해사한 맵시와 결곡한 얼굴은 뭇 닭 속에 학이었다.
얼굴에 핏기가 없고 파리하다는 '핼쑥하다'이다.

정답 ②

02 밑줄 친 단어를 순화한 표현으로 적절하지 않은 것은?

① 어머니께서는 지병으로 가료(→ 치료) 중이시다.
② 종업원이 손님으로부터 팁(→ 봉사료)을 받았다.
③ 탈모에는 흑태(→ 검은깨)를 먹으면 도움이 된다.
④ 이번 회의는 예정된 수순(→ 차례)대로 진행되었다.
⑤ 맡은 역할(→ 소임)에 최선을 다하는 것이 제일 중요하다.

해설 어휘·어법

흑태는 '검정콩'으로 순화해야 한다.

정답 ③

03 〈보기〉의 ( ) 안에 공통적으로 들어갈 수 있는 단어의 기본형은?

┤ 보기 ├
• 비가 계속 오지 않아서 나뭇잎조차 누렇게 ( ) 떨어졌다.
• 경기가 갈수록 나빠지는데도 그는 늘 주머니가 ( ) 않았다.
• 몸이 ( ) 학생이 큰 짐을 옮기느라 고생하는 모습이 짠하다.

① 작다　　② 없다　　③ 차다
④ 크다　　⑤ 마르다

해설 어휘·어법

'마르다'의 사전적 의미는 다음과 같다.
「1」 물기가 다 날아가서 없어지다.
　㉠ 비가 계속 오지 않아서 나뭇잎조차 누렇게 말라 떨어졌다.
「3」 살이 빠져 야위다.
　㉠ 몸이 마른 학생이 큰 짐을 옮기느라 고생하는 모습이 짠하다.
「5」 돈이나 물건 따위가 다 쓰여 없어지다.
　㉠ 경기가 갈수록 나빠지는데도 그는 늘 주머니가 마르지 않았다.

정답 ⑤

04 〈보기〉의 ㉠~㉤ 중, 다른 것과 의미 사이의 관련이 없는 것은?

┤ 보기 ├
㉠ 가는 김에 나도 좀 묻어 타자.
㉡ 그녀는 지친 몸을 침대에 묻었다.
㉢ 아우는 형의 말을 비밀로 묻어 두었다.
㉣ 아이는 어머니의 가슴에 얼굴을 묻었다.
㉤ 그는 땅을 파 일기장을 나무 밑에 묻었다.

① ㉠　　　② ㉡　　　③ ㉢
④ ㉣　　　⑤ ㉤

해설 음운의 변동

㉠의 '묻다'는 '('묻어', '묻어서' 꼴로 다른 동사와 함께 쓰여) 함께 팔리거나 섞이다.'라는 묻다01의 뜻으로 다른 것과 동음이의 관계로 관련이 없다.

정답 ①

05 밑줄 친 한자어의 사전적 뜻풀이로 옳지 않은 것은?

① 개성이 몰각(沒却)된 사회에서는 유행만을 좇기 마련이다. → 무시해 버림.

② 학업에도 그녀는 남다른 두각(頭角)을 나타냈다. → 뛰어난 학식이나 재능을 비유적으로 이르는 말.

③ 물가 폭등(暴騰)으로 살기가 매우 어려워졌다. → 물건의 값이나 주가 따위가 갑자기 큰 폭으로 오름.

④ 항간(巷間)의 풍문을 모두 믿지는 마라. → 얼마 되지 않은 지나간 날부터 현재 또는 바로 직전까지의 기간.

⑤ 지금까지 채근(採根)해 본 바로 그는 이 사건과 무관하다. → 어떤 일의 내용, 원인, 근원 따위를 캐어 알아냄.

해설 어휘·어법

항간(巷間) : 일반 사람들 사이. 얼마 되지 않은 지나간 날부터 현재 또는 바로 직전까지의 기간은 '최근(最近)'이다.

정답 ④

06 〈보기〉의 ㉠, ㉡에 들어갈 말을 바르게 짝지은 것은?

─ 보기 ─

친구 : 이번 주 토요일에 선보러 간다고 하지 않았어? 다리 다쳤는데 갈 수 있겠어?

나 : 오늘이 수요일이니까 약속이 (㉠)네. 아, 지난 일요일에 발야구하지 말걸.

친구 : 그러게, (㉡) 체육대회에서 신나게 공만 안 찼더라도 다치지 않았을 텐데.

	㉠	㉡
①	글피	그저께
②	글피	그끄저께
③	내일모레	그저께
④	내일모레	그끄저께
⑤	모레	그끄저께

해설 어휘·어법

그끄저께	그저께	어제	오늘	내일	모레(내일모레)	글피
일	월	화	수	목	금	토

정답 ②

	자주 출제되는 고유어	자주 출제되는 외래어 표기법	
볼멘소리	서운하거나 성이 나서 퉁명스럽게 하는 말투	Kocher	코펠
올러대다	위협적인 언동으로 올러서 남을 억누르다.	front	프런트
흰소리	터무니없이 자랑으로 떠벌리거나 거드럭거리며 허풍을 떠는 말	symposium	심포지엄
이울다	꽃이나 잎이 시들다	buffet	뷔페
토렴하다	밥이나 국수에 뜨거운 국물을 부었다 따랐다 하여 덥게 하다.	dash	대시

01 다음 글의 주제로 가장 적절한 것은?

During the late twentieth century socialism was on the retreat both in the West and in large areas of the developing world. During this new phase in the evolution of market capitalism, global trading patterns became increasingly interlinked, and advances in information technology meant that deregulated financial markets could shift massive flows of capital across national boundaries within seconds. 'Globalization' boosted trade, encouraged productivity gains and lowered prices, but critics alleged that it exploited the low-paid, was indifferent to environmental concerns and subjected the Third World to a monopolistic form of capitalism. Many radicals within Western societies who wished to protest against this process joined voluntary bodies, charities and other nongovernmental organizations, rather than the marginalized political parties of the left. The environmental movement itself grew out of the recognition that the world was interconnected, and an angry, if diffuse, international coalition of interests emerged.

① The affirmative phenomena of globalization in the developing world in the past

② The decline of socialism and the emergence of capitalism in the twentieth century

③ The conflict between the global capital market and the political organizations of the left

④ The exploitative characteristics of global capitalism and diverse social reactions against it

(유형) 제목

(어휘) retreat 후퇴, 철수 / capitalism 자본주의 / deregulate 규제를 철폐하다 / allege 주장하다 / exploit 착취하다 / subject A to B A를 B에 복종[종속]시키다 / charity 자선[구호]단체 / marginalize ~을 (특히 사회의 진보에서) 처지게 하다, 내버려두다 / phenomena phenomenon(현상)의 복수형 / exploitative 착취적인

(해설) 본문 초반에서 사회주의의 후퇴와 자본주의의 확장에 대해 설명한 후, 이로 인한 세계화의 부작용(착취)을 제시하고 있다. 이어서 이에 대한 급진주의자의 반응, 환경 운동의 발달 등을 설명하며 세계화의 부작용에 대한 사회 여러 분야의 반응을 제시하고 있다. 따라서 글의 주제로 가장 적절한 것은 ④이다.

(해석) 20세기 후반에, 사회주의는 서구와 많은 지역의 개발도상국들에서 후퇴하고 있었다. 시장 자본주의 진화에서의 이러한 새로운 국면 동안, 세계 무역의 양상은 점점 더 연결되었고, 정보 기술의 발달은 규제가 철폐된 금융 시장이 몇 초 이내에 국경을 가로질러 어마어마한 자본 흐름을 이동시킬 수 있다는 것을 의미했다. '세계화'는 무역을 신장시키고, 생산성 향상을 고취하고, 가격을 낮추었지만, 평론가들은 그것이 저임금층을 착취하고, 환경적 우려에 무관심 했으며, 제3세계를 독점적인 형태의 자본주의하에 두었다고 주장했다. 이러한 과정에 저항하길 원했던 서구 사회의 많은 급진주의자들은 소외된 좌파 정당보다는 자원봉사 단체, 자선단체, 그리고 다른 비정부 조직에 가입했다. 세계가 연결되어 있다는 인식으로부터 환경 운동이 발달했으며, 만일 확산될 경우 분노한 국제 이익 연합체가 생겨났다.
① 과거 개발도상국에서의 긍정적인 세계화 현상들
② 20세기 사회주의의 위축과 자본주의의 등장
③ 세계 자본 시장과 좌익 정치 집단의 갈등
④ 세계 자본주의의 착취적인 특성과 그것에 반하는 다양한 사회적 반응

정답 ④

02 우리말을 영어로 가장 잘 옮긴 것은?

① 몇 가지 문제가 새로운 회원들 때문에 생겼다.

→ Several problems have raised due to the new members.

② 그 위원회는 그 건물의 건설을 중단하라고 명했다.

→ The committee commanded that construction of the building cease.

③ 그들은 한 시간에 40마일이 넘는 바람과 싸워야 했다.

→ They had to fight against winds that will blow over 40 miles an hour.

④ 거의 모든 식물의 씨앗은 혹독한 날씨에도 살아남는다.

→ The seeds of most plants are survived by harsh weather.

유형 문법

어휘 vice-president 부회장, 부통령 / take apart 분해하다

해설 당위'를 나타내는 동사 'command(명령하다)'의 목적어로 that절이 올 때, that절의 조동사 should를 생략하고 동사원형만 쓸 수 있으므로 cease는 적절하다. cease는 '중단되다'라는 뜻의 자동사로 사용되었다.

① raise는 '일으키다'는 의미의 타동사이므로 목적어가 필요한데, 동사 뒤에 목적어 없이 전치사구가 위치하므로 '(사건 등이) 발생하다'의 의미인 자동사 arise의 능동태 또는 타동사 raise의 수동태가 쓰여야 적절하다. 즉, have arisen 또는 have been raised가 옳다.

③ 주절의 시제가 had to fight로 과거이므로, 선행사인 winds를 수식하는 관계대명사절의 시제도 과거가 되어야 한다. 따라서 will blow를 blew로 고쳐 써야 한다.

④ survive는 타동사로 쓰일 때 능동태로서 사용되어 '~에도 살아남다, 견뎌 내다'의 의미를 나타낼 수 있다. 주어진 우리말 해석이 '~에도 살아남는다'라고 제시되었으므로 수동태로 쓰인 are survived by는 능동태인 survive가 되어야 옳다. 또한 주어진 해석이 '거의 모든'이므로 most를 almost all (the)로 수정하여 The seeds of almost all plants survive harsh weather가 되어야 한다.

정답 ②

도 / 형 / 도 / 식 / 추 / 리

01 다음에 주어진 도형을 보고 적용된 규칙을 찾아 '?'에 해당하는 적절한 도형을 고르면?

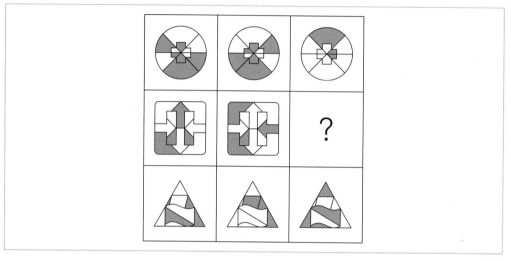

①   ②   ③

④   ⑤

해설 3×3 박스 안에 다양한 모양의 도형이 들어있는 형태이다. 행별로 도형의 모양이 동일하므로 1행과 3행으로 규칙을 파악해보면, 도형이 회전하거나 음영이 특정 규칙으로 이동하는 규칙은 아니라는 것을 알 수 있다. 이때 1열과 2열 도형을 겹쳤다고 생각하고 음영이 칠해진 부분을 그리면 다음과 같다.

[1행 도형]   [3행 도형]

위의 도형을 색반전하면 3열의 도형임을 알 수 있다. 따라서 1열과 2열 도형에 공통적으로 음영이 칠해지지 않은 부분에 음영을 칠한 것이 3열 도형이므로 정답은 ③이다.

02 기호들이 하나의 규칙을 가지고 아래와 같이 문자나 숫자를 변화시킨다고 한다. 이때 다음 (?)에 들어갈 알맞은 것을 고르면?(단, 가로와 세로 중 한 방향으로만 이동하며, Z 다음은 A, 9 다음은 0이다.)

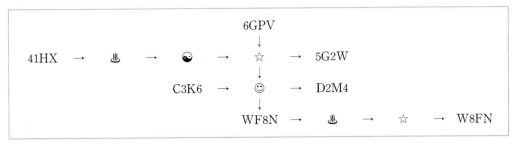

① KTWN   ② HMWV   ③ HWMV

④ VMHW   ⑤ VHMW

해설 다음과 같이 문자표를 일단 적어놓는다.

A	B	C	D	E	F	G	H	I	J	K	L	M
N	O	P	Q	R	S	T	U	V	W	X	Y	Z

주어진 도식을 보면 ☺ → ☆ → ♨ → ☯ 순으로 규칙을 파악해야 한다.

- ☺ : C3K6 → D2M4로 추론할 수 있다. 명백한 숫자연산 규칙으로, (+1, −1, +2, −2)이다.
- ☆ : WF8N에 ☺을 역으로 적용하면 VG6P이다. 따라서 ☆은 6GPV → VG6P로 추론할 수 있다. 명백한 순서 바꾸기 규칙으로, ABCD → DBAC이다.
- ♨ : W8FN에 ☆을 역으로 적용하면 F8NW이다. 따라서 ♨은 WF8N → F8NW로 추론할 수 있다. 명백한 순서 바꾸기 규칙으로, ABCD → BCDA이다.
- ☯ : 41HX에 ♨을 적용하면 1HX4이고, 5G2W에 ☆을 역으로 적용하면 2GW5이다. 따라서 ☯은 1HX4 → 2GW5로 추론할 수 있다. 명백한 숫자연산 규칙으로, (+1, −1, −1, +1)이다.

따라서 INVU → ☆ → UNIV → ☯ → VMHW이므로 정답은 ④이다.

정답 ④

문 / 제 / 해 / 결 / 능 / 력

[01~02] 다음은 K회사의 코로나19 방역수칙에 관한 자료이다. 이를 바탕으로 질문에 답하시오.

[코로나19 대응 매뉴얼]

1. 비상대책본부 구성 및 운영
   - 비상대책본부: 임원 및 사내 보건인력
   - 비상대책위원: 전 팀장 및 코로나19 비상대응팀

2. 의심환자 발생 시 비상대책본부 프로세스
   1) 내사자 중 의심환자 발생 시
      ㄱ. 증상 확인 후 증상이 없을 시: 즉시 퇴근 및 코로나19 검진 후 음성 확인 시 다음날부터 정상근무(마스크 착용 / 사내접촉 최소화)
      ㄴ. 증상 확인 후 증상이 있을 시
         - 관할보건소 신고 및 코로나19 검진, 음성 확인 후 14일 자가격리 및 재택근무
         - 이동동선 및 사내 접촉인원 확인(최근 3일간 2m 이내 근접 접촉자) → 접촉인원 즉시 귀가 조치 및 재택근무, 14일 자가격리
         - 임시폐쇄구역설정: 해당 사무실
         - 소독/방역: 해당 사무실, 식당, 탈의실, 휴게실, 통근버스, 화장실
   2) 방문객 중 의심환자 발생 시
      ㄱ. 증상 확인 후 증상 없을 시: 사내 접촉자 확인(2m 이내 근접 접촉자) 및 코로나19 자가검진
      ㄴ. 증상 확인 후 증상이 있을 시
         - 이동동선 및 사내 접촉인원 확인(2m 이내 근접 접촉자) → 접촉 인원 즉시 귀가 조치 및 재택근무, 14일 자가격리
         - 소독/방역: 해당 사무실 및 방문지
   3) 내사자 중 확진자 접촉 의심 시: 즉시 퇴근(혹은 출근 금지) 및 14일 자가격리, 재택근무

3. 확진자 발생 시 비상대책본부 프로세스
   1) 내사자 중 확진자 발생 시
      - 관할보건소 신고 및 코로나19 검진
      - 이동동선 및 사내 접촉인원 확인(최근 3일간 2m 이내 근접 접촉자) → 접촉 인원 14일 자가격리
      - 전 직원 즉시 귀가 조치 및 재택근무, 14일 재택근무 후 추가 확진자 발생 여부에 따라 재택근무 연장 여부 결정
      - 임시폐쇄구역설정: 건물 전체
      - 정밀 소독/방역: 건물 전체, 통근버스, 주요 동선
      - 전 사원 방역용품 지급
      - 사적 모임 금지
      ※ 완치 후 최소 14일간 자가격리 및 재택근무
      ※ 규정에 따라 연 최대 60일 병가 사용 가능, 치료기간이 이를 초과하는 경우 공가 처리(이미 병가를 소진하였거나 일부 사용한 경우 합산하여 연 최대 60일 사용가능)

---

*제공된 문제는 『2022 최신판 에듀윌 취업 NCS 10개 영역 찐기출문제집』에서 발췌했습니다.

2) 방문객 중 확진자 발생 시
- 이동동선 및 사내 접촉인원 확인(2m 이내 근접 접촉자) → 접촉 인원 즉시 귀가조치 및 재택근무, 14일 자가격리
- 확진자 방문 층 근무직원 전 직원 즉시 귀가 조치 및 재택근무
- 임시폐쇄구역 설정: 해당 층 및 이동동선
- 정밀 소독/방역: 해당 층 및 이동동선

01 K회사 영업부에 방문한 방문객 김 씨가 방문 다음 날 확진 판정을 받았다. 김 씨는 **5층에 위치한 영업부의 회의실에서 영업부의 이 부장과 회의를 하였고, 2층에 근무하는 기획부 박 대리도 이 회의에 참석하였다. 김 씨, 이 부장, 박 대리는 모두 다른 직원들과는 2m 이내 접촉을 하지 않았다. 김 씨는 5층의 화장실을 방문하였고, 3호기 엘리베이터를 타고 올라온 뒤 2호기 엘리베이터를 타고 내려갔다. 다음 중 규정에 따른 처리 지침으로 바르지 않은 것을 고르면?**(단, 재무부는 5층에 위치한다.)

① 영업부의 최 사원은 14일간 자가격리를 하지 않는다.
② 기획부 전 직원을 즉시 귀가시킨다.
③ 재무부 전 직원을 즉시 귀가시킨다.
④ 5층을 임시폐쇄하고, 2층은 임시폐쇄하지 않는다.
⑤ 2호기 엘리베이터와 3호기 엘리베이터를 임시폐쇄하고 정밀 소독/방역을 한다.

해설 '3. 확진자 발생 시 비상대책본부 프로세스'의 '2) 방문객 중 확진자 발생 시'에 따라 대응해야 한다. 사내 접촉인원을 즉시 귀가 조치하고 해당 직원들은 재택근무, 14일 자가격리를 한다. 2층에 근무하는 기획부 박 대리는 밀접 접촉자이므로 즉시 귀가 조치를 하지만 다른 기획부 직원들과는 밀접 접촉을 하지 않았으므로 다른 기획부 직원들은 즉시 귀가시키지 않는다.
① 밀접 접촉인 경우에 14일 자가격리를 하고, 확진자 방문 층 근무직원은 즉시 귀가 조치 및 재택근무만 실시한다.
③ 5층에 위치하는 재무부는 확진자 방문 층이므로 재무부의 전 직원을 즉시 귀가시킨다.
④ 방문객이 방문한 해당 층과 이동동선을 폐쇄하므로 5층을 임시폐쇄하고, 2층은 임시폐쇄하지 않는다.
⑤ 방문객이 방문한 해당 층과 이동동선을 임시폐쇄하고, 정밀 소독/방역하므로 2호기 엘리베이터와 3호기 엘리베이터를 임시폐쇄하고 정밀 소독/방역을 한다.

정답 ②

01 영업부의 이 부장이 코로나19 검진 5일 후 확진 판정을 받고, 즉시 병원에 입원하였다. 이 부장은 병원에 총 80일간 입원을 하였고, 퇴원 후 14일 자가격리 및 재택근무를 하고, 다시 출근을 하였다. 이 부장이 코로나19 확진 이전에 다른 질병으로 4일간 병가를 사용하였다고 할 때, 이 부장이 사용하는 공가 일수는 총 며칠인지 고르면?

① 20일   ② 24일   ③ 34일
④ 38일   ⑤ 80일

해설 재택근무를 하는 기간은 휴가가 아니므로 입원한 80일간만 휴가를 사용한다. 일반병가의 사용 가능 일수가 연 최대 60일인데 이 중 4일을 이미 사용하였으므로 일반병가 사용 가능 일수가 56일 남는다. 따라서 80-56=24(일)을 공가 처리한다.

정답 ②

공기업 NCS TEST **145**

01 다음 [그림]과 [그래프]는 2021년 갑국 생물 갈치와 냉동 갈치의 유통구조 및 물량 현황에 관한 자료이다. 이에 대한 [보기]의 설명 중 옳은 것을 모두 고르면?

[그림1] 생물 갈치의 유통구조 및 물량 비율

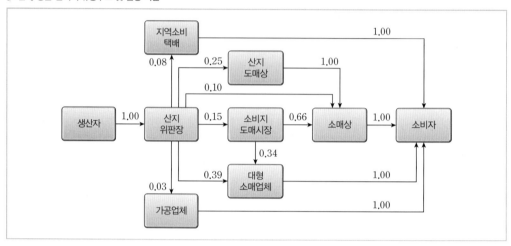

[그림2] 냉동 갈치의 유통구조 및 물량 비율

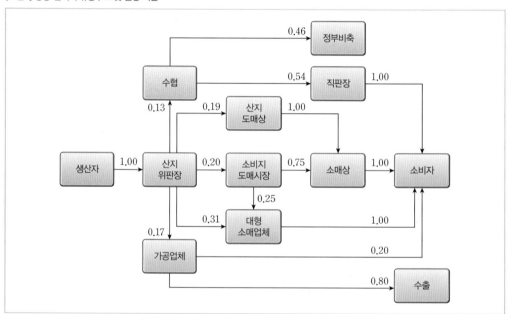

※ 유통구조 내 수치는 물량 비율$\left(\dfrac{\text{다음 유통경로에 전달되는 유통물량}}{\text{해당 유통경로에 투입되는 유통물량}}\right)$을 의미함. 예를 들어, 가 $\xrightarrow{0.20}$ 나 는 해당 유통경로 '가'에 100톤의 유통물량이 투입되면, 이 중 20톤(=100톤×0.20)의 유통물량이 다음 유통경로 '나'에 전달되어 투입됨을 의미함

[그래프] 생산자가 공급한 생물 갈치와 냉동 갈치의 물량 비중 （단위: %）

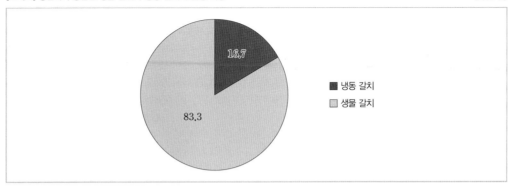

16.7
83.3

■ 냉동 갈치
□ 생물 갈치

┤ 보기 ├

㉠ 생산자가 공급한 갈치 물량의 95% 이상이 유통구조를 거쳐 소비자에게 전달되었다.

㉡ 대형소매업체를 통해 유통된 물량은 생물 갈치가 냉동 갈치의 7배 이상이다.

㉢ 소매상을 통해 유통된 생물 갈치의 물량이 약 7,200톤이라면, 가공업체를 통해 유통된 냉동 갈치의 물량은 500톤 이상이다.

㉣ 2021년 생산자가 공급한 갈치 물량이 12,000톤이라면, 소비지 도매시장을 거쳐 소비자에게 전달된 갈치 물량은 2,000톤 이상이다.

① ㉠, ㉡　　　　　　② ㉠, ㉢　　　　　　③ ㉠, ㉣

④ ㉠, ㉢, ㉣　　　　⑤ ㉡, ㉢, ㉣

정답 풀이

㉠ 생산자가 공급한 생물 갈치는 100% 소비자에게 전달되었다. 생산자가 공급한 냉동 갈치 중 정부비축, 수출 물량을 제외한 물량이 소비자에게 전달되었다. 정부비축 물량은 냉동 갈치의 $(0.13 \times 0.46) \times 100 = 5.98(\%)$이고, 수출 물량은 냉동 갈치의 $(0.17 \times 0.80) \times 100 = 13.6(\%)$이다. 따라서 소비자에게 전달되지 않은 냉동 갈치의 물량은 $5.98 + 13.6 = 19.58(\%)$이고, 전체의 $16.7 \times 0.1958 = 3.3(\%)$가 소비자에게 전달되지 않았다. 그러므로 약 96.7%가 유통구조를 거쳐 소비자에게 전달되었다.

㉢ 2021년 생산자가 공급한 생물 갈치의 물량을 x톤이라고 하면, 소매상을 통해 유통된 생물 갈치의 물량은 $(0.25 + 0.1 + 0.15 \times 0.66)$ $x = 0.449x$(톤)이다. 즉, $0.449x = 7,200$이므로 $x = 16,036$(톤)이다. 따라서 냉동 갈치 공급량은 $\frac{16,036}{0.833} \times 0.167 = 3,215$(톤)이고, 가공업체를 통해 유통된 냉동 갈치의 물량은 $3,215 \times 0.17 = 547$(톤)이다. 따라서 가공업체를 통해 유통된 냉동 갈치의 물량은 500톤 이상이다.

정답 ②

오답 풀이

㉡ 전체 공급 갈치 물량 중 대형소매업체를 통해 유통된 물량의 생물 갈치의 비중은 $0.833 \times (0.39 + 0.15 \times 0.34) \times 100 = 36.7(\%)$이고, 냉동 갈치의 비중은 $0.167 \times (0.31 + 0.20 \times 0.25) \times 100 = 6.0(\%)$이다. $36.7 \div 6.0 = 6.1$(배)이므로 대형소매업체를 통해 유통된 물량은 생물 갈치가 냉동 갈치의 7배 미만이다.

㉣ 소비지 도매시장을 거쳐 소비자에게 전달된 생물 갈치 비중은 $0.833 \times 0.15 \times (0.66 + 0.34) \times 100 = 12.495(\%)$이고, 냉동 갈치 비중은 $0.167 \times 0.2 \times (0.75 + 0.25) \times 100 = 3.34(\%)$이다. 따라서 전체 물량의 $12.495 + 3.34 = 15.835(\%)$가 소비지 도매시장을 거쳐 소비자에게 전달되었으므로, 2021년 생산자가 공급한 갈치 물량이 12,000톤이라면 해당 물량은 $12,000 \times 0.15835 = 1,900.2$(톤)이다. 그러므로 소비지 도매시장을 거쳐 소비자에게 전달된 갈치 물량은 2,000톤 미만이다.

이 문제는 2022년 5급 공채 PSAT 기출 변형 문제로 일반적인 표가 아닌, 구조를 표현한 그림과 그래프가 주어진 복합자료를 바탕으로 보기의 정오를 판단하여 정답을 선택하는 NCS 자료해석 고난도 유형입니다. 보기의 정오를 판별하는 유형의 문제는 소거법을 이용하여 풀도록 합니다. 소거법은 보기의 정오에 따라 선택지에 포함된 보기를 소거하면서 푸는 방법으로 난이도에 상관없이 해당 유형을 빠르게 해결하는 데 쓰이는 보편적인 방법입니다. 이러한 유형의 문제를 풀 경우에는 선택지의 구조를 고려하면서 어려운 보기보다는 비교적 빠르게 해결할 수 있는 보기부터 해결하는 것이 하나의 방법입니다. 또한 대소 관계를 비교하는 내용이 있을 때에는 정확한 수치를 구하기 위한 계산을 하기보다는 계산 과정에서 영향을 미치지 않는 근삿값 계산 또한 수치를 생략하거나 수치 비교법, 분수 비교법을 바탕으로 계산을 하지 않고 빠른 시간 내에 해결하도록 합니다.

먼저, 보기 ㉠~㉣의 내용을 한번 살펴보면, 모두 계산 과정이 필요한 내용임을 알 수 있습니다. 하지만 정확한 값을 물어보고 있지 않으므로 대소 관계를 판별할 수 있을 정도의 근삿값으로 계산하여 해결할 수 있습니다. 예를 들어, 그래프를 보면 생물 갈치의 비중은 냉동 갈치 비중의 약 5배이므로 공급된 냉동 갈치 물량을 A톤, 생물 갈치 물량을 5A톤으로 두고 계산할 수 있습니다. 보기 ㉠~㉣ 중 비교적 계산 과정이 적은 ㉠부터 풀도록 합니다.

㉠을 보면, 95% 이상이 소비자에게 전달되려면 5% 미만이 소비자에게 전달되지 않아야 합니다. 생산자가 공급한 갈치 물량의 약 85%는 생물 갈치이고, 모두 소비자에게 전달되었으므로 약 15%에 해당하는 냉동 갈치 중 33% 미만이 소비자에게 전달되지 않아야 합니다. 이를 계산하였을 때, 소비자에게 전달되지 않은 냉동 갈치 물량은 전체 냉동 갈치의 약 20%임을 알 수 있습니다. ㉠은 옳은 보기이므로 선택지 ⑤를 소거할 수 있습니다. 남은 선택지 구조를 확인해보면 ㉡을 그다음으로 푼다면, 경우에 따라 ㉢, ㉣을 모두 확인해야 하지만, ㉢ 또는 ㉣을 그다음으로 푼다면, 남은 보기 둘 중 하나만 확인해도 정답을 찾을 수 있습니다. 따라서 ㉡보다 ㉢ 또는 ㉣을 그다음으로 풀면 되는데, 두 보기 중 ㉣의 계산이 더 간단하므로 ㉣을 풀도록 합니다. ㉣을 보면, 2021년 생산자가 공급한 갈치 물량이 12,000톤이라면, 6A=12,000이므로 A는 2,000입니다. 따라서 소비지 도매시장을 거쳐 소비자에게 전달된 갈치 물량은 (5A×0.15)+(A×0.2)=0.95A=0.95×2,000=1,900(톤)이므로 소비지 도매시장을 거쳐 소비자에게 전달된 물량은 2,000톤 미만임을 알 수 있습니다. ㉣은 틀린 보기이므로 선택지 ③, ④를 소거할 수 있고, 남은 ㉡과 ㉢ 중 하나의 보기만 풀면 정답을 찾을 수 있는데, 두 보기 중 계산이 비교적 더 간단한 ㉡을 풀어 정답을 찾도록 합니다. ㉡을 보면, 대형소매업체를 통해 유통된 생물 갈치 물량은 5A×(0.39+0.15×0.34)≒2.2A(톤)이고, 냉동 갈치 물량은 A×(0.31+0.20×0.25)=0.36A(톤)입니다. 두 수치 간의 대소 관계는 0.36×7=2.52>2.2이므로 대형소매업체를 통해 유통된 물량은 생물 갈치가 냉동 갈치의 7배 미만임을 알 수 있습니다. ㉡은 틀린 보기이므로 정답을 ②로 선택할 수 있습니다. 한편 ㉢의 경우, 소매상을 통해 유통된 생물 갈치의 물량은 (0.25+0.1+0.15×0.66)×5A≒2.25A=7,200이므로 생산자가 공급한 냉동 갈치 물량 A는 약 3,200톤입니다. 즉, 3,200×0.17=544(톤)이므로 가공업체를 통해 유통된 냉동 갈치의 물량은 500톤 이상임을 알 수 있습니다.

김성근
에듀윌 취업연구소 연구원

상 식 을
넘은 상식

사고의 틀이 넓어지는 깊은 상식

한미 금리역전 현상, 어떻게 볼 것인가

외국인 자본 유출·원화 절하 우려...부채 줄여 펀더멘털 강화해야

💬 이슈의 배경

한국은행(한은)은 1월 13일 올해 첫 금융통화위원회를 열고 기준금리를 0.25%p 인상한 3.50%로 결정했다. 지난해 4월 0.25%p 인상을 시작으로 7회 연속 기준금리를 인상한 것이다. 작년 7월과 10월은 기준금리를 각각 한 번에 0.50%p 올린 빅스텝이 이뤄졌다. 현행 기준금리 수준 역시 2008년 11월 금융위기 발발 당시 4.0% 이후 15년 만에 가장 높은 수준이다.

기준금리는 각국 중앙은행에서 결정하는 정책금리를 의미한다. 한은 기준금리는 한은이 금융기관과 7일물 **환매조건부채권(RP)** 매매, 자금조정예금 및 대출 등의 거래를 할 때 기준이 되는 정책금리다. 한은 금융통화위원회는 물가 동향과 국내외 경제 상황, 금융시간 여건 등을 종합적으로 고려해 연 8회 기준금리를 결정한다.

이렇게 결정된 기준금리는 초단기금리인 콜금리에 즉각 영향을 미치고 장·단기 시장금리, 예금 및 대출 금리 등의 변동으로 이어져 실물 경제 활동 전반에 지대한 영향을 미친다. 한은이 기준금리를 내리면(올리면) 콜금리·CD(양도성예금증서)·금융채·국고채 금리 등 시장대표금리와 은행의 대출금리가 함께 내려간다(올라간다).

이에 따라 기준금리는 시중 유동성(통화량)을 조절하는 수단이 된다. 경기가 침체됐을 때 한은은 기준금리를 인하함으로써 시중에 유동성을 공급해 경기 부양을 꾀한다. 반대로 경기가 과열됐을 때는 기준금리를 인상함으로써 유동성을 줄여 경제를 안정화 한다.

한은이 잇따라 기준금리를 올린 까닭은 첫째, 인플레이션 압력을 낮추기 위해서다. 국내 소비자물가지수(CPI, Consumer Price Index)는 작년 5월(5.4%) 이래 여전히 5%대에서 고공행진하고 있다. 작년 7월 CPI는 6.3%까지 치솟아 1998년 11월(6.8%) 이후 23년 8개월 만에 최고치를 뛰어넘기도 했다.

둘째, 한국과 미국 간 기준금리가 역전된 것이 한은의 잇따른 기준금리 인상에 영향을 미쳤다. 한미 기준금리 역전 시기에는 주식과 채권 등에서 외국인 자본이 빠져나갈 수 있다. 외국인들이 한국 원화 자산보다 금리가 높은 달러 자산에 더 매력을 느끼기 때문이다.

이때 한은으로서는 한미 기준금리 역전이 일어나지 않거나 역전 폭이 커지지 않도록 미국을 따라 기준금리를 올릴 수밖에 없다.

> **환매조건부채권 (RP, Repurchase Paper)**
>
> 환매조건부채권(RP)은 주로 금융기관이 보유한, 우량 회사가 발행한 채권 또는 국공채 등 상대적으로 안정성이 보장되는 장기 채권을 1~3개월 정도의 단기채권 상품으로 만들어, 투자자에게 일정 이자를 붙여 만기에 되사는 것을 조건으로 파는 채권이다. 즉 금융기관이 단기간에 일정한 이자와 원금을 주고 되사겠다는 조건으로 판매하는 채권이다.
> RP거래는 단기 자금의 수급을 조절하고 채권의 유동성을 높여 자본시장의 효율성을 제고하는 데 기여한다. 한은은 통화량과 금리를 조정하기 위한 수단으로 시중은행에 RP를 판매한다. 한은은 시중에 단기 자금이 풍부할 때는 시중은행에 RP를 매각함으로써 시중자금을 흡수하고, 단기 자금 부족 시에는 RP를 매입해 유동성을 높인다.

🔵 이슈의 논점

한미 기준금리가 역전된 이유와 배경

한미 간 기준금리 역전 현상이 나타난 이유는 미국 중앙은행인 연방준비제도(Fed·연준)가 전례 없이 빠른 속도로 기준금리를 올리며 한은이 균형을 맞출 수 없었기 때문이다. 연준의 통화정책 결정기구인 연방공개시장위원회(FOMC)는 지난해 12월까지 네 차례 연속 자이언트스텝(기준금리를 한번에 0.75%p씩 올림) 단행이라는 초유의 조치를 취했다.

연준은 기준금리를 조정할 때 한번에 0.25%p씩 올리거나 내리는 베이비스텝을 밟는 게 일반적이다. 한번에 0.50%p를 올리는 빅스텝도 드물다는 점에서 4연속 자이언스텝이 얼마나 공격적인 기준금리 인상이었는지 알 수 있다.

이로써 미국 기준금리는 4.25~4.50%로 2007년 이후 15년 만에 최고 수준을 기록했다. 이어서 1월 31일(현지시간)에는 베이비스텝을 밟으며 기준금리를 0.25%p 추가 인상했다. 미국 기준금리 상단은 4.75%로 우리나라(3.5%)와 금리 차가 1.25%로 벌어졌다. 2000년 이후 22년여 만에 최대 역전 폭이다.

미국의 가파른 기준금리 인상은 시중에 과도하게 풀린 유동성을 거둬들여 인플레이션을 잡고 이후 발생할 수 있는 경기 침체에 대응하기 위해 정책 수단을 확보한다는 목적이 있다. 2020년 코로나19 펜데믹으로 경제가 멈추자 미국을 비롯한 주요 국가는 기준금리를 0%대까지 낮추며 돈을 헬리콥터에서 뿌리듯 무차별로 풀었다.

제로금리로 시중에 넘쳐나는 자금은 팬데믹으로 경제적 어려움에 처한 사람들보다는 주식이나 부동산 투자 자금으로 흘러들어가 자산 거품과 부의 양극화 현상을 키웠다. 우리나라에서도 팬데믹 이후 '동학 개미 운동'이나 '영끌(영혼까지 끌어모은)' 부동산 투자 열풍이 불며 비슷한 상황이 전개됐다.

이러한 자산 거품에 지난해 러시아-우크라이나 전쟁, 중국의 제로 코로나 정책으로 인한 성장 둔화, 글로벌 공급망 교란 등 여러 악재가 겹치며 미국 경제는 지난해 40년 만에 최악의 인플레이션을 겪었다. 에너지와 식량 등 생필품 가격이 치솟았고 이는 다른 상품과 서비스로 파급됐다.

연준은 미국 물가상승률(CPI)을 2%대로 억제하는 게 목표인데 지난 12월 CPI가 다소 낮아졌다고 하나 여전히 7%대로 높다. 세계 곳곳에서 인플레이션에 시달리는 사람들의 불만이 커지며 경제 혼란은 정치 혼란으로 이어지고 있다. 금리 인상이 투자와 소비를 정체시켜 경제에 충격을 줄 수 있지만 이러한 고통을 감수하고서라도 인플레이션을 잡는 것이 급선무라고 연준은 판단하고 있다.

한미 기준금리 역전이 미칠 효과

연준이 올해 안에 기준금리를 내리지 않겠다고 단언한 만큼 한미 기준금리 역전 현상은 장기화될 전망이다. 미국 기준금리가 오르면 국제 자본은 금리가 더 높은 미국 달러 자산으로 유입된다. 달러 가치가 오르면 다른 나라 통화의 가치는 하락한다. 실제로 지난해 엔화 대비 달러 환율은 24년 만에 최고로 뛰며 '킹달러'라는 말이 유행할

정도였다. 작년 10월 1달러당 환율은 1400원대까지 치솟았다.

원화 가치가 하락하면 외국에 수출하는 한국 상품 가격이 싸지므로 수출 가격 경쟁력이 높아지는 효과가 있다. 그러나 가파른 인플레이션으로 원자재 가격이 천정부지로 올라 국내 기업은 수출 경쟁력 증대 효과를 누리지 못했다. 각국에서 달러 환율이 올랐기 때문에 원화가 상대적으로 유리한 수출 가격 경쟁력을 지닐 수도 없었다. 여기에 2월 현재 달러 환율이 1200원대로 진정되면서 수출 기업의 실적 기대감은 더욱 낮아진 형편이다.

금리 역전 현상은 큰 폭의 국제 자본 이동을 부추기며 국내 외환시장의 불안정성을 키울 수 있다. 외국인 자금이 한국 금융 시장으로부터 대거 빠져나갈 수 있다는 것이다. 1997년 미국 기준금리 및 환율 급등으로 동아시아에서는 국제 자본이 급격히 빠져나갔고 그 결과로 나타난 IMF(국제통화기금) 외환위기가 한국인들에게 깊은 트라우마를 남겼다.

정부는 충분한 외환보유액(4140억 달러), 낮은 단기 외채 비중(28%), 양호한 신용부도스와프(CDS) 금리 등을 근거로 현재 IMF 당시와 같은 위기가 발생할 가능성이 거의 없다고 주장한다. 그럼에도 외국 자본 유출과 원화 절하 압력을 고려하면 기준금리 역전 현상을 장기간 방치할 수 없다.

한국으로선 미국보다 금리 인상을 먼저 종료할 수 없지만 경기 침체 우려 때문에 긴축 고삐를 더 조이기도 쉽지 않다. 지난 12월 IMF는 올해 세계 경제성장률 전망치를 0.2%p 올렸으면서도 한

국 전망치는 오히려 2.0%에서 1.6%로 내렸다.

정책 대응 : 경제 펀더멘털이 좌우...
부채 구조조정 나서야

미국을 따라 기준금리를 올리기도, 앞서서 내리기도 어려운 한은의 고민에서 드러나듯이 한미 기준금리 역전 현상의 리스크를 일거에 타개할 수 있는 묘책은 없다. 단기 차익을 우선하며 표류하는 국제 자본의 움직임에 일희일비하며 공포 분위기를 조성할 필요도 없다.

한미 기준금리 역전 현상이 항상 국제 자본 이탈로 이어졌던 것도 아니다. IMF 외환위기 이후 기준금리 역전은 현재 상황을 제외하고 세 차례 있었는데 그중 2006년과 2019년에는 오히려 국제 자본이 순유입됐다. 한국 경제의 펀더멘털(기초여건)이 외풍에 견딜 수 있을 정도로 강하다면 기준금리 역전의 영향도 일시적일 것이다.

따라서 기준금리 역전에 따른 정책 대응은 사실상 손쓸 방법이 없는 대외 리스크 관리보다는 자체 경제 체질을 강화하는 데 초점을 맞춰야 한다. 그중에서도 시급한 문제는 한국경제의 시한폭탄으로 불리는 부채의 구조조정이다. 오랜 저금리 기조 속에서 경제 주체들이 빚을 너무 늘려 한국 경제는 현재 금리 상승에 더 취약한 구조를 갖고 있다.

작년 4월 한국은행과 기획재정부에 따르면 우리나라 가계부채는 1800조원, 기업부채는 2300조원, 국가채무는 1000조원을 넘어섰다. 경제 3주체의 합계가 5000조원 이상이다. 그중에서도 국민 생활과 직결되며 금융 시장에 파급력이 큰 가계부채를 연착륙시키는 것이 우선이다. 가계부채는 국내총생산(GDP)의 104%에 달했다.

금리 상승 기조와 맞물려 주택담보대출 금리가 올해 들어 연 8%대를 돌파하는 등 빚을 내 집을 샀던 사람들이 이자 상환 부담을 감당하기 어려운 지경이다. 이 와중에 시중금리가 더 오르면 가계부채가 더 부실화되고 부동산 거품이 붕괴하며 금융위기로 이어질 수 있다.

가계부채는 어느 시점에서 갑자기 불어난 것이 아니라 역대 정권에서 '폭탄 돌리기'로 누적된 문제다. 가계부채를 줄이려면 당분간 부동산 시장 침체를 감내하더라도 소득이나 상환 능력보다 과도한 대출을 받지 못하도록 하는 규제를 유지해야 한다.

다만 가계부채 구조조정 과정에서 저소득층은 제1금융권에서 제2금융권으로, 제2금융권에서 사채시장으로 밀려날 위험이 크다. 사회적 취약 계층을 배려하고 이들에 대한 사회적 안전망을 강화해나가야 할 것이다.

또한 고금리 상황에서 기업부채의 증가와 경기 침체로 기업의 연쇄 도산이 일어날 가능성이 큰 만큼 기업은 비용을 절감하고 생산성을 높이기 위해 뼈를 깎는 노력을 해야 한다. 정부는 좀비 기업에 대해 과감히 구조조정을 하는 대신 될성부른 기업에 지원해야 한다. 공공기관이 선도적으로 재무건전성을 강화하기 위해 허리띠를 졸라매야 하는 것은 물론이다.

연습문제 2023 연합뉴스TV

한미 금리 역전이 일어난 이유와 배경, 효과, 이에 대한 정책 대응을 논하시오. (1000자, 50분)

※ 논술 대비는 실전연습이 필수적입니다. 반드시 시간을 정해 놓고 원고지에 직접 써 보세요.

200

400

한전 적자 발생 원인과 해결 방안

전기요금 인상·발전사업자의 과도한 수익 통제

🗨 이슈의 배경

한국전력공사(한전)의 적자가 심각하다. 2022년 3분기(7~8월)까지 한전의 누적 영업손실은 21조 8342억원(이하 연결재무제표 기준)이다. 3분기 영업손실만 7조5309억원으로, 4분기(9~12월) 손실까지 합치면 작년 한전의 적자는 30조원을 넘겼을 가능성이 높다.

국내 최대 시장형 공기업인 한전은 2003년부터 2017년까지 글로벌 금융위기의 영향을 받았던 2008년, '아랍의 봄' 등 중동 정세 불안으로 국제유가가 상승했던 2011~2012년을 제외하고 영업이익에서 전부 흑자를 낸 우량 기업이었다.

그러던 한전은 2018년부터 적자의 늪에 빠졌다. 2020년을 제외하고 매해 영업이익에서 마이너스를 기록했다. 2021년 한 해 동안 5조8601억원의 영업손실이 발생해 2008년(-2조7980억원) 이후 최악의 적자를 기록하더니 2022년에는 1분기 만에 7조7869억원 손실 발생으로 2021년 연간 적자를 단숨에 넘어섰다. 이후 매분기 손실이 5조원대, 7조원대로 눈덩이처럼 불어나고 있다.

연속된 적자로 자금난에 처한 한전은 영업비용을 마련하기 위해 빚을 늘리는 수밖에 없었다. 실제로 최근 3년간 한전의 채권 발행 규모는 평균 7조원 수준이었으나 지난해 29조원에 달하는 한전채가 발행됐다.

한전의 부채비율은 2006년 79.1%에서 2021년 223.2%로 꾸준히 증가했으며, 지난해 369.1%로 늘어났다. 통상 적정 부채비율이 200%라고 보고 2021년 기준 공기업 평균 부채비율이 194.0%인 것을 고려해도 한전의 부채비율은 상당히 높다.

2022년 초반 2%대였던 한전채 발행금리는 레고랜드 사태 직후 급등해 10월 28일 입찰 당시에 2년과 3년 만기 발행금리가 거의 6%대까지 치솟았다. 높은 금리에도 한전은 운영비 조달을 위해 대량의 채권을 풀었다. 심지어 한동안 AAA급인 한전채의 금리가 AA급 회사채 금리보다 높게 형성되며, 한전은 마치 '블랙홀'처럼 채권 시장의 자금을 흡수했다.

이러한 한전의 고금리·우량 채권 발행은 금리인상 등으로 가뜩이나 어려워진 기업들의 자금 조달 환경을 더욱 악화시키는 원인이 되었다. 고금리와 수출 부진 속에 신용등급이 상대적으로 낮은 중견·중소기업의 자금난이 심화되고 있는 상황에서 한전의 채권 발행은 자금 경색과 기업들의 연쇄 부도로 이어질 수도 있다는 우려를 낳았다.

이처럼 거대 공기업인 한전의 부실한 경영 상태는 단순히 한전 내의 위기에 그치지 않고 국가 경제에도 악영향을 미친다. 올해 경기 침체와 저성장이 예고된 가운데 한전이 경제 위기에 기름을 붓지 않으려면 하루빨리 적자 문제를 해결해야 한다.

🔴 이슈의 논점

적자 원인 : ① 글로벌 에너지 가격 상승

한전은 전기가 필요한 국내 각 경제 주체에 송·배전을 담당하는 공기업으로서, 전기는 발전사업자로부터 공급받는다. 이때 한전이 지불하는 전력도매가격을 SMP(System Marginal Price·계통한계가격)라고 한다. 현재 국내 주요 발전원은 석탄·석유·천연가스(LNG)·원자력·수력 등이다. 이 중 생산단가가 가장 높은 발전기에서 시간대별로 SMP가 정해진다.

다양한 발전 연료원이 있으나 SMP는 대부분 LNG 발전으로 결정된다. 전체 발전량에서 각각 20~30%를 차지하는 LNG·석탄·원자력 발전이 SMP 결정에 유의미하며, 이 가운데 LNG의 단가가 가장 높기 때문이다. LNG를 100% 해외 시장에서 수입해오는 우리나라 특성상 국내 발전단가는 국제 연료 가격의 영향을 크게 받을 수밖에 없다.

한전이 흑자를 기록했던 2020년의 SMP는 74.45원이었다. 당시는 코로나19 확산으로 운송 수요가 급감하는 등 세계적으로 산업 활동이 침체되며 일시적으로 국제 유가가 폭락했던 때였다. LNG 역시 수요 감소로 가격이 떨어진 상태였고 한전은 덕분에 전력구입비를 크게 줄일 수 있었다.

그러나 2022년 LNG 가격은 2020년 평균 가격인 3.8달러[1MMBtu(열량 단위·25만kcal을 내는 가스양)당]보다 16배 높았다. 러시아–우크라이나 전쟁 여파로 국제 LNG 현물가격이 급등한 데다가 미국 기준금리 인상으로 환율까지 치솟은 결과다.

이러한 LNG 가격변동은 국내 SMP에 곧바로 반영됐다. 2021년 SMP 평균이 1kWh당 94.34원이었던 데 비해 2022년 SMP는 1월부터 150원대를 넘기더니 12월에는 267.63원으로 역대 최고치를 기록했다.

2022년 한전에서 역대 최악의 적자가 나타난 까닭은 이처럼 SMP가 급등한 상황에서 한전의 전력 구매비용이 전력 판매액을 역전했기 때문이다. 작년 4월~9월 한전의 평균 전력 판매단가는 119.51원이었고 같은 시기 SMP 평균이 175.86원이었다. 작년 한 해 한전 수입 구조를 보면 전기를 '팔면 팔수록 손해'였던 것이다.

적자 원인 : ② 국내 에너지 정책 변화

한전은 국내 최대 공기업으로 작년처럼 국제 연료 가격 변동이 컸던 연도를 제외하면 매년 수조원대 흑자를 내던 우량기업이었다. 그러나 2018년 이후 고질적인 적자 문제에 시달리기 시작한 데는 국내 에너지 정책 변화의 영향이 크다.

2017년 출범한 문재인 정부의 미세먼지저감·탈원전 정책은 석탄화력·원자력 발전소 신규 건설 금지, 노후한 발전소의 수명 연장 금지 및 가동 중단 등이 골자였다. 발전량의 거의 대부분을 차지하는 두 에너지원 비중이 줄어드는 만큼 LNG와 재생에너지로 대체할 수 있도록 관련 설비 투자를 늘렸다.

그 결과 2017년 22.6%이었던 LNG 발전 비중은 2021년 30.4%로 증가했고, 재생에너지 발전 비중 역시 같은 기간 5.6%에서 7.5%로 증가했다. 문제는 석탄·원자력에 비해 LNG·재생에너지의 연료비가 두 배 이상 비싸다는 것이었다. 설비 신설 및 연료구매에 추가 지출이 늘며 이 시기 한전의 영업비용이 크게 증가했다.

전력구입비 증가분을 전력 판매단가에 제대로 반영하지 못한 전기요금 정책 역시 문제였다. 정부는 2017년부터 2021년까지 전기요금을 1kWh당 약 108원으로 사실상 동결했다. 한동안 동결된 요금이 2022년 들어 조금씩 인상되었으나 적자 구조를 벗어나기엔 크게 부족했다. 원가 대비 지나치게 과소평가된 요금은 한전의 영업손실 누적으로 이어졌다.

적자 해결 방안 : ① 전기요금 인상

한전의 21조원대 영업손실 중 판매관리비 제외 매출총손실은 약 19조원이고 이중 78%가 발전비용 관련 손실이다. 한전이 영업이익은 차치하고 발전비용이라도 회수하기 위해서는 전기요금 인상이 불가피하다. 국회입법조사처 연구에 따르면 최소한 한전이 영업손실에 의한 자본금 감소라도 막고자 한다면 2022년 3분기 기준으로 약 52% 요금 인상이 필요하다.

우리나라의 전기요금은 경제협력개발기구(OECD) 국가들과 비교했을 때 평균보다 낮은 편에 속한다. 전기요금뿐 아니라 다른 공공부문에서도 대체로 적은 비용에 양질의 공공서비스를 이용할 수 있다. 이러한 공공요금 통제는 일시적으로 소비자들의 부담을 낮추지만 시장을 왜곡함으로써 현재 한전 사태처럼 한계를 드러낼 수밖에 없다.

전기요금 인상은 가계 가처분소득과 물가에 영향을 미친다는 점에서 신중히 고려해야 하는 사안이다. 그럼에도 현재 단계에서 인상을 더 미룰 수 없는 이유는 한전의 지속적인 적자 누적이 국민 모두의 부담이 되기 때문이다.

한전은 낮은 요금으로 인해 막대한 적자를 보고 있음에도 정부의 보증, 즉 국가 세금을 담보로 외부에서 자금을 공급받아 운영을 지속하고 있다. 만일 적자 누적과 이자 부담 가중으로 한전이 자본잠식에 이른다면 그 책임은 결국 미래의 납세자들에게 전가될 것이다.

적자 해결 방안 : ② 발전사업자의 과도한 수익 통제

한전은 발전자회사 및 민간발전사들로부터 전력을 공급받는다. 이들로부터 SMP로 정산금을 선지불하고 전기요금으로 회수하는 구조다. 근래 한전이 적자로 씨름하는 동안 발전사업자들은 오히려 영업이익이 늘었다. 에너지 가격이 급등하며 SMP가 급등하고, 발전사업자들의 정산금도 대폭 늘어났기 때문이다.

한국수력원자력 및 남동·중부·서부·남부·동서발전 등 한전의 발전자회사는 지난해 3분기까지 영업이익이 중부발전(-45억원)을 제외하고 2021년과 비교해 크게 늘었다. 한전 발전자회사는 주로 석탄·원자력 발전기를 보유하고 있으며, 과다한 수익이나 손해가 발생하지 않도록 SMP에 정산조정계수를 적용하여 정산한다.

이에 비해 주로 LNG 발전기를 보유한 민간사업자는 발전기 정산조정계수를 적용하지 않기에 SMP와 실제 발전 비용의 차액만큼 이익을 낼 수 있었다. 그 결과 작년 1~3분기 SK(SK E&S·파주에너지)·GS(GS EPS·GS파워)·포스코(포스코에너지)·삼천리(에스파워) 등 대기업 계열의 6개 민간발전사는 1조5233억원의 영업이익을 내 사상 최대 흑자를 기록했다.

현재 발전사업자들의 초과수익은 발전기 열효율 증가 등 기술혁신 때문이라기보다 전쟁이라는 특수한 상황으로 에너지값이 상승한 데 따른 반사이익에 가깝다. 글로벌 에너지 가격 변동에 수동적일 수밖에 없는 국내 환경 특성상, 지금처럼 이례적인 고유가 시기에는 발전사업자들의 과도한 수익을 통제함으로써, 전기 생산단가가 지나치게 높아지는 것을 방어할 필요가 있다.

정부는 지난해 12월부터 SMP 상한제를 시행했다. SMP 상한제란 직전 3개월간의 평균 SMP가 이전 10년간 평균 SMP의 상위 10% 이상을 기록할 경우 긴급하게 SMP의 상한을 정하는 긴급정산상한가격제다. 그 결과 12월 SMP는 267.63원까지 치솟았으나 긴급정산상한가격을 반영해 159.65원으로 내렸다. 그러나 그 정도로는 한전을 정상화할 수 없다. 유럽연합(EU)에서는 고수익을 얻는 발전·석유기업으로부터 한시적으로 **'횡재세'**를 걷는 입법을 추진했다. 우리나라도 횡재세 도입을 검토할 필요가 있다.

> **횡재세 (橫財稅, windfall profit tax)**
> 횡재세는 일정한 기준 이상의 이익을 얻은 법인 또는 자연인에게 그 초과분에 대한 특별한 소득세를 부과하는 것이다. 초과이윤세라고도 한다. 2022년 유럽연합(EU)이 코로나19와 러시아-우크라이나 전쟁 등으로 경제 위기를 겪자 정유사, 발전회사로부터 횡재세를 부과해 400억유로(약 195조원)의 재원을 마련하기로 했다. 국내에서도 정유 4사가 유가 폭등으로 막대한 이윤을 얻고 임직원에 1000% 성과급을 지급하자 정치권에서 이들 회사에 횡재세를 부과해야 한다는 주장이 대두됐다.

연습문제 2022 한국경제 채용연계형 인턴

한전의 적자 원인과 해결방안을 논하시오. (1000자, 50분)

※ 논술 대비는 실전연습이 필수적입니다. 반드시 시간을 정해 놓고 원고지에 직접 써 보세요.

200

400

2023 공공기관 채용박람회
좁아진 공공기관 취업문...취업 준비 TIP 공개

정규직 2만2000명대 신규 채용

올해 전체 공공기관이 작년보다 축소된 2만 2000명대의 정규직을 신규 채용한다. 대신 청년인턴은 2만1000명으로 확대하고 고졸과 장애인 채용 비율도 높인다. 채용에 필요한 어학성적 인정기간도 2년에서 5년으로 확대된다.

기획재정부는 2월 1일과 2일 이틀간 서울

양재 aT센터에서 2023 공공기관 채용정보박람회를 개최했다. 공공기관 채용정보박람회는 취업준비생에게 공공기관 채용정보와 취업노하우 등을 제공하는 행사다.

추경호 부총리 겸 기재부 장관은 박람회 개회사에서 "고용시장의 든든한 버팀목인 공공기관은 올해 총 2만2000명 플러스알파(+α)를 신규 채용하겠다"라고 밝혔다. 이는 지난해(2만5542명)보다 축소된 규모로서 2017년(2만 2659명) 이후 6년 만의 최저치다. 정부의 공공기관 인력 효율화 방침에 따라 공공기관 신규 채용 인원이 줄어드는 추세는 당분간 유지될 전망이다.

올해 공공기관 채용정보박람회에는 ▲SOC(사회간접자본) ▲고용보건복지 ▲금융 ▲농림수산환경 ▲문화예술외교법무 ▲산업진흥정보화 ▲에너지 ▲연구교육 총 8개 분야의 공공기관 138곳이 참여했다.

박람회 채용정보관에 따르면 올해 채용규모가 가장 큰 공공기관은 한국철도공사로 사무·기술 직무에서 신입·경력직 1440명 채용을 계획했다. 그 다음으로 국민건강보험공단이 총 660명(신입 620명·경력 40명)을 채용할 것을 발표했다.

그 외에 주요 공공기관을 살펴보면 한국수력원자력이 상·하반기 각 150명씩 연간 300명, 근로복지공단이 2분기 중 200명 내외, 한국주택금융공사가 하반기에 28명의 정규직 신입사원을 채용할 계획이다. 한국전력공사의 경우 올해 채용 일정이 아직 정해지지 않은 상태다.

자격증·필기·면접...빠짐없이 준비해야

공공기관에 지원하기로 마음먹었다면 공기업 채용 과정을 숙지하고 이에 맞춰 자신의 현주소를 분석한 후 취업 계획을 짜는 것이 중요하다. 대부분의 공공기관이 1차 서류전형, 2차 필기전형, 3차 면접전형의 단계를 거쳐 인재를 채용하고 있다. 서류전형에서는 어학성적·자격증·자기소개서·직무수행계획서 등을 심사한다. 필기는 크게 NCS직업기초능력검사(NCS)와 전공시험으로 나눌 수 있다. 면접 단계에서는 인성·직무역량·토론·PT면접 등 다양한 구조화 면접을 통해 합격자를 선별한다.

지원자가 가장 먼저 준비해야 하는 것은 어학성적과 가산점을 받을 수 있는 자격증이다. 공공기관 채용정보박람회에서 진행된 '채용 내비게이션'에 따르면 작년 합격자의 평균 토익(TOEIC) 점수는 800~850점이었다. 자격증의 경우 대부분 한국사능력검정시험·컴퓨터활용능력을 필수로 가지고 있었다.

서류전형에 앞서, 어떤 기업에 지원할 것인지는 2차 필기전형에서의 전공과목(사무직의 경우 경영·경제·법학 등, 기술직의 경우 전기·토목·기계 등)을 먼저 고려해야 한다. 자신이 준비할 전공을 정했다면 해당 전공시험을 치르는 기업들로 선택의 범위를 좁힐 수 있다. 공공기관 채용은 모두 블라인드 채용으로 자기소개서 작성 시 생년월일·출신지역·학력·가족관계·종교 등 본인을 특정할 수 있는 정보는 작성하지 않도록 주의해야 한다. 지원하는 기관의 인재상과 직무 관련 전문성을 드러낼 수 있는 경험 등을 서술하여 차별화된 자기소개서를 만드는 것이 유리하다.

필기전형의 선발 인원은 최종 채용 인원의 1.5~4배수 안팎으로, 최종 합격까지 가기 위한 본격적인 출발이라고 할 수 있다. 기본적으로 NCS와 전공시험으로 평가한다. 기관에 따라 NCS나 전공시험 중 하나를 생략하기도 한다. 전공시험의 출제범위와 난이도는 4년제 대학 전공 교과과정 수준이다.

대부분의 공공기관에서 인성·직무상황(롤플레이)·토론·PT면접 등 구조화면접을 실시하고 있다. 지원자는 면접에 앞서 자신의 자기소개서를 숙지하고 예상 질문에 대한 답변 키워드를 정리해두는 것이 중요하다.

토론·PT면접에 대비하기 위해서 지원하는 기관 관련 전공지식과 주요사업, 최신 시사이슈를 파악해두어야 한다. 예를 들면 한국주택금융공사의 토론면접에서는 지하철 노인 무임승차 문제에 대해 5~7명으로 구성된 그룹이 통일된 의견을 도출하는 것이 과제였다.

구체적인 전형일정과 방법, 가산점 부여 조건은 기관별로 차이가 크기 때문에 채용공고를 꼼꼼하게 읽는 것이 좋다. 무엇보다 필기점수가 합격 범위 안에 드는 것이 중요하며, 자기소개서와 면접에서 자신감 있게 자신의 역량을 보일 때 최종 합격에 가까워질 것이다.

AI 게임체인저
'챗GPT' 돌풍

'언어 계산기'의 등장

언어는 사고를 담는 그릇이다. 인간의 지적 활동 대부분은 언어로 이뤄진다. 비트겐슈타인은 언어 분석으로 철학의 모든 난제를 해결했다고 믿었다. 그는 언어로 명제화할 수 없는 것에 대해서는 침묵해야 한다고 말했다. 소리나 이미지 같은 비언어적 수단으로 감상을 표현할 수는 있겠지만 구조화된 세계관을 설명하려면 어쨌든 언어의 힘을 빌리지 않으면 안 된다는 뜻이다.

인공지능(AI, Artificial Intelligence)이 인간을 대체할 것이란 두려움은 언어가 더는 인간의 전유물이 아닐 수 있다는 상실감이기도 하다. 막연한 두려움은 불과 몇 달 전 뚜렷한 형체로 등장했다. 일론 머스크 테슬라 CEO(최고경영자)와 실리콘밸리의 천재 투자자로 불리는 샘 올트먼 등이 2015년 공동 설립한 비영리법인 '오픈 AI(open AI)'가 초거대 AI 모델인 '챗GPT(Chat, Generative Pre-trained Transformer·생성적 사전학습 변환기)'를 대중에 무료로 공개하면서다.

2022년 11월 말 공개된 챗GTP 이용자는 두 달 만에 5억 명을 넘어섰다. 오픈 AI와 독점적 제휴 관계인 마이크로소프트(MS)는 그 가능성을 확인하며 투자액을 100억달러(약 12조원)로 늘렸다. 구글처럼 단어를 사용하는 검색엔진과 달리 챗GPT는 문장을 통해 질문을 주고받는 대화형 AI다. 구글은 비상이 걸렸고 세계 IT 판도가 요동쳤다.

기존 검색 엔진은 키워드를 입력하면 많은 정보를 두서없이 나열하지만 챗GPT는 인터넷상의 정보를 한꺼번에 취합해 중요도를 판별하고 사용자가 요구하는 형식에 맞춰 완결된 형태의 글로 대답한다. AI 특유의 어색함은 느껴지지 않으며 숙련된 전문가와 대화하는 것과 구분이 되지 않는다. 계산기(컴퓨터)의 등장에 비할 만한 '언어 계산기'의 등장이다.

특이점이 들이닥치다

현재 3.5 버전인 챗GPT는 개선할 점이 많이 있

지만 상상할 수 있는 모든 분야에서 전문가 수준의 리포트를 쓸 수 있고 간단한 코딩을 하며 심지어 소설을 쓰고 시를 짓기도 한다.

챗GPT는 미국 와튼스쿨에서 MBA 필수 과목인 '운영관리' 기말시험에 응해 B-에서 B 사이로 평균보다 높은 학점을 받은 데 이어 로스쿨(법학전문대학원) 시험과 의사면허시험도 통과했다.

몇 년 전만 하더라도 전문가들은 AI가 미래 콜센터 직원이나 은행 텔러, 캐셔와 같은 반복 업무 노동자의 일자리를 위협하겠지만 고도의 판단력과 창의력이 요구되는 지식·예술 노동을 대신하려면 수십 년이 걸릴 것이라고 했다. 그러나 챗GPT의 놀라운 발전 속도는 AI가 머지않아 경영인, 변호사, 의사 등 대표적인 화이트칼라 노동자를 대체할 가능성이 높다고 예고한다.

3.5 버전 챗 GPT는 1750억 개의 인공신경망을 사용하는데 1년 뒤 나올 4.0 버전은 100조 개의 인공신경망을 사용한다고 한다. 3.5 버전 챗GPT가 바둑의 규칙 정도를 아는 일반인이라면 4.0 버전은 이세돌을 이긴 알파고를 100% 승률로 이긴 알파고 제로의 수준이 될 것이다. 아직 공개되지 않았지만 4.5 버전은 이미 튜링테스트(AI를 인간과 구분할 수 있는가에 대한 테스트)를 통과한 것으로 알려졌다.

미래학자 레이 커즈와일이 2007년 저서 『특이점이 온다』에서 "기술의 기하급수적 성장으로 인류가 마침내 2045년에 특이점(모든 인류의 지성을 합친 것보다 더 뛰어난 강력한 AI가 나타나는 시점)에 이르게 된다"고 했을 때 상당수 AI 전문가들은 성급한 진단이라고 고개를 저었다. 그러나 챗GPT의 진화 속도로 보면 특이점이 오히려 앞당겨질 가능성이 크다.

유토피아? 디스토피아?
초거대 AI는 인간을 편리하게 해줄 것이다. 주기적으로 작성하는 시장 동향 체크, 일정이나 고객 정보 관리, 마케팅 메시지 업데이트 등 '야근의 주범'인 단순반복 업무를 초거대 AI에 맡기고 인간은 창조적인 아이디어를 내는 데 집중하며 삶의 질을 높일 수 있다.

그러나 부작용 우려도 많다. 미국 교육계가 학생들의 챗GPT를 이용한 과제 등의 부정행위로 골머리를 앓고 있다. 챗GPT가 참고하는 데이터의 저작권 문제도 많은 소송이 걸렸다. 가짜뉴스와 혐오 범죄의 도구가 될 가능성도 크다. 챗GPT의 초대형 언어 모델 때문에 서비스 운영에 엄청난 비용이 발생하는 것도 문제다. 오픈 AI가 챗GPT 1개월당 42달러의 적지 않은 이용료로 유료화 계획을 세웠음에도 현재 수준의 서비스를 유지하기는 어렵다고 한다.

결국 챗GPT의 이용료는 고가가 될 것이며 고급 유료 초거대 AI를 쓸 수 있는 사람과 그렇지 않은 사람 간의 정보 격차는 지금보다 훨씬 커질 것이다. 특정 AI 모델과 사기업의 정보 통제·편향 문제도 더 심각해질 것이다.

특이점이 올 미래가 유토피아와 디스토피아 사이 어느 지점에 놓일지 섣불리 예측할 수 없다. 분명한 점은 그 특이한 세상이 예상보다 빨리 올 것이며 지금 바로 대비하지 않으면 안 된다는 것이다.

솥 이야기

충북 괴산군에는 무게가 43톤에 달하는 초대형 가마솥이 있습니다. 이 가마솥은 지난 2003년 김문배 전 군수가 '군민 화합 도모'를 취지로 제안하여 2005년 모습을 드러내었죠. 군 예산 2억 7000만원에 군민들의 성금 2억3000만원이 더해져 무려 5억원의 제작비용이 들어간 국내 최대 가마솥이었습니다.

▲ 충북 괴산군의 초대형 가마솥

당시 괴산군은 약 4만 명분의 밥을 한꺼번에 지을 수 있다고 홍보하며 2006년까지 동짓날과 지역 축제 등에 이 솥을 활용했어요. 하지만 솥의 내부 온도 차가 너무 커 정작 솥의 주요 기능인 밥 짓기에는 실패하고 말았죠. '세계 최대'를 내세워 추진했던 기네스북 등재도 실패하면서 결국 이 대형 솥은 애물단지가 되어버렸습니다. 지자체의 대표적인 예산 낭비 사례로 언급되는 불명예도 얻고 말죠.

흔히 솥이라 하면 바닥이 둥그스름하고 발이 없는 가마솥을 떠올리지요? 이처럼 발이 없는 솥을 부釜라 하고, 전근대에 제기祭器의 용도로 쓰이던 발 달린 솥을 정鼎이라 합니다. '鼎'자의 생김새를 보면 발 달린 솥의 모양과 매우 흡사함을 알 수 있죠. 여러분도 그렇게 보이시나요?

그런데 말이죠. '군민 화합'의 도구로 선택된 것이 왜 솥이었을까요? 솥은 옛날부터 매우 중요한 가산家産 중 하나였어요. 단순한 조리도구 이상의 의미였다는 겁니다. 일반 백성들은 이사할 때 새집에 다른 것보다 솥(釜)부터 먼저 거는 풍습이 있었습니다. 그래야 새 집에서 풍요롭게 살 수 있다는 믿음을 가졌죠. 이 풍습이 지금껏 내려와 간혹 주위에 보면 이사할 때 전기밥솥부터 들여놓는 모습을 볼 수 있어요. 제주 지역에서는 솥을 재물신으로 모셨다고도 합니다.

그렇다면 솥은 일반 백성들에 한해서만 귀중한 의미를 가졌던 것일까요? 그렇지 않습니다. 지배층에게도 솥(鼎)은 남다른 의미를 가졌죠. 그 의미의 기원을 찾으려면 중국 고대 왕조 하夏나라까지 거슬러 올라가야 합니다.

중국사에서 가장 이상적인 태평성대의 상징이라 하면 바로 요순시대堯舜時代를 꼽습니다. 그 시대를 이어 받은 이가 황하를 다스려 백성을 구제한 우禹였습니다. 하나라를 세운 우禹임금은 천하를 아홉 개의 주(九州)로 나눈 뒤, 각 주에서 진상품으로 올라온 긴기한 청동을 모아 9개의 솥, 구정九鼎을 만들라 명을 내렸죠. 그 후 구정을 소유하는 자가 곧 천자였다고 사마천司馬遷의 『사기史記』는 전합니다. 이 말인즉슨 솥은 제왕의 정통성과 왕권의 신성함을 상징하는 물건이 되었다는 얘기입니다.

현전하는 우리나라 역사서 중 '솥 정鼎'이 처음 확인되는 것은 『삼국사기三國史記』입니다. 고구려 대무신왕大武神王(고구려 제3대 왕, 재위 18~44)은 재위 4년 겨울, 부여를 치러 가던 중 비류수 가에서 불을 피우지 않아도 스스로 열을 내는 신비한 솥을 발견하여, 그 솥에 밥을 지어 군대를 배불리 먹입니다.[2] 솥의 등장 신이 예사롭지 않죠?

위 기록을 통해 우리 민족도 기원 전후 솥을 이용해 밥을 지어 먹었을 뿐만 아니라, 이미 오랜 옛날부터 솥이 단순한 취사도구 이상의 의미를 지니고 있었음을 미루어 짐작할 수 있습니다. 솥이 왕권, 정통성의 상징으로 통한 것은 꽤 오랜 시간 이어졌습니다. 조선에 와서도 이와 관련한 기록이 보이거든요. 세조世祖(조선 제7대 왕, 재위 1455~1468)가 아직 수양대군首陽大君이던 시절, 그의 집에 있던 가마솥이 스스로 소리 내어 우는 일이 발생합니다. 이때 한 무당이 수양대군의 부인인 윤씨(훗날의 정희왕후貞熹王后)에게 "이는 대군이 39세에 왕위에 오를 징조"라는 말을 하고

▲ 안악3호분 벽화 중 부엌의 모습

사라졌다고 합니다.[3] 솥이 '왕이 될 상'을 알아본 거죠. 왕위를 찬탈한 세조의 정통성 확보를 위해 지어낸 이야기일지 모르지만, 솥의 상징성을 확인할 수 있는 기록이죠.

경복궁 근정전에 가보면 큰 솥이 세워져 있는 것을 볼 수 있어요. 간혹 이게 쓰레기통인줄 알고 여기에 쓰레기를 버리는 분들도 계신데, 절대 그러시면 안 됩니다. 단순히 근정전 주변을 장식하기 위해 놓은 것이 아닌, 왕권의 상징물로 놓은 것이거든요. 괴산군의 솥은 다른 곳으로 옮기자(자그마치 2억원을 들여서!), 아니다 전시행정의 상징물로 그냥 두어야 한다 등 말이 많은가 봅니다. 시대의 변화에 따라 솥이 받는 대우가 이렇게나 달라졌네요. 부디 인기영합적 포퓰리즘 행정에 놀아나지 않기를 바랄 수밖에요.

신민용
에듀윌 한국사연구소 연구원

---

1 國號曰朝鮮 定鼎于漢陽.

2 『三國史記』卷14, 高句麗本紀2, 大武神王 4年(21).

3 『世祖實錄』卷1, 總序, 30번째 기사.

梁 上 君 子

대들보 양   위 상   임금 군   아들 자

대들보 위의 군자

출전: 『후한서後漢書』

양상군자梁上君子는 대들보 위의 군자로 흔히 도둑을 비유할 때 사용하는 성어다. 후한後漢 말 태구현감太丘縣監이었던 진식陳寔은 항상 겸손하고 일 처리에 공정하며 백성들의 고충을 잘 처리하여 칭송이 자자했다. 어느 해 흉년이 들어 백성들의 생활이 궁핍해졌다. 풀뿌리를 캐거나 나무껍질을 벗겨 연명하는 사람이 부지기수였고, 어제의 양민이 오늘은 도적으로 변신하는 것이 조금도 이상한 일이 아닐 정도였다.

어느 날 진식이 집에서 책을 읽고 있는데, 한 사나이가 몰래 안으로 들어오더니 대들보 위에 올라가 웅크리고 있었다. 진식은 못 본 체하고 계속 책을 읽고 있다가, 아들 손자들을 불러들여 이야기를 시작했다.

"무릇 사람은 몸을 삼가고, 바른 길로 가려고 스스로 노력하지 않으면 안 되는 것이다. 그러나 나쁜 짓을 하는 사람이라도 그 본바탕이 나쁜 것은 아니다. 버릇이 어느새 습성이 되어 좋지 못한 일을 저지르게 되는 것이다. 이를테면 지금 대들보 위에 있는 저 군자도 마찬가지로 그런 사람이다."

도둑은 이 말을 듣고 몹시 놀라고 양심의 가책을 느껴 대들보 위에서 내려와 사죄했다. 진식은 비단 두 필을 주어 돌려보냈다. 이런 일이 있은 다음부터는 그 고을에 도둑이 없어졌다고 한다.

▌한자 돋보기

梁은 강물을 건너지르는 나무 다리를 뜻하는 글자로, '대들보'의 의미로 사용된다.

- **棟梁之材(동량지재)** 나라의 중임을 맡을 만한 큰 인재
- **落月屋梁(낙월옥량)** 벗이나 고인에 대한 생각이 간절함

대들보 양
木 총11획

上은 하늘을 뜻하기 위해 만든 지사문자로, '위'의 의미로 사용된다.

- **卓上空論(탁상공론)** 실현성이 없는 허황된 이론
- **雪上加霜(설상가상)** 엎친 데 덮친 격

위 상
一 총3획

君은 권력을 상징하던 지휘봉을 들고 있는 모습을 그린 글자로, '임금'의 의미로 사용된다.

- **聖人君子(성인군자)** 지식과 인격이 뛰어난 인물
- **君爲臣綱(군위신강)** 임금과 신하 사이에 지켜야 하는 도리

임금 군
口 총7획

子는 포대기에 쌓여있는 아이를 그린 글자로, '아이'의 의미로 사용된다.

- **父傳子傳(부전자전)** 대대로 아버지가 아들에게 전함
- **父爲子綱(부위자강)** 부모와 자식 사이에 지켜야 하는 도리

아들 자
子 총3획

▌한자 상식 | 탑(塔)과 관련된 한자어

우리가 쓰는 말 중에 학문이나 대학과 관련하여 탑(塔)이라는 한자를 많이 사용한다. 흔히 쓰이는 용어로 금자탑, 상아탑, 우골탑, 인골탑이 있다.

금자탑(金字塔)	금자탑은 원래 피라미드를 지칭하는 데 쓰인 용어로, 후세에 남을 만한 뛰어난 업적을 비유적으로 이르는 말로 사용한다.
상아탑(象牙塔)	코끼리의 어금니로 이루어진 탑이란 뜻으로, 프랑스의 문예 비평가 생트뵈브가, 속세를 떠나 자기의 예술과 학문만을 생각하며 살았던 19C의 프랑스 시인 비니를 '상아탑에 틀어박히다.'라고 비평했던 말에서 유래됐다. 오늘날 진리를 추구하는 공간, 즉 대학교를 비유하는 말로 사용한다.
우골탑(牛骨塔)	소의 뼈로 쌓은 탑이라는 뜻으로, 농촌에서 자녀를 대학을 보내기 위해 소를 팔아 등록금을 마련해야 하는 상황을 빗대어 표현한 말이다.
인골탑(人骨塔)	사람의 뼈로 쌓은 탑이라는 뜻으로, 대학 등록금이 너무 올라 부모와 학생의 등골까지 휘게 만드는 상황을 빗대어 표현한 말이다.

─────────────────┤ **Books** ├─────────────────

생에 감사해

김혜자 저 | 수오서재

한국을 대표하는 배우 ■**김혜자**의 에세이가 출간됐다. 이 책은 김혜자의 지난 60년간 연기 인생에 대한 자전적 기록이며, '국민 배우', '국민 엄마'라는 명성 이면의 허무와 슬픔에 대한 무대 위 고백이다. 언제나 편안한 이미지로 다가오는 배우이지만 그녀의 삶 이면에는 그토록 치열한 시간과 감사의 기도가 함께했다. 연기와 봉사로 삶을 채워 온 김혜자는 아프리카 아이들의 이야기를 담은 책 『꽃으로도 때리지 말라』 이후 20여 년 만에 누구에게도 털어놓지 않았던 자신의 내밀한 이야기를 담은 한 권의 책을 준비했다.

빅 히스토리

데이비드 크리스천, 신시아 브라운, 크레이그 벤저민 저 | 웅진지식하우스

어느 때보다 불확실성이 높아지고 수많은 도전에 직면한 지금, 세상을 거시적으로 바라보게 해줄 ■**빅 히스토리**라는 틀이 절실하다. 『빅 히스토리』는 거대사 분야의 석학 데이비드 크리스천과 신시아 브라운, 크레이그 벤저민이 그들의 연구를 집대성한 결과물이다. 저자들은 8가지 문턱(threshold : 새로운 것이 출현하는 전환 국면)을 중심으로, 138억 년에 이르는 우주와 지구, 생명, 인간 문명의 역사를 한눈에 아우른다. 더불어 지리학, 생물학, 고고학, 인류학, 경제학 등 다양한 학문을 바탕으로, 변화의 추세와 혁신의 메커니즘을 다각도로 조명한다.

사라진 소녀들의 숲

허주은 저, 유혜인 역 | 미디어창비

한국의 역사와 문화에 바탕을 둔 영미소설 『사라진 소녀들의 숲』이 출간됐다. 이 책은 2021년 북미에서 먼저 출간되어 2022년 캐나다 최대 규모 독서 프로그램 '독서의 숲' 화이트 파인 어워드 최종 후보, 2021년과 2022년 ■**에드거상(賞)** 최종 후보에 올랐다. 작품의 배경은 한국인들에게도 생소한 역사, 조선 세종 대까지 존재했던 공녀(貢女) 제도이다. 이에 얽힌 제주 한 마을의 비극, 그 비극에 긴박하게 연결된 가족사, 나아가 가부장 시대 조선 여성들의 삶을 다층적으로 엮어내며 미스터리 사건의 중심으로 독자들을 끌어들인다.

■ **김혜자(金惠子, 1941~)** 1962년 KBS 공채 탤런트 1기에 합격한 후, 스물일곱 살 때부터 연극에 출연하며 본격적인 배우의 길을 걷기 시작했다. 백상예술대상 TV 부문에서 대상을 4회 수상하는 등 대기록을 세우며 지금도 활발히 연기 활동을 이어가고 있다.

■ **빅 히스토리(big history)** 역사에 대한 관점을 빅뱅 시기부터 현재까지 확장해 우주, 지구, 생명, 인간의 역사를 통일적으로 이해하려는 학문적 움직임으로 거대사라고도 한다.

■ **에드거상(Edgar Award)** 미국 추리소설 협회(MWA)가 추리소설의 대가 에드거 앨런 포를 기념하여 매년 주최하는 미국의 문학상이다. 전년도 미국에서 발표된 소설 및 영화 등 미스터리 분야 작품 중 수상작이 선정된다.

상견니

황천인 감독 | 가가연, 허광한 출연

대만 드라마 〈상견니〉가 영화로 재탄생해 국내 관객과 만난다. 〈상견니〉의 원작은 2019년에 나온 대만 드라마로 타임슬립을 소재로 한 로맨스물이다. 한국을 비롯한 아시아 전역에서 인기를 끌어 모으며 10억 회가 넘는 누적 조회수를 기록하기도 했다. 국내에서는 서비스 중인 모든 OTT(Over The Top·온라인동영상서비스)에서 제공되어 많은 국내 팬들이 형성되었다. 이러한 인기를 바탕으로 '상견니'는 올해 국내에서 〈너의 시간 속으로〉라는 제목의 드라마로 ■**리메이크**되어 넷플릭스에서 공개될 예정이다.

이집트 미라전 : 부활을 위한 여정

예술의전당 서예박물관 |
2022.12.15. ~ 2023.03.26.

네덜란드 레이던 박물관의 이집트 컬렉션이 한국에서 공개된다. 이 컬렉션은 대영 박물관, 루브르 박물관, 베를린 신 박물관, 토리노 이집트 박물관과 더불어 유럽에서 가장 중요한 이집트 컬렉션들 가운데 하나로 평가된다. 이번 전시에서는 미라관 15점, 사람 미라 5점, 동물 미라 8점과 이들의 최신 ■**CT** 결과, 사자의 서와 파피루스 등 250여 점의 이집트 고대 유물을 선보인다. 전시는 총 4부로 구성되어 있으며 고대 이집트의 역사와 종교, 이집트인들의 내세관을 미라와 유물을 통해 살펴볼 수 있다.

유러피안 재즈 트리오

롯데콘서트홀 | 2023.03.12.

디즈니 탄생 100주년을 맞이해 유러피안 재즈 트리오(European Jazz Trio)가 내한 공연을 펼친다. 이들은 네덜란드의 재능 넘치는 재즈 뮤지션들로 구성된 유럽의 대표적인 재즈 ■**트리오**다. 1984년 데뷔 이후 1995년부터 피아노 마크 반 룬, 드럼 로이 다커스, 베이스 프란스 반 호벤이 현재까지 활동하고 있다. 재즈 명곡은 물론 클래식, 팝에 이르기까지 장르에 구애받지 않고 폭넓은 레퍼토리를 구사하며 전 세계 팬들을 사로잡고 있다. 이번 공연은 디즈니·지브리·픽사·드림웍스 애니메이션 OST를 부드럽고 자유로운 재즈 사운드로 재탄생시켜 재즈의 매력을 한껏 느껴볼 수 있을 것으로 기대된다.

■ **CT(Computed Tomography, 컴퓨터 단층촬영)** X선이나 초음파를 여러 각도에서 대상에 투영하고 이를 컴퓨터로 재구성하여 대상의 내부 단면을 촬영하는 방법이다. CT스캔을 이용하면 미라나 유물을 해부하지 않고도 내부의 모습을 관찰할 수 있다.

■ **리메이크(remake)** 이미 발표된 작품을 다시 제작하는 것으로 부분적인 수정을 가하지만 대체로 원작의 의도를 충실히 따르는 것이 특징이다.

■ **트리오(trio)** 음악에서 서로 다른 세 개의 악기로 연주되는 3중주 또는 각각 파트가 다른 3인조의 3중창을 말한다.

누적 다운로드 수 36만 돌파*
에듀윌 시사상식 앱

99개월 베스트셀러 1위 상식 월간지가 모바일에 쏙!*
어디서나 상식을 간편하게 학습하세요!

매월 업데이트 되는
HOT 시사뉴스

20개 분야 1007개
시사용어 사전

합격에 필요한
무료 상식 강의

에듀윌 시사상식 앱 설치
(QR코드를 스캔 후 해당 아이콘 클릭하여 설치
or 구글 플레이스토어나 애플 앱스토어에서 '에듀윌 시사상식'을 검색하여 설치)

* '에듀윌 시사상식' 앱 누적 다운로드 건수 (2015년 6월 1일~2022년 11월 30일)
* 알라딘 수험서/자격증 월간 이슈&상식 베스트셀러 1위 (2012년 5월~7월, 9월~11월, 2013년 1월, 4월~5월, 11월, 2014년 1월, 3월~11월, 2015년 1월, 3월~4월, 10월, 12월, 2016년 2월, 7월~12월, 2017년 8월~2023년 2월 월간 베스트)

베스트셀러 1위 2,130회 달성*!
에듀윌 취업 교재 시리즈

대기업 통합

20대기업 인적성
통합 기본서

삼성

GSAT 삼성직무적성검사
통합 기본서

GSAT 삼성직무적성검사
실전모의고사

GSAT 기출변형
최최종 봉투모의고사

SK

온라인 SKCT SK그룹
종합역량검사 통합 기본서

오프라인 SKCT SK그룹
종합역량검사 통합 기본서

LG

LG그룹 온라인
인적성검사 통합 기본서

SSAFY

SSAFY SW적성진단
+에세이 4일 끝장

POSCO

PAT 통합 기본서
[생산기술직]

금융권

농협은행 6급
기본서

지역농협 6급
기본서

IBK 기업은행
NCS+전공 봉투모의고사

공기업 NCS 통합

공기업 NCS
통합 기본서

영역별

이나우 기본서
NCS 의사소통

박준범 기본서
NCS 문제해결·자원관리

PSAT 기출완성
의사소통 | 수리 | 문제해결·자원관리

공기업 통합 봉투모의고사

공기업 NCS 통합
봉투모의고사

매일 1회씩 꺼내 푸는
NCS/NCS Ver.2

유형별 봉투모의고사

피듈형
NCS 봉투모의고사

행과연형
NCS 봉투모의고사

휴노형·PSAT형
NCS 봉투모의고사

고난도 실전서

자료해석 실전서
수문끝

기출

공기업 NCS
기출 600제

6대 출제사 기출 문제집

한국철도공사

NCS+전공
기본서

NCS+전공
봉투모의고사

ALL NCS
최최종 봉투모의고사

한국전력공사

NCS+전공
기본서

NCS+전공
봉투모의고사

8대 에너지공기업
NCS+전공 봉투모의고사

국민건강보험공단

NCS+법률
기본서

NCS+법률
봉투모의고사

한국수력원자력

한수원+5대 발전회사
NCS+전공 실전모의고사

ALL NCS
최최종 봉투모의고사

교통공사

서울교통공사
NCS+전공 봉투모의고사

부산교통공사+부산시 통합채용
NCS+전공 봉투모의고사

인천국제공항공사

NCS
봉투모의고사

한국가스공사

NCS+전공
실전모의고사

한국도로공사

NCS+전공
실전모의고사

한국수자원공사

NCS+전공
실전모의고사

한국토지주택공사

NCS+전공
봉투모의고사

공기업 자소서&면접

공기업 NCS 합격하는
자소서&면접 27대 공기업
기출분석 템플릿

독해력

이해황 독해력
강화의 기술

전공별

공기업 사무직
통합전공 800제

전기끝장 시리즈
❶ 8대 전력·발전 공기업편
❷ 10대 철도·교통·에너지·환경
　공기업편

취업상식

월간 취업에 강한
에듀윌 시사상식

공기업기출
일반상식

금융경제 상식

* YES24 국내도서 해당 분야 월별, 주별 베스트 기준

IT자격증 초단기 합격!
에듀윌 EXIT 시리즈

컴퓨터활용능력 필기
기본서(1급/2급)

컴퓨터활용능력 실기
기본서(1급/2급)

컴퓨터활용능력 필기 초단기끝장
(1급/2급)

ITQ 엑셀/파워포인트/한글/
OA Master

워드프로세서 초단기끝장
(필기/실기)

정보처리기사 기본서
(필기/실기)

합격을 위한 모든 무료 서비스
EXIT 합격 서비스 바로 가기